广东与海丝沿线国家
服务经济合作发展研究

林吉双　何传添　编著

人民出版社

责任编辑：孟　雪
封面设计：姚　菲
责任校对：吕　飞

图书在版编目（CIP）数据

广东与海丝沿线国家服务经济合作发展研究/林吉双，何传添编著 . —北京：
　人民出版社，2017.7
ISBN 978 - 7 - 01 - 017695 - 6

Ⅰ.①广…　Ⅱ.①林…　②何…　Ⅲ.①服务经济—对外经济合作—研究—广
　东　Ⅳ.①F719

中国版本图书馆 CIP 数据核字（2017）第 105300 号

广东与海丝沿线国家服务经济合作发展研究
GUANGDONG YU HAISI YANXIAN GUOJIA FUWU JINGJI HEZUO FAZHAN YANJIU

林吉双　何传添　编著

人民出版社出版发行

（100706　北京市东城区隆福寺街 99 号）

北京盛通印刷股份有限公司印刷　新华书店经销

2017 年 7 月第 1 版　2017 年 7 月北京第 1 次印刷
开本：710 毫米×1000 毫米 1/16　印张：19
字数：291 千字

ISBN 978 - 7 - 01 - 017695 - 6　定价：63.00 元

邮购地址 100706　北京市东城区隆福寺街 99 号
人民东方图书销售中心　电话：（010）65250042　65289539

前　言

　　广东是历史上海上丝绸之路的起点，广东在与海上丝绸之路沿线国家的交往与合作中，有着源远流长的历史优势、得天独厚的区位优势、实力雄厚的产业优势、紧密联系的商贸优势、华侨众多的血脉优势和文化相通的人文优势等。伴随着国家提出的"21世纪海上丝绸之路"战略构想的推进和实施，广东将会进一步发挥其不可替代和更加重要的作用。

　　随着中国服务经济发展时代的到来，服务经济在国民经济发展中的作用也越来越大；特别是作为服务经济大省的广东，其服务产业与海上丝绸之路沿线国家（以下简称"海丝沿线国家"）的合作也越来越紧密。本书根据广东服务经济与海丝沿线国家合作发展的现实，选取了服务外包、跨境电商、科技业、会展业、旅游业和高等教育六个领域，对每个领域合作发展的现状、存在的问题和原因所在等进行了较为翔实和深入的分析，提出了进一步加强广东与海丝沿线国家服务经济合作发展的对策建议；同时，为更好地推进广东与海上丝绸之路沿线国家服务经济的深入合作与持续发展，进一步探讨了"建设全方位开放型经济体系与'一带一路'倡议""与时俱进　抱团发展　合作共赢——走出去的实践与体会"两个专题，以期为政府和企业在与海丝沿线国家服务经济合作与发展中提供理论指导和经验借鉴。

　　作为第一本研究广东与海丝沿线国家服务经济合作发展的相关专题成果，从书中可以看到广东与海丝沿线国家服务经济合作发展的良好业绩；同时，也能探寻到广东与海丝沿线国家服务经济合作发展的趋势和政策要义，具有较为充分的数据信息和知识含量。由于编写时间有限，数据收集和可得的难度较大等，本书未能对广东与海丝沿线国家服务经济各个领域的合作发展进行梳理和分析，这也为我们接下来做好这方面的工作留有了空间和指明了方向。

本书得到国家社科基金重大公关项目"构建陆海内外联动、东西双向开放的全面开放新格局研究"（15ZDC017）的资助，也是该项目建设和研究的阶段性成果。

编者：林吉双

2017 年 2 月 18 日

目　录

Contents

第一章　建设全方位开放型经济体系与"一带一路"倡议 ⋯⋯⋯ 1

一、"一带一路"提出的背景：中国的现状及面临的问题 ⋯⋯⋯⋯ 1

二、"一带一路"的提出与内涵 ⋯⋯⋯⋯⋯⋯⋯⋯⋯⋯⋯⋯⋯ 4

三、"一带一路"战略的特征 ⋯⋯⋯⋯⋯⋯⋯⋯⋯⋯⋯⋯⋯⋯ 9

四、地方在"一带一路"中的定位 ⋯⋯⋯⋯⋯⋯⋯⋯⋯⋯⋯⋯ 13

五、总结 ⋯⋯⋯⋯⋯⋯⋯⋯⋯⋯⋯⋯⋯⋯⋯⋯⋯⋯⋯⋯⋯ 15

第二章　广东与海丝沿线国家服务外包产业合作发展研究 ⋯⋯⋯ 16

一、广东与海丝沿线国家服务外包产业发展概述 ⋯⋯⋯⋯⋯⋯ 17

二、广东与海丝沿线国家服务外包产业合作发展的优势与不足 ⋯⋯⋯ 22

三、广东与海丝沿线国家服务外包产业合作发展的路径和对策 ⋯⋯⋯ 28

第三章　广东与海丝沿线国家跨境电商合作潜力分析及建议 ⋯⋯⋯ 34

一、全球跨境电商发展状况 ⋯⋯⋯⋯⋯⋯⋯⋯⋯⋯⋯⋯⋯⋯ 35

二、我国跨境电子商务发展情况分析 ⋯⋯⋯⋯⋯⋯⋯⋯⋯⋯ 40

三、海丝沿线国家电商及跨境电商基本状况 ⋯⋯⋯⋯⋯⋯⋯⋯ 43

四、广东与海丝沿线国家跨境电商合作的潜力分析 ⋯⋯⋯⋯⋯ 88

五、广东与海丝沿线国家的电子商务合作建议 ⋯⋯⋯⋯⋯⋯⋯ 95

第四章　广东与海丝沿线国家科技合作与交流研究 ⋯⋯⋯⋯⋯ 106

一、广东开展与海丝沿线国家科技合作与交流的必要性及可行性 ⋯ 106

二、广东与海丝沿线国家国际科技合作与交流的总体现状 ⋯⋯⋯⋯ 109

　　三、广东实施国际科技合作的主要任务、重点领域及重点国家

　　　　（地区） ……………………………………………………… 115

　　四、广东开展与海丝沿线国家科技合作的模式研究 ………… 120

　　五、广东省在推进与海丝沿线国家科技合作中存在的问题 … 137

　　六、深化与海丝沿线国家科技合作，推动海上丝绸之路核心区

　　　　建设的若干建议 ………………………………………… 138

　　七、总结 …………………………………………………… 142

第五章　广东与海丝沿线国家会展业合作研究 ………………… 143

　　一、广东与海丝沿线国家会展业合作原因分析 ……………… 143

　　二、会展业国际合作的现实动因和理论基础 ………………… 147

　　三、广东与海丝沿线国家会展业合作效应分析 ……………… 149

　　四、广东与海丝沿线国家会展业的发展情况分析 …………… 152

　　五、广东与海丝沿线国家会展业合作的基础 ………………… 163

　　六、广东与海丝沿线国家会展业合作的可选模式和具体思路 … 176

　　七、促进广东与海丝沿线国家会展业合作的对策和措施 …… 184

第六章　广东与有关海丝沿线国家和地区旅游业合作研究 …… 194

　　一、广东与海丝沿线国家和地区旅游业合作研究概况 ……… 195

　　二、广东与海丝沿线国家和地区旅游业合作相关概念 ……… 201

　　三、广东与有关海丝沿线国家和地区旅游业合作分析 ……… 205

　　四、国内其他省份海丝旅游合作经验借鉴 …………………… 218

　　五、广东与有关海丝沿线国家和地区旅游业合作的对策 …… 224

　　六、结论与展望 ……………………………………………… 230

第七章　广东与"一带一路"沿线国家高等教育国际合作研究 …… 232

　　一、高等教育国际合作概述 ………………………………… 233

　　二、广东与"一带一路"沿线国家高等教育国际合作现状分析 …… 245

　　三、广东与"一带一路"沿线国家高等教育国际合作的不足及

　　　　国外高等教育国际合作的经验和启示 ………………… 256

四、广东与"一带一路"沿线国家高等教育国际合作创新与发展

　　路径 ……………………………………………………………… 268

第八章　与时俱进　抱团发展　合作共赢

　　　　——"走出去"的实践与体会 …………………………… 275

一、"走出去"的新形势 …………………………………………… 276

二、"走出去"的机遇与风险 ……………………………………… 278

三、民营企业"走出去"所面临的困难与问题 ………………… 283

四、对策与出路 …………………………………………………… 284

五、企业案例 ……………………………………………………… 286

参考文献 …………………………………………………………… 290

第一章　建设全方位开放型经济体系与"一带一路"倡议

张建平[*]

"一带一路"称为倡议而非战略对于推动务实国际合作非常关键。称之为"倡议"，英文为Initiative，能够减少国际社会对于"一带一路"的猜疑与误解，因为倡议是一个国际通用词汇，在国际区域合作中，它是一个代表相互尊重的合作词汇。"倡议"是受到国际社会欢迎和尊重的。无论国家大小、强弱，其意愿都被尊重，如此才能使得相关国家愿意和我们进行合作。就国内而言，目前对"一带一路"存在不少误解。例如，"一带一路"是中国输出过剩产能的大战略；"一带一路"是中国保障资源能源的重要途径；"一带一路"是"中国版的马歇尔计划"等。这些误解源于对"一带一路"缺乏综合与系统的认识。

一、"一带一路"提出的背景：中国的现状及面临的问题

（一）中国利用开放动力才能推进国内改革

中国正处于战略机遇期后五年。纵观大国在崛起的过程中，都有类似的

---

* 张建平：研究员、教授，商务部研究院区域经济研究中心主任、西亚非洲所所长。

转型升级和发展时期。中国过去所依赖的发展模式不可持续，原因在于各种经济要素、资源能源、土地或是劳动力都很难再维系旧的出口导向型模式。尤其是中国的劳动力成本迅速上升，已经推动劳动密集型产业大量外迁。笔者在柬埔寨调研时，发现在西哈努克港的经济特区，雇用工人一个月80美元就可以，工人数量也有充分保障。但在无锡，3000元人民币包吃包住却招不到人。现在金边有很多中国工厂，70%—80%都是由中国投资，聚集了大量劳动密集型产业，生产纺织服装鞋帽箱包，质美价廉。在这样的情况下，中国需要走向创新驱动型的发展模式，而这对于体制机制，以及制度的安排都有相当高的要求。因此中国需要改革，创造有利于创新驱动的体制机制。李克强总理说改革就是要敢于壮士断腕，但实际上改革阻力很大。既得利益部门和企业，都不愿意改革。如果内部改革动力不充分，就应借助外部改革动力。

中国在利用外部动力推进内部改革进程方面是有经验的。深圳的改革就利用了外部的动力。通过设置经济特区，利用外资，产生所谓的"鲇鱼效应"①。过去外资在中国扮演的就是鲇鱼的角色，使得中国的国企和民企开始成长。通过不断的思辨和改革，各种类型的企业都在市场经济中壮大起来。在现阶段我们也要通过新一轮的改革开放来作为我们改革的动力。比如自贸区，无论是大自贸区还是小自贸区，都是用开放来倒逼改革的一种方式。大自贸区指的是自由贸易协定，如中国和东盟之间签订的自由贸易协定。小自贸区指的是如上海自贸区这样的类型，通过自主拿出一部分区域，对全球开放，不需要和其他国家谈判。两类自贸区是不同的类型，包含不同的开放空间，有不同的运作方式。

（二）中国面临的压力

在"一带一路"提出之前，在战略层面上，中国曾经在国际区域经济合作层面有两个战略被动。首先，中国在亚太地区是战略被动的。在 TPP 扩围

---

① "鲇鱼效应"指沙丁鱼在运输过程当中很死亡率高，而若在鱼箱中放一些沙丁鱼的天敌——鲇鱼，沙丁鱼的成活率就提升了。

之前，中国是战略中性的，但之后中国在亚太地区陷入了战略被动。第二个战略被动来自于东盟地区。十五年前，中国东盟自贸区谈判，带动日韩、印度和澳新跟进，把整个东亚的区域经济一体化推动起来，中国取得了战略主动。但是，在 2010 年，中国与东盟签署服务贸易协议和投资协议后，印尼和越南曾经要求暂缓实施自贸区协议，需要中方做工作才能推进；在 2011—2012 年，由于南海问题，中国在东盟地区陷入相对被动局面。

在这样的背景之下，中国的改革开放面临着方方面面的问题。比如在自由贸易协定的签署和实施过程当中，中国与东盟的货物贸易的自由化水平只有 70%。但是东盟和日韩澳新的自由化水平都达到 90% 以上。投资领域的差异更大。中国和东盟的自由贸易协定中仍然是采用正面清单管理，没有准入前的国民待遇，这是受到中国现在的国情的限制。但东盟与韩日澳新，以及印度，全部都签署负面清单和准入前的国民待遇安排。再看服务领域，中国服务业的对外开放程度在东盟的五个"10＋1"中是最小的，甚至比印度还低。因此，中国在国际区域合作的过程当中，在投资方面、正面清单和服务业上的管理，遭到周围国家批评，面临来自外界的改革压力。

当下的压力同时也来自中美 BIT 和中欧 BIT 两个谈判。中国的企业在美国投资，很多时候会由于所谓的安全问题被拒绝。例如三伊在美国承揽的风电场项目，之前虽然曾有类似的项目被希腊的企业承包，但是美国政府出于国家安全的问题拒绝中国的企业承包。再举一例，华为在英国和澳大利亚的投资经营都非常顺利，但是却很难闯进美国市场，其中一个主要原因在于思科将其视为竞争对手，游说美国政府，阻止华为进入，这是出于对中战略的考虑。每次中美战略对话时，美国都会提出很多要求。比如在投资方面，美国认为双方如果想促进相互投资，必须给予所谓平等的待遇，美国的企业来到中国投资应该享受中国企业在美国投资的同等待遇，即负面清单和准入前的国民待遇。

欧洲也如此。中国希望欧洲能够承认中国的市场经济地位。但是，欧洲提出中国生产的铝合金门窗在欧洲销售时，价格比原材料还要便宜，如何解释？为什么吉利可以并购沃尔沃，而欧洲的企业无法并购中国的企业？为什么中国的企业能够在欧洲参与政府修建高铁的竞标项目，而欧洲企业在中国不可以？这些因素都使得要求欧洲在当前形势下完全承认中国的完全市场经济地位不现实。欧洲人很坦率地表示因为中国现在的制造业产能太强大，以至于欧洲只能通过保留反倾销和反补贴的手段来获得市场。这些都说明了中国在下一步的发展过程当中，要实施更加主动的开放战略，一方面能够通过开放型的经济体系满足我们转方式和调结构的这一自身需要，另一方面也是应对来自于发达国家的压力。中国在贸易投资金融等领域，要更加主动地和国际规则对接，和国际主流的发展趋势衔接。

二、"一带一路"的提出与内涵

（一）对内开放和对内开放相结合

对外开放战略的内容非常丰富，其中包括对内开放和对外开放相结合。中国内部市场有很多不利于贸易进行的因素。例如以往我们给外资企业很好的待遇，甚至比内资还要好，使得民营企业选择先到海外去，再转回内地投资。另外，跨省贸易壁垒很高，跨省并购难度很大。这些都影响国内市场效率的提升。马云曾说电商模式之所以在中国如此成功，很大程度上是由于中国的内贸体系太落后，因此提供了大量的商机。

"走出去"战略内容也不单纯是中国企业对外贸易、投资，而是由此推动中国的贸易转型，并且和中国对外援助相配合，是一个系统性的工程。比如说像亚非拉的穷国，基础设施很差，发展水平很低。这对我们的系统性区域合作，提出了更高的要求。

自贸区的战略也不仅仅是要构筑面向全球的自贸区网络，同时也要建设小自贸区网络。而自贸区的协商需要建立在已有的合作平台上。例如中国和海湾六个石油生产国（GCC）开展了十多年马拉松式的谈判。海湾六国要求中国降低对石油石化下游产品关税水平，而中国出于失业的考虑未能接受此项要求，最终未能签订自由贸易协定。时过境迁，中国的石油石化行业进步了，中国重新评估这一项要求认为能够满足，然而海湾六国却变得更加谨慎，认为中国制造业的竞争力太强使得他们要重新考虑之前提出的要求。

这些例子都证明了实施更加主动的开放战略，不仅仅是全国层面的事情，也是每个部门和每个地区都要考虑的事情。形成合力，方能始终。由于中国以往的开放政策更注重向东开放，忽略了内陆国家，因此很多沿边的口岸，包括黑龙江、内蒙古、新疆、云南、广西，都不够发达。这些口岸的对口国家口岸也非常简陋，通关、检验检疫等设施都很落后。因此未来中国如何能够挖掘周边的发展潜力同时推动共同发展是一个很重大的课题。

（二）"一带一路"的提出

中国周边有两大重心。第一大重心是东盟，东盟的重心叫南重心，在政治经济外交安全上非常重要。另一个重心是北重心俄罗斯，俄罗斯的重要性不言而喻。但是俄罗斯的经贸领域是短板，与中国的贸易额一年只有不到1000亿美元，相比与东盟的5000亿和与韩国的3000亿非常的小。总之，更加主动的对外开放战略，就是未来中国要向东南西北四个方位，全方位开放。而构筑开放型经济体系需要一个更大的区域经济的合作平台，而且该平台要与亚太经合组织（APEC）有不同的侧重。APEC是与发达经济体合作的平台，而新的平台是与周边广大的发展中国家合作，它代表着未来中国发展的潜在空间，而这个平台就是"一带一路"。

"一带一路"不仅是为了满足中国自己的需要，它更代表了"一带一路"沿线国家的发展的需要。这也是亚投行和"一带一路"在国际上受到欢迎的重要原因。中国在构建开放型经济体系时，面对上文描述的很多压力，而且在国际货币基金组织和世界银行中缺乏话语权。同时在全球治理当中，比如联合国（UN）和二十国集团（G20），缺乏话语权和影响力。而对内，我们又面临着放宽市场准入，扩大服务业开放，扩大内陆沿边地区开放和加快推进自贸区建设的任务。所有这些内容，都使得我们需要有一个更主动的区域合作平台。这就是我们的"一带一路"。"一带一路"是我们构筑开放型经济体系过程当中的顶层设计。这一设计在某种程度上来自于国际上的压力，但同时也来自于国内发展转型的压力。中国如何能从战略被动转变为战略主动，如何能从美日联合制衡中国中找到一个破局点。这些问题在高层领导人反复的讨论和磋商过程中，就逐渐形成了"一带一路"的思想，并受到国家领导人的认可，最终成为中国第一次成功倡议的国际区域合作的平台。

2014 年是中国在国际区域合作过程中的转折之年，从被动转向主动。中国成功举办了当年的 APEC 会议，而笔者作为中国 APEC 专家组的成员，从 2003 年到 2014 年一直都在为中国应该提何倡议、议题，以及如何推进 APEC 发展协商，并为实现亚太自贸区路线图和互联互通做工作。我们最终非常高兴地看到 2014 年提出的两个战略蓝图：亚太自贸区的北京路线图和互联互通的战略蓝图。后者建立了政策沟通和信息共享的机制。这使得亚太迎来了崭新的一页。

关于亚太自贸区的提法，其实在 2006 年美国、澳大利亚就曾提过这一构想，但是由于缺乏条件和基础被暂时搁置。而这一次中国的重新提出赋予其一个新的含义，指引了未来亚太的发展方向。而且我们希望亚太自贸区能够把 TPP 和 RCEP 都包容进去，体现中国大国包容的理念。美国感受到了这一点并变得警惕。美国希望将来亚太一体化能够以 TPP 的扩围形成。所以在讨价还价的过程中就要求中国可以提亚太自贸区，但是不得出现暗示谈判要启动的字眼。因此在北京 APEC 会议结束的时候，我们只倡议所有的亚太经济体共同开展"联合战略研究"。

（三）亚太经合组织和"一带一路"的联系和区分

亚太经合组织和"一带一路"的联系在于其交集，包含俄罗斯、中国和东盟国家。他们既是 APEC 的成员，同时也是"一带一路"的合作伙伴。在交集的西侧，几乎都不是 APEC 成员，而在交集东侧的这些亚太国家，尚未明确是我们"一带一路"的合作伙伴。

除了空间关系之外，两者的合作方式也是不同的。APEC 只有 21 个经济体，如果希望增加新成员，需要征得所有现有成员同意。相比之下，"一带一路"是一个开放的，更具有弹性的平台，欢迎相关的国家都加入到这一平台。从发展水平来说，不同之处在于"一带一路"沿线的国家经济发展更加落后。"一带一路"沿线国家的总人口是 44 亿，占到了全球人口的 63%，比亚太的 40% 多了 23 个百分点。但是在贸易总量和经济总量方面，只分别占全球的

29%和24%，而APEC占到57%和48%。当前来看，APEC对于中国更加重要，中国60%的贸易量来自于APEC国家，而70%的对外投资集中在APEC平台，以及80%的外资引进，也来自于APEC平台。

但是"一带一路"的平台在未来对于中国是非常关键的。APEC平台的市场潜力和发展空间都已经挖掘得差不多了，无论是对美国、日本还是东盟的贸易量水平增长潜力将逐渐缩小。而中国对于东盟、俄罗斯、印度和西亚国家的贸易量每年增长潜在空间巨大。因此，中国未来的贸易增量、市场空间和发展潜力，都集中于"一带一路"平台。从意义上来讲，中国现在已经开始形成了新的对外开放战略的大格局，即一体两翼。美国也有类似的一体两翼，即以北美自贸协定为一体，以TPP为左翼，以TTIP为右翼。中国的一体两翼则是以中国、俄罗斯和东盟的交集部分为一体，以"一带一路"为西翼，以APEC为东翼。非洲可以悬挂在西翼，一方面部分北非国家是"一带一路"经济体，另一方面非"一带一路"成员国的非洲经济体也可以通过中非论坛、非盟与中国链接。而拉美国家则可以悬挂在东翼上，APEC包含了一部分安第斯山脉西边的拉美国家。其他一些国家也可以通过中拉论坛，或是新成立的300亿产能合作基金来实现合作。

在这里简单提及亚太战略的发展过程，以便之后和"一带一路"进行对比。亚太平台的建设是由简单到复杂逐渐形成的合作机制，首先用中韩自贸区作为杠杆，撬动中日韩自贸区这一核心，由此进一步构筑RCEP战略平台。中韩自贸区是撬动东亚区域经济一体化进程的一个杠杆，如果没有中韩自贸区，日本就不会急于推进中日韩自贸区的谈判，而是始终将TPP作为首选。中日韩自贸区是东亚区域经济一体化的核心，三个国家的经济体量，占东亚的70%。因此如果没有中日韩的协商一致，RCEP前途会很渺茫。对中国来说，RCEP是在亚太取得战略主动的重要抓手和平台，也是中国转方式和调结构的重要机遇。因此中国在东盟峰会上也强调要全力支持RCEP的建设。

（四）"一带一路"对于全球经济结构再平衡的意义

如果从全球经济结构性失衡和区域失衡的角度看，"一带一路"不仅对中国有着重要的意义，对其他经济体也至关重要。世界制造业的中心在历史演进过程中不断地转移，从荷兰、英国、德国、美国、日本最终到中国。世界的制造业中心在今天转移至中国，但是历史告诉我们中国不可能永远是世界制造业中心。制造业的产业成长和发展，以及转移是服从客观规律的，根据一个经济体的各要素成本变化而不断调整。随着中国劳动要素成本的上升，制造业逐渐转向劳动力成本更低的国家。再加上中国展开各类资源税和环境税的征收，制造业生产的成本逐渐上升。以碳税为例，如果在 2020 年之前中国国内生产制造的出口产品没有征收碳税，则会由进口国征收碳税。中国过去二十年的制造业和服务业占外资投资比例出现重大变化，制造业比例由七成下降到三成五。在这样的趋势下，中国制造业很多都要转移到周边国家，走向"一带一路"，甚至是走向全球。

部分"一带一路"经济体发育较差，在过去没能融入全球的供应链和生产网络中。这里以印度为例，目前印度制造业占 GDP 比例只有 20%。这其中一个重要的原因在于基础设施落后，土地完全私有。这使得在印度通过征地来发展公共工程变得尤为困难。印度的基础设施和制造业与中国还有几十年的差距。很多人在猜测印度和东盟哪一个会成为下一个世界制造业中心。就现在的发展、开放态势和基础设施状况来看，东盟优于印度。东盟的优势在于经济共同体的发展，以及互联互通的规划。其不足在于地理上被海洋分割，使得交通运输成本过高。印度，在另一方面，即将超过中国成为世界上人口最多的国家，是一个有巨大潜力的市场，然而印度在推动区域经济一体化上，却表现得并不是非常积极。在 RCEP 的谈判上，印度认为自由化的水平应该以印度目前的标准来执行，即 40%，远低于其他国家的开放度。再以伊斯兰国家为例，非世界贸易组织成员国的四十多个国家中，位于"一带一路"西侧的阿拉伯国家所占比重很高。伊斯兰国家面对的不仅仅是经济上的落后，还有政治上的动荡。伊斯兰国家宗教极端主义盛行，和西方文明的冲突在近几年越来越尖锐，在世界一体化过程中始终没能融入现代秩序。"一带一路"的推进为这些国家带来了新的发展机遇，使得他们有机会能够从之前的经济—政治恶性循环中解脱出来，走上现代化的道路。

三、"一带一路"战略的特征

（一）"一带一路"和自贸区的比较

"一带一路"具有四个开放包容的特征。在合作理念方面，出发点是基于合作发展、互利共赢和共同繁荣。"一带一路"在考虑中国国家利益的同时，也考虑其他国家的利益。"一带一路"在合作空间上也是开放包容的，在已有65个经济体的基础上，我们希望容纳更多的合作伙伴，不设门槛，无须谈判，合作空间非常有弹性。另外，"一带一路"还实施"五通"政策，包括政策沟通、道路联通、贸易畅通、货币流通、民心相通。这"五通"的内容比马歇尔计划更丰富，后者只包含美国对外援助和对外投资。当然中国对外援助也在过去几年不断地增长，而且更加倾向于"一带一路"沿线国家。

合作方式的开放包容体现在机制性和非机制性的合作两者相结合。机制性合作平台很多，例如上海合作组织、中国东盟自贸区、东亚峰会、清迈倡议、丝路基金、东北亚合作开发协会、东北亚开发银行等。GCC自贸区，虽然还未建成，但是已经有谈判机制且在不断推进。2017年还会继续推进中韩自贸区、中日韩自贸区以及中澳自贸区的协商。非机制性合作，是为没有被包含在以上机制的国家建立的，比如中亚、西亚、伊斯兰国家等。在"五通"方面，中国也允许先建立其中的部分联系，之后再实现其他的联系，具有弹性。如果用一个比喻来说明"一带一路"和自由贸易协定的区别，那么"一带一路"是一服中药，而自贸协定是一服西药。西药特点是成分清晰，药效很快。相对应的自贸协定规定下的贸易投资很自由、便利、迅捷。而中药的特点是成分比较复杂，见效较慢，需要积累。相对应的"一带一路"的"五通"原则比自由贸易协定复杂，互相促进，互相平衡，循序渐进。当然在"一带一路"建设过程中我们也不排斥自贸协定的机制，推进辐射"一带一路"的自贸区网络也出现在中央政治局学习内容中。最理想的战略是将机制性和非机制性的合作结合起来，中西医结合疗效好。

（二）"一带一路"是多层次的系统工程

"一带一路"建设是一个多层次的系统工程，应用系统性的观点来对待。有些人认为"一带一路"的主要目标是输出中国的过剩产能，引发了许多发展中国家顾虑而不愿意接收。例如泰国发展研究院院长在被问及中国制造业向东南亚转移的问题时，明确表示不希望接收高耗能、高污染企业。东南亚国家的热带气候使得当地居民习惯了郁郁葱葱的景象，对环境污染的忍受程度很低。另外，东南亚很多国家长期受到西方国家的熏陶和影响，对于企业与当地工人、居民之间的关系非常关注。例如柬埔寨的金边聚集了很多非政府组织，始终关注着中国企业在当地投资项目的环保评价、工人权益维护、社区关系等。因此中国"走出去"的战略，不可能是将产能强加于发展中国家，并使其被动接受。"走出去"的是优势产能，通过产能合作来与周边国家形成联系，推动共同发展。同时，"一带一路"是通过双向贸易、双向投资带动共同发展。

另外，即使是在中国被认为是落后的产能，引入到新的国家时也会有相应的调整，以适应国际市场需求。举例来说，中国某有色金属企业在国际金融危机期间并购了赞比亚的铜矿，并在当地建立了铜冶炼加工厂。衡量铜冶炼加工场工艺环保程度的一个重要指标是冶炼一吨全铜所需的煤量，国内的冶炼厂大部分在 260 吨左右，然而赞比亚的冶炼厂由于引进了澳大利亚的先进技术，能够降低到 186 吨，差距非常之大。这就说明，中国企业在"走出去"的过程中，并不是简单地把工厂在一个地方拆了，再到另一个地方建起来。这之中的调整过程会根据当地的环保标准、市场的需求、成本收益分析来进行。因此，并不是我们经常听说的过剩产能的简单输出。一个名为国际可持续发展研究院的智库曾经在汇编中国"走出去"政策的英文版本时，一开始将一幅插着中国国旗的矿场作为封面，这是非常狭隘的理解。中国"走出去"的部门不仅限于能源，还包括商务服务、金融、制造业和旅游业等。如果按照投资量来排序，最大的部门是商务和租赁服务，其次是金融业，之后才是资源能源。因此，我们在未来宣传中国"走出去"政策的过程中，要谨慎小心、主张多领域全方位合作，如此才能避免之前固有印象带来的周边国家的阻力。

"一带一路"的系统性很重要一部分在于有新的金融机制的支持。由于

"一带一路"中60%的国家都属于发展程度较低、基础设施建设较差的国家，因此需要通过新的金融机制的支持来实现互联互通。这一机制包括丝路基金、亚投行和政府与社会资本合作（PPP）模式。除此之外，我们还要和现有的国际金融机构合作，包括世界银行、亚洲开发银行以及一些国家的开发性竞争机构。有一些人认为日本在亚投行进行基础设施建设投入的时候推出的基础设施基金是与中国叫板。但实际上，从基础设施基金需求上来看，亚投行、民间资本，再加上亚洲发展银行的投入都是不足的。因此中国的举动能够刺激如日本一样的发达国家来投入发展中国家的基础设施建设，对这些国家的发展起到了促进作用。换句话说，各国际金融机构之间的关系是互相协作，而非竞争。实际上日本早在三十年前就曾经提出在东盟建设一个1000亿美元的基建基金，但在当时，仅印尼一个国家提出的基础设施投资预算就是1600亿美元，高于整个东盟地区的基建预算。这也表明，我们需要新的区域性金融机构来与现存的机构联手共同推动基础设施建设。

笔者认为美国和日本拒绝加入亚投行的选择是很拘泥的战略。世界前三大经济体分别引领了三个国际金融机构：美国主导世行、中国主导亚投行、日本主导亚洲发展银行。中国是世行和亚洲发展银行的成员，然而美国和日本却不愿意成为亚投行的成员。他们对亚投行的项目实施标准、环保标准、透明度存在质疑，然而如果不参与，他们就更无法影响机构的治理模式、项目的审批程序等。因此不如先参与进来，之后再在规则的谈判和讨论过程中表达自己的观点，施加更多的影响力。另一方面，亚投行努力在改变世行和亚洲发展银行逐渐官僚化的体系。后者的程序效率往往很低。

（三）双循环的建立

我们要注重基建和人与人的互通共同推进。二者是相互促进的，增进人与人的相互联系，能够促进区域合作、投资贸易，以此推动发展。在这一过程中区域产业链和生产网会逐渐建立起来。中国要重点打造一个双循环：第一个循环是中国企业为跨国公司的技术做配套服务，例如富士康为苹果加工电子产品。这一循环是我们在过去三十多年的发展中逐渐形成的。其结果就是高技术含量、高附加值的零部件都是由发达国家来生产，而中国只负责劳动密集型的组装部分。然而由于中国劳动力成本的上升，这些产业将逐渐转移到其他发展中国家，而中国需要在其他的方面寻找新的增长点。中国因此需要建立另外一个循环，即以中国技术、品牌和资本为核心，利用其他国家的配套设施来进行低附加值的加工。华为就是在这一方面最成功的例子之一，它作为中国本土品牌，拥有核心技术，同时其生产链和营销网络遍布世界各地。华为在俄罗斯建立研究中心正利用了俄罗斯高素质的人力资源储备，来加强产品研发设计。这也突破了中俄贸易的瓶颈，从资源能源领域的合作，扩展到未来在航空航天、轨道交通等领域的合作。

在以上描述的循环带来的相互贸易和投资的基础上，周边国家自然会形成对于自贸区网络建设的需求。虽然一些国家现在还不愿加入自贸区，希望保护本土企业，但是在未来会更加积极地加入自贸区的谈判，甚至主动要求中国与其签订自由贸易合约。下面有两个案例来说明这样的转变：

在2012年俄罗斯举办APEC会议前，笔者作为国际咨询专家对其副总理舒瓦洛夫建议，俄罗斯重视东向战略原因是欧盟当时陷入欧债危机，未来短期经济发展东方更具有优势。舒瓦洛夫则强调实行东西平衡的战略。俄罗斯认为自己是欧洲国家，最大的贸易伙伴仍然是欧盟，因此对和中国签署自由贸易协定没有太大的积极性。但是现在俄罗斯又提出与中国和欧亚经济同盟之间启动自贸区建设的进程，很大原因是由于西方在乌克兰事件上制裁俄罗斯，使得俄罗斯对西方的幻想基本破灭。俄罗斯最近采取的向东的战略和中国的向西的战略是相向而行的，中俄应该强化政治互信，成为拥有共同战略利益追求的大国伙伴。在经济上，中俄应该超越能源合作，成为拥有巨大经济合作潜力的经济伙伴。中俄之间有巨大的经济潜力，但是由于一些灰色通关问题，例如中国商品在俄罗斯市场被查封等，目前未能实现。区域合作机制方面，中俄应成为共同治理地区安全繁荣的核心伙伴。在全球治理平台上，共同构建多极世界格局的支柱伙伴。

第二个案例是中国和东盟海上丝绸之路合作的构想。这一构想的核心是中国—东盟自贸区的升级版，是一个机制性的合作平台。这个过程中的战略抓手是海洋基础设施的互联互通。只有将二者结合才能够提升物流效率，确保航运通道的建设维护，关键港口城市的合作，以及海洋科技研发、海洋环境保护等。所有这些要素都纳入到海上丝绸之路合作的平台上，而所有这些平台未来都会走向一个新的机制性的合作平台，也就是 RCEP。在 RCEP 平台上中国可以将与东盟之间的双边合作、多边合作、区域合作、次区域合作都统筹起来。比如说大湄公河流域的合作（GMS）已经取得了很大的进展，但是如果把它放在"一带一路"的平台上，再结合孟中印缅经济走廊的建设，把这些次区域的合作平台也纳入，形成相互促进的合作关系，那么未来中国与东盟之间贸易、投资自由化和便利化的进程效率会更高，金融合作会不断深化，最终加快经济一体化进程。

四、地方在"一带一路"中的定位

（一）在大自贸区中的定位

各省份的官员都很希望将自己的省份作为"一带一路"的起点，但这是一个有偏差的观点。原因在于很多人将"一带一路"简单化，认为仅仅是一条路和一条带。实际上，"一带一路"只是借用了古代丝绸之路的符号。现代意义上"一带一路"实际上是经济带，而经济带是沿着主要的交通运输通道，由若干节点城市，共同形成的网状区域。因此在现代的综合的运输条件之下，"一带一路"应该被理解成多条路和多条带，最终形成覆盖欧洲、亚洲和一部分非洲的经济网络。在这一网络中，每个地方都可成为起点和终点。核心的枢纽城市在这一网络之中会扮演更加重要的角色，成为贸易联系较频繁的节点。以深圳为例，深圳不仅是广东的创新中心，也是中国的创新中心，更是全球的创新中心。深圳还是综合运输网络的枢纽，其港口的集装箱吞吐量排在世界第三的位置。深圳同样也是国际贸易中心，每年的贸易量达到了5000亿美元左右。在国际金融方面，深圳的资本市场也在逐渐发展壮大，创业板、风险投资和私募基金云集，这对于"大众创业、万众创新"的政策都是非常关键的。在文化教育领域，深圳也在和很多东南亚国家开展合作。因此深圳从各方面来说都具备了成为海上丝绸之路起点的要素。

从另一个方面来说，如果一个地区希望成为这个经济网络的重要节点，则需要完善该地区的机制建设、提升贸易投资量，而非冠名为丝绸之路的"起点"。在这个过程中，各地区要着重发展自己的比较优势，找到自己的定位。比如陕西原先被称为"一带一路"的起点，后来改叫重要支点。而甘肃则由国家发改委定位在面向中亚、西亚的窗口，自称为"黄金段"。青海省则构筑了向西开放的战略新格局。宁夏是交通大枢纽，在中阿关系之间扮演非常重要的角色。新疆的重要性更是毫无疑问的，在西北五省区当中的开放度是首屈一指的。重庆将自己定位为 Y 字型大通道，长江经济带到达重庆后，可以向西北方向走向"丝绸之路经济带"，或是向西南方向走印度洋。山东就把自己定位为"一带一路"的节点，其日照港的原油、木材、粮食、镍矿，还有大宗煤炭、大宗商品的吞吐量都是巨大的。大量的货物都从"一带一路"沿线国家运到日照，然后通过铁路输送到国内各个地方和市场。国内的货物相反的通过日照出去。因此山东虽然距离"丝绸之路经济带"远，但是当地企业已经到哈萨克斯坦等中亚国家投资，经济影响力、辐射力和带动力非常强大。黑龙江定位为东部陆海结合丝绸之路经济带。内蒙古则定位为草原丝绸之路。吉林则为大图们江丝绸之路经济带。陕西承接东部和全球的产业转移，并且用长安号这一标志性项目来打造西部新的支点，它同时也进行着大宗商品交易中心和商贸物流中心平台，以及立体交通枢纽网络的建设。青海虽然区位优势不是特别突出，但是也在努力挖掘特色，比如交通运输和清真特色食品等都是有发展潜力的产业。新疆在核心区的建设过程中体量最大，地缘优势最突出。新疆拥有地理优势，并且受到国家的高度重视。甘肃黄金段，则非常有创意，围绕敦煌文化构建旅游名城和中国丝绸之路博览会等国际平台，虽然现在的经济发展和贸易水平都较低，但是旅游文化城的名片能够成为其发展的突破点。

（二）小自贸区在未来的建设格局

自贸区网络的建设是"一带一路"建设过程中的一个重要平台。上海自贸区以及一加三的自贸区实验是非常重要的，其中包含转变政府职能，扩大服务业开放，金融制度改革，负面清单管理等。有一些误读认为自贸区是离岸金融中心、金融凹地、金融特区，将自由贸易的内涵和实质抛弃，而完全金融化。

在未来自贸区的建设会成为一加三加 N 的格局，第三批自贸区会推广到更多的地区等。因为如果不给予它们自贸区的平台，则意味着与东部的港口城市开展的是不公平的竞争。另外包括大连和长江经济带，成都、武汉、西安等城市，沿边口岸等都有应该建立自贸区。相比之下，美国作为世界制造业中心时，自贸园区总共 199 个，加上自贸辅助园区将近 500 个。因此中国尚且处在起步阶段。中国的自贸区建设当然也有自己的特色，它同时担负着转变政府职能、负面清单管理等变革问题，既承担了开放的任务，也承担了内部改革的任务。

五、总　　结

我们在"一带一路"建设过程中也需要量力而为，一些专家认为中国要建设一个覆盖"一带一路"沿线所有经济体的超级自贸区，这是不现实的。例如很多伊斯兰国家至今还不能接受 WTO 的基本规则，不可能协商标准更高的双边自由贸易协定。因此中国在自贸区建设过程中应该量力而行，有清醒的认识。总的来说，"一带一路"体现了中国包容发展的理念。东方智慧在于把沿线的中华文明、欧洲文明、印度文明和伊斯兰文明整合起来，互学互建。众所周知，现在最尖锐的文明冲突在于伊斯兰文明和西方文明的对立，很难协调。而我们中华文明要寻找一种互相包容、相互促进的模式，这在历史上有先例。福建泉州在 15 世纪时就与伊斯兰世界建立了密切的贸易和人员往来。现在泉州仍有相当一部分是回族人、阿拉伯人的后裔，保存着古时修建的清真寺等。这证明中国和阿拉伯世界能够进行友好的交往和合作。依靠"一带一路"带来的新的发展模式，可以减少文明之间的矛盾，促进沟通和相互理解。当然"一带一路"对于中国来讲也是非常关键的，对于转方式调结构、获取新的国际竞争力，以及在国际上拥有更高的地位都非常重要。各省份和地市在这一过程当中也应该明晰自己的定位，寻找自己的优势，作出自己的贡献，同时推动地方的发展。

第二章　广东与海丝沿线国家服务
外包产业合作发展研究

林吉双[*]

　　"21 世纪海上丝绸之路沿线"（以下简称"海丝沿线"）国家主要包括东
南亚、南亚、西亚、东北非和欧洲等区域的各个国家，本书研究的海丝沿线
国家主要包括东南亚、南亚、西亚和东北非等 31 个国家。具体国家如表 2 - 1
所示：

表 2 - 1　21 世纪海丝沿线 31 国情况表

海丝沿线地区	国家	海丝沿线地区	国家
东南亚十国	越南、老挝、柬埔寨、缅甸、泰国、马来西亚、新加坡、印度尼西亚、菲律宾和文莱	南亚七国	印度、巴基斯坦、孟加拉国、斯里兰卡、尼泊尔、苏丹、马尔代夫
西亚八国	科威特、伊朗、阿拉伯联合酋长国、沙特阿拉伯、也门共和国、伊拉克、土耳其、阿曼	东北非六国	埃塞俄比亚、肯尼亚、坦桑尼亚、莫桑比克、索马里、埃及

---

　　* 林吉双：广东外语外贸大学国际服务经济研究院院长，教授。

一、广东与海丝沿线国家服务外包产业发展概述

(一) 广东承接海丝沿线国家离岸服务外包业务现状

1. 广东承接海丝沿线国家离岸服务外包的规模和增速

如表 2 - 2 所示，从规模上看，2015 年，广东承接海丝沿线国家离岸服务外包执行规模为 13.68 亿美元，比 2014 年增加了 5.7 亿美元；2015 年，广东承接海丝沿线国家离岸服务外包执行额占全省服务外包执行额的比重也由 2014 年的 12.62% 提高到 2015 年的 17.29%，增幅很快。这说明，海丝沿线国家正逐渐成为广东省离岸服务外包的重要来源地区。

表 2 - 2 2014—2015 年广东承接海丝沿线国家离岸服务外包执行情况

年份	海丝规模（亿美元）	占全省比重（%）	海丝增速（%）	全省增速（%）
2014 年	7.98	12.62	21.96	30.10
2015 年	13.68	17.29	71.30	35.41

资料来源：根据广东省商务厅提供的统计数据整理而成，见 http://www.gddoftec.gov.cn/。

如表 2 - 3 所示，2015 年，广东承接海丝沿线国家离岸服务外包执行额已处在广东承接海外国家或地区离岸服务外包执行规模的第二位，与 2014 年相比上升一位，也一举超过美国。因此，海丝沿线国家离岸服务外包对广东服务外包产业的发展举足轻重。

表 2 - 3 2015 年广东承接海外国家或地区离岸服务外包执行规模

广东离岸服务外包来源国家或地区	离岸服务外包执行规模（亿美元）	离岸服务外包执行额增速（%）	占全省离岸服务外包执行额之比（%）
中国港澳台	34.05	42.93	29.96
海丝沿线国家	13.68	71.30	17.29
美国	10.10	6.86	8.88
欧盟	6.98	15.42	6.14

资料来源：根据广东省商务厅提供的统计数据整理而成，见 http://www.gddoftec.gov.cn/。

从增速上看，2015 年广东承接海丝沿线国家服务外包执行额的增速为 71.3%，这不仅远高于 2014 年广东承接海丝沿线国家离岸服务外包执行额 21.96% 的增速，也远高于全省 2015 年承接海外国家和地区离岸服务外包执行额 35.41% 的增速。这表明，海丝沿线国家正在成为广东省离岸服务外包增长最快的地区。

2. 广东承接海丝沿线离岸服务外包主要来源地区

如表 2-4 所示，广东承接海丝沿线离岸服务外包的主要来源地区为东南亚国家，2015 年，广东承接东南亚国家离岸服务外包执行额为 6.69 亿美元，占海丝沿线国家离岸服务外包执行额的 48.9%，这说明东南亚地区是广东承接海丝沿线离岸服务外包的主要来源地。2015 年，广东承接西亚国家、东北非五国和南亚国家的离岸服务外包执行额分别为 2.56 亿美元、2.43 亿美元和 2 亿美元，分别占广东承接海丝沿线国家离岸服务外包执行额的 18.71%、17.76% 和 14.61%，这说明这些地区对广东承接海丝沿线地区离岸服务外包的规模也有着重要的影响。

表 2-4　2015 年广东承接海丝沿线服务外包来源的地区分布情况

海丝沿线地区	规模（亿美元）	占比（%）
东南亚国家	6.69	48.90
西亚国家	2.56	18.71
东北非五国	2.43	17.76
南亚国家	2.00	14.61
总　　计	13.68	100.00

资料来源：根据广东省商务厅提供的统计数据整理而成，见 http://www.gddoftec.gov.cn/。

3. 广东承接海丝沿线离岸服务外包主要来源国家

如表 2-5 所示，广东承接海丝沿线国家服务外包的主要来源国家为新加坡、马来西亚、莫桑比克和巴基斯坦等 12 个国家。在这 12 个国家中，新加坡规模最大，为 3.21 亿美元，马来西亚和莫桑比克的规模也都在 1 亿美元以上；其他 9 个国家虽然规模没有达到 1 亿美元，但其中一些国家的增速很快，如肯尼亚为 7741.20%，这表明这些国家正日益成为对广东服务外包发包的主要增长来源国家，因此，对这些国家服务发包市场应给予更多重视。

表 2 - 5　2015 年广东承接海丝沿线服务外包主要来源国家情况

国家	规模（亿美元）	增速（%）	国家	规模（亿美元）	增速（%）
新加坡	3.21	-16.38	斯里兰卡	0.59	1639.38
马来西亚	1.31	780.94	坦桑尼亚	0.58	150.84
莫桑比克	1.12	336412.86	沙特阿拉伯	0.51	82.46
巴基斯坦	0.98	19672.20	肯尼亚	0.49	7741.20
柬埔寨	0.79	151.11	阿联酋	0.45	21.58
缅甸	0.64	5485.40	埃塞俄比亚	0.44	69.98

资料来源：根据广东省商务厅提供的统计数据整理而成，见 http://www.gddoftec.gov.cn/。

4. 广东承接海丝沿线国家服务外包主要业务类型

根据我们对样本企业所做的调研，广东承接海丝沿线国家离岸服务外包的主要业务类型包括信息技术外包（Information Technology Outsourcing，以下简称 ITO）、商务流程外包（Business Process Outsourcing，以下简称 BPO）、知识流程外包（Knowledge Process Outsourcing，以下简称 KPO）。其中，ITO 业务中主要包括软件研发与开发、系统集成、IT 咨询和软件测试等；BPO 业务中主要包括供应链管理、呼叫中心、人力资源管理、财务管理和客户关系管理等；KPO 业务中主要包括工业设计、工程设计、产品技术研发、数据管理与服务和决策支持系统等。总体来看，海丝沿线国家服务外包企业对广东的服务发包业务类型齐全，具体发包业务内容也非常丰富，这表明海丝沿线国家的服务发包市场类型齐全、内容丰富，应对其服务需求给予更多满足（见表 2 - 6）。

表 2 - 6　广东调研样本企业承接海丝沿线国家离岸服务外包业务类型

业务类型	细分业务（按业务量由高到低排序）
ITO	软件研发与开发、系统集成、IT 咨询、软件测试等
BPO	供应链管理、呼叫中心、人力资源管理、财务管理、客户关系管理等
KPO	工业设计、工程设计、产品技术研发、数据管理与服务、决策支持系统等

资料来源：根据 56 家服务外包企业调研样本整理而成。

5. 广东承接海丝沿线国家服务外包来源渠道情况

我们对56家样本企业承接海丝沿线国家服务外包业务来源渠道所做的调研表明，有22家样本企业为老客户介绍新客户，占调研样本企业的39.29%；有19家样本企业为企业国外分公司或办事处直接接包，占调研样本企业的33.92%；有16家样本企业为参加论坛、交易会等国际交易平台，占调研样本企业的28.57%；其他渠道还有跨国公司国内公司发包，平面、网络、中介机构的宣传和搭桥，国内其他企业转包等（见表2-7）。总的来看，广东承接海丝沿线国家服务外包的来源渠道多，这些渠道也很有效，因此今后应多加推广。

表2-7　广东调查样本企业承接海丝沿线国家服务外包的来源渠道情况

渠道类型	样本企业数量（家）	占比（%）
老客户介绍新客户	22	39.29
企业国外分公司或办事处直接接包	19	33.92
参加论坛、交易会等国际交易平台	16	28.57
跨国公司国内公司发包	9	16.07
平面、网络、中介机构的宣传和搭桥	9	16.07
国内其他企业转包	7	12.5
通过境外路演活动获得国际业务	3	5.36
政府种类信息化工程	2	3.57
调研样本企业有效填写数量	56	100.00

资料来源：根据56家服务外包企业调研样本整理而成。

6. 广东承接海丝沿线国家离岸服务外包未来发展趋势

通过上述分析，我们对广东承接海丝沿线国家离岸服务外包的未来发展趋势可做如下判断：从规模上看，广东承接海丝沿线国家服务外包的规模将会继续较快增长，伴随着广东与海丝沿线国家经贸合作的不断加强，在不远的将来，海丝沿线国家将成为广东离岸服务外包的第一来源地区；从增速上看，广东承接海丝沿线国家服务外包的速度仍将呈高速增长之势，具体到海丝沿线国家的主要区域分布上看，东南亚会保持稳定增长，南亚、西亚和东北非区域将会保持快速增长；从业务上看，随着海丝沿线国家经济的快速发展，广东承接的服务外包业务将更为丰富、附加值也会越来越高。总之，我们对广东与海丝沿线国家服务外包产业的合作发展充满期待。

（二）广东与全国、江苏承接海丝沿线国家服务外包业务比较

1. 广东与全国承接海丝国家服务外包业务情况比较

从广东和全国承接海丝沿线国家离岸服务外包执行额占各自离岸服务外包执行总额之比看，2015 年，广东承接海丝沿线国家离岸服务执行额占广东承接离岸服务外包执行总额之比为 12.02%，这与全国 2015 年承接海丝沿线国家离岸服务外包执行额占离岸服务外包执行总额之比的 13.67% 相比，相差1.65 个百分点，基本持平。

从广东和全国承接海丝沿线国家离岸服务外包执行额的增速上看，广东比全国高出 31.9 个百分点。这一方面说明 2015 年广东承接海丝沿线国家离岸服务外包执行额增速快，另一方面表明 2014 年广东承接海丝沿线国家离岸服务外包执行额的基数小，也进一步说明了广东承接海丝沿线国家离岸服务外包的工作仍需进一步加强等（见表 2 - 8）。

表 2 - 8　2015 年广东与我国承接海丝沿线国家离岸服务外包执行额情况

	离岸执行额（亿美元）	增速（%）	占各自离岸服务外包执行额之比（%）
广东	13.68	71.30	12.02
中国	88.40	39.40	13.67

资料来源：数据来自商务部网站，中国承接海丝国家服务外包数据为测算值，见 http://www.mofcom.gov.cn/。

2. 广东与江苏承接海丝沿线国家服务外包业务比较

从离岸服务外包执行规模上看，2015 年，广东承接海丝沿线国家离岸服务外包执行额为 13.68 亿美元，江苏承接海丝沿线国家离岸服务外包执行额为 24.46 亿美元，江苏承接海丝沿线国家离岸服务外包执行额为广东省承接海丝沿线国家离岸服务外包执行额的 1.79 倍，广东与江苏相比差距很大。

从占各自省份离岸服务外包执行总额之比看，广东与江苏承接海丝沿线

国家离岸服务外包执行额占各自省份离岸服务外包执行额分别为12.02%和11.42%，广东比江苏高出不到一个百分点，这表明广东在承接海丝沿线国家离岸服务外包方面是与其离岸服务外包执行总额相适应的。

从占国家离岸服务外包执行额之比看，广东与江苏承接海丝沿线国家离岸服务外包执行额占国家离岸服务外包执行总额之比分别为15.47%和27.66%，广东与江苏相比相差12.19个百分点，差距较大；这与广东对外贸易总额占国家对外贸易总额25%的外贸大省地位相比，差距可能更大。这也说明广东未来承接海丝沿线国家离岸服务外包的规模还有很大的增长空间，应做更多的努力（见表2-9）。

表2-9　2015年广东与江苏承接海丝沿线国家服务外包情况

	离岸执行额 （亿美元）	增速（%）	分别占各省 离岸执行额之比（%）	分别占国家 离岸执行额之比（%）
广东	13.68	71.30	12.02	15.47
江苏	24.46	40.00	11.42	27.66

资料来源：根据广东省商务厅提供的统计数据整理而成，江苏承接海丝沿线国家服务外包数据为测算值，见 http://www.gddoftec.gov.cn/。

二、广东与海丝沿线国家服务外包产业合作发展的优势与不足

（一）广东与海丝沿线国家服务外包产业合作发展的优势

1. 广东承接海丝沿线国家服务外包产业合作发展区位优势

广东处在亚太经济走廊的中心位置，是我国大陆与东南亚、南亚、西亚、东非、北非和欧洲各国海上航线最近的地区，是中国通向世界的桥头堡。应该说，广东与海丝沿线国家联系与合作的地理区位优势得天独厚。广东2015年离岸服务外包执行额情况也充分说明了这一点（见表2-10）。

表 2 - 10 2015 年广东承接海外国家或地区离岸服务外包执行规模

广东离岸服务外包 来源国家或地区	离岸服务外包执行 规模（亿美元）	离岸服务外包 执行增速（％）	占全省离岸服务外包 执行额之比（％）
中国港澳台	34.05	42.93	29.96
海丝沿线国家	13.68	71.30	12.03
美国	10.10	6.86	8.88
欧盟	6.98	15.42	6.14

资料来源：根据广东省商务厅提供的统计数据整理而成，见 http：//www.gddoftec.gov.cn/。

广东承接海丝沿线国家离岸服务外包执行额为 13.68 亿美元，紧紧地排在与广东近在咫尺的中国港澳台之后，海丝沿线国家已成为广东离岸服务外包的主要发包地；再从增速上看，2015 年广东承接海丝沿线国家离岸服务外包的增速高达 71.3％，远远高于其他国家和地区，广东与海丝沿线国家的区位优势正日益凸显出来。

2. 广东与海丝沿线国家服务外包产业合作发展的产业优势

广东是我国离岸服务外包接包能力最强的省份之一，广东在服务外包各种类型业务领域里都有着很强的竞争能力，这种竞争能力在承接海丝沿线国家离岸服务外包方面更为明显。如表 2 - 11 所示，从海丝沿线国家对广东服务发包业务情况看，在 ITO 方面，主要有软件研发与开发、系统集成、IT 咨询和软件测试等，这些 ITO 业务都是广东的强项，例如园区有排名全国第一梯队的深圳软件园和广州软件园，系统集成有华为和中兴等世界级知名企业；在 BPO 方面，主要有供应链管理服务和呼叫中心服务等，这些 BPO 业务更是广东的强项，广东拥有生产服务型和服务制造型种类齐全、数量众多、实力强大的供应链管理企业，在呼叫中心服务方面在全国也具有一定的领先优势；在 KPO 方面，主要有工业设计和工程设计等，这些 KPO 业务广东也占尽优势，如深圳为全国工业设计之都，集聚着一批国内外有重要影响的工业设计公司，如欧蒙、浪尖和嘉兰图等（见表 2 - 11）。

表 2-11　海丝沿线国家服务外包业务需求类型与广东服务外包产业优势领域

	海丝沿线国家对广东服务发包业务情况 （按业务量从调到低排序）	广东承接离岸服务 外包产业的优势领域
ITO	软件研发与开发、系统集成、IT 咨询、软件测试等	软件研发与开发，系统集成等（深圳软件园和广州软件园，华为和中兴等）
BPO	供应链管理、呼叫中心、人力资源管理、财务管理、客户关系管理等	供应链管理、呼叫中心等（珠三角地区客户座席位占全国的1/4，位居全国第一）
KPO	工业设计、工程设计、产品技术研发、数据管理与服务、决策支持系统等	工业设计和工程设计等（深圳为全国工业设计之都，企业有欧蒙、浪尖、嘉兰图等）

资料来源：根据 56 家服务外包企业调研样本整理而成。

3. 广东与海丝沿线国家服务外包产业合作发展的营商优势

广东与海丝沿线国家有着广泛的、深入的、悠久的人文交流和商贸往来。由于地理相近、文化相通、交往历史悠久，广东与海丝沿线国家特别是东南亚国家人文相近、地缘相连、商贸相通。近代以来，广东人漂洋过海，"下南洋""走非洲"，广东文化在世界各地尤其是亚太地区影响深远，广东华侨在当地的经济、文化甚至政治等方面的影响力强，文化认同度高。2000 多万广东籍海外侨胞中，约 1480 万人分布在新加坡、泰国、马来西亚、印度尼西亚等国，超过 70% 的东南亚上市公司由华商资本控制。这些人脉资源，都为广东加强与东南亚国家服务外包产业的合作奠定了充足的商业资源。

近年来，随着中国企业"走出去"的步伐不断加快，以华为、中兴、格力、美的所代表的广东大型企业加快了"走出去"的步伐，一些企业如华为等已基本完成了在全球的产业空间布局。这些企业将为广东与海丝沿线国家服务外包产业的合作与发展增添新的动力。

（二）广东承接海丝沿线国家服务发包合作发展的不足

广东承接海丝沿线国家服务发包存在的不足之处主要表现在：与江苏相比，广东的区位优势、产业优势、营商优势和人文优势等没能在服务外包产业发展合作方面充分地发挥出来。主要表现在：一是从离岸服务外包执行规模上看，2015 年，江苏承接海丝沿线国家离岸服务外包执行额为 24.46 亿美元，是广东承接海丝沿线国家离岸服务外包执行额 13.68 亿美元的 1.79 倍，广东承接海丝沿线国家离岸服务发包与江苏相比差距很大。二是从占国家离岸服务外包执行额之比看，广东与江苏承接海丝沿线国家离岸服务外包执行额占国家离岸服务外包执行总额之比分别为 15.47% 和 27.66%，广东与江苏相比相差 12.19 个百分点，差距也较大；这与广东对外贸易总额占国家对外贸易总额 25% 的外贸大省地位相比，差距可能更大。那么，广东承接海丝沿线国家服务发包存在不足的原因是什么呢？

1. 企业整体的竞争能力还有待提高

企业是市场的主体，企业的整体发展水平和竞争能力直接决定和影响着国际市场的开拓能力。在对 56 家样本企业就企业承接海丝沿线国家服务外包业务的主要竞争劣势调研时，样本企业认为有以下几个方面原因影响企业拓展海丝沿线国家服务外包业务（见表 2 - 12）。

表 2 - 12　调研样本企业承接海丝沿线国家服务外包业务存在的不足

制约企业承接海丝沿线国家服务外包业务的原因	企业数量	占样本企业比例（%）
国际化、专业化、复合型人才不足	26	46.43
不熟悉海丝沿线国家市场，缺少沟通对接平台，难以获取发包信息	25	44.64
企业的品牌影响力不足	18	32.14
营销公关水平不高	13	23.21
缺少充足的资金，融资渠道不畅	12	21.43
产品价格竞争力不足	12	21.43
缺乏技术创新	10	17.86
文化差异导致对客户需求理解不透彻	8	7.14

资料来源：根据 56 家服务外包企业调研样本整理而成。

通过对 56 家服务外包样本企业所做的调研分析，制约和影响这些企业承接海丝沿线国家服务外包业务的主要原因有：一是企业缺少国际化、专业化和复合型人才，占到调研样本企业的 46.43%；二是企业不熟悉海丝沿线国家市场，缺少沟通对接平台，难以获得海丝沿线国家服务发包信息，占调研样本企业的 44.64%；三是企业缺少有影响力的品牌，企业服务品牌的市场竞争能力不足，占调研样本企业的 32.14%；四是企业的国际营销能力有限，市场开拓能力不足，占调研样本企业的 23.21%；五是企业缺少充足的资金，融资渠道不畅，占调研样本企业的 21.43%；六是企业提供服务产品的价格竞争能力不足，占调研样本企业的 21.43%；七是企业缺乏技术创新能力，占调研样本企业的 17.86%；八是企业工作人员因国家间的文化差异对客户需求理解不透彻，占调研样本企业的 7.14%；等等。

2. 行业协会的作用还有待发挥

行业协会作为行业发展的组织、协调、服务和监管机构，其作用发挥得如何会直接影响整个行业的发展水平。为此，我们就行业的组织和服务等情况对企业进行了调研。行业组织发挥作用的情况如表 2 - 13、2 - 14 所示：

表 2 - 13 服务外包企业参加行业协会情况

企业是否加入服务	加入	占比	没加入	占比
外包相关行业协会	21 家	37.50%	35 家	62.50%
企业是否得到服务	得到	占比	没得到	占比
外包行业协会的帮助	21 家	37.50%	35 家	62.50%

资料来源：根据 56 家服务外包企业调研样本整理而成。

表 2 - 14 调研样本企业认为行业协会需要进一步加强的工作

企业认为行业协会需要加强的工作	企业数量（家）	占比（%）
应帮助企业与海丝沿线国家企业建立业务关系	48	85.71
应帮助企业了解海丝沿线国家服务外包市场信息	43	76.78
应进一步加强行业自律管理	36	64.28
帮助企业了解海丝沿线国家法律法规	16	28.57

资料来源：根据 56 家服务外包企业调研样本整理而成。

从是否加入服务外包行业协会和是否得到行业协会帮助的调研情况来看，有 37.50% 的企业加入了服务外包行业协会，它们都得到过行业协会的帮助；有超过 62.50% 的企业没有加入服务外包行业协会，这说明行业协会服务企业的覆盖面还不大，影响了行业协会对企业的服务范围。

从行业协会需要进一步加强的工作调研情况来看，有高达 85.71% 的调研样本企业认为，服务外包行业协会应帮助企业与海丝沿线国家企业建立业务关系；有超过76.78%的调研样本企业认为，服务外包行业协会应帮助企业了解海丝沿线国家服务外包市场信息；也有64.28%的调研样本企业认为，服务外包行业协会应进一步加强行业自律管理，这也与我们对调研样本企业进行的另一项调研即其承接海丝沿线国家服务外包业务的主要竞争对手有55.36%来自省内企业的情况是相一致的。

3. 政府的公共服务还有拓展空间

政府是市场运行规则的制定者、利益纠纷的裁判者、秩序井然的维护者，政府作为这些公共服务的提供者，其所提供的公共服务的数量与质量直接关系和影响企业这个市场主体的运行状况。在对56家样本企业就其承接海丝沿线国家服务外包业务需要政府给予进一步支持所做的调研情况如表2-15所示：

表2-15　调研样本企业认为政府需要进一步加大支持力度的政策和措施

企业认为政府需要加强的工作	企业数量（家）	占比（%）
减免税收和增加财政补贴	40	71.43
支持企业人才培训和人才引进	31	55.36
帮助企业了解海丝沿线国家法律法规	16	28.57
加强对服务外包行业监管	13	23.21
帮助企业解决融资难问题	12	21.43

资料来源：根据56家服务外包企业调研样本整理而成。

调研样本企业认为，政府应在以下几个方面继续加大支持和监管力度：一是有高达71.43%的调研样本企业认为，政府应进一步减免企业的税收，增加对企业的财政补贴，切实降低企业的运营成本，提升企业竞争力；二是有55.36%的企业认为，政府应加大对企业人才培训的支持力度，出台相关的人才引进政策，以提升企业的核心竞争能力；三是有28.57%的企业认为，政府应尽力帮助企业了解海丝沿线国家的法律法规，以便企业能够很好地利用当地支持服务外包产业的发展政策、规避企业经营风险等；四是有23.21%的企业认为，政府应加强对服务外包行业的监管，维护好服务外包行业的发展秩序；五是有21.43%的企业认为，政府应出台相应的政策，帮助企业解决融资难问题；等等。

三、广东与海丝沿线国家服务外包产业合作发展的路径和对策

（一）广东与海丝沿线国家服务外包产业合作发展的路径

1. 定准目标合作市场

继续深耕东南亚市场。从国家层面看，近年来东南亚国家逐渐成为我国服务外包的主要来源地区，2015 年，我国承接东南亚国家的服务外包执行金额为 63.2 亿美元，东南亚国家的服务外包市场不断成熟。从广东省层面看，2015 年广东承接东南亚国家服务外包执行额为 6.69 亿美元，占广东承接海丝沿线国家服务外包执行金额的 48.90%，东南亚已成为排在中国港澳台之后广东第二大离岸服务外包市场。我们预计，东南亚地区服务外包市场有望继续呈现良好的增长势头。

积极抢占西亚、东北非市场。近年来，西亚和东北非国家服务外包市场呈快速发展之势。安永公司研究报告显示，2018 年中东北非地区服务外包市场规模预计将达到 70 亿美元；其中像迪拜等一些商务发展好的城市已经将服务外包列为重点发展方向，并建立服务外包区。从广东承接西亚、东北非国家服务外包执行额看，也已占到广东承接海丝沿线国家服务外包执行额的 36.47%，排在东南亚国家之后，位居第二位。随着我国"一带一路"战略的不断推进，与海丝沿线国家交通运输、能源工业和电子通信等领域有大量投资与广泛合作，这一地区将释放更多工程设计、工业技术服务、其他专业业务服务等需求。因此，积极开拓这一市场，广东服务外包企业将可以大有所为。

有效开拓南亚市场。随着南亚国家特别是印度和巴基斯坦等国经济的快速发展，其工业设计、工程设计、信息系统集成、供应链管理等服务外包业务会快速释放出来。2015 年，广东承接南亚国家服务外包执行额占广东承接海丝沿线国家服务外包执行额的 14.61%，其中有近 1 亿美元的业务来自于巴

基斯坦；因此，一方面要继续拓展巴基斯坦的服务外包业务，另一方面要不断有效开拓印度这个南亚第一经济大国的服务外包市场，不断缩小广东与江苏在承接印度服务外包业务方面的差距。

2. 突出重点合作领域

工程设计技术服务与信息技术运营维护服务。积极参与国家"一带一路"战略，以基础设施互联互通、区域电网升级改造、可再生能源转化及传统能源资源勘探开发为重点，顺应海丝沿线部分国家对基础重工业的发展需求，主要以跟随服务、联合工程总承包、生产线规划设计等方式，开展工程设计技术服务及相关配套、后续信息技术运营与维护服务，形成工程一体化开发服务能力。

工业设计和 IC 设计服务。海丝沿线国家正走在工业化的发展道路中，这些国家对工业设计和 IC 设计等有着强烈的需求；因此，积极推动企业承接工业设计外包服务及配套集成电路和电子电路设计服务。同时，要不断加快发展工业产品设计整体解决方案服务，推动相关集成电路和电子电路设计的配套服务发展，在海丝沿线国家制造业产业链设计端占据优势地位，促进向工业设计和集成电路设计高端发展。

软件研发与开发、系统集成等服务。对接海丝沿线国家基础信息设施建设、空间信息走廊建设、海关交通互通的重点工程项目实施等，围绕海丝沿线国家传统行业信息化建设需求和我国企业"走出去"配套服务需求等，进一步巩固和扩大广东企业在海丝沿线国家的软件研发与开发、系统集成、IT 咨询、软件测试和系统维护等。

供应链管理服务和其他专业咨询服务。抓住海丝沿线国家铁路、口岸和民航等建设运营的机遇，紧紧围绕区域交通物流协调建设发展的推进，提供物流网络规划和运输方案、产品库存设计和仓储规划设计服务、采购规划与采购服务等，推动形成全程统一运输协调机制，提升"一带一路"沿线物流信息化水平。同时，适应海丝沿线国家快速发展对企业内部业务流程设计、财务管理、人力资源管理等产生的相关专业咨询需求，尽快布局、抢占先机、跟踪服务、确保质量。

云计算、数据处理分析和电子商务平台服务。结合海丝沿线空间信息走廊建设和广东对外贸易跨境电子商务发展，引导和鼓励企业有效推动与空间地理信息、商务活动信息服务相关的数据处理与分析外包服务，包括航空、地理、客户、商贸等数据的采集、录入、存储、加工、分析、挖掘服务，以及空间数据云服务、电子商务云服务等。

3. 搭建对接合作平台

建立对接合作的组织平台。一是建立政府间经贸合作委员会。基于海丝沿线国家服务外包市场的快速发展以及已成为广东服务外包业务主要来源地的现实，建议广东省、市政府及商务主管部门主动开展与海丝沿线服务发包重要节点国家经贸管理部门的往来与合作，积极筹建双方政府间经贸合作委员会，将双方的服务外包产业作为合作的重要内容之一来抓。二是建立跨国商会联盟。在广东省市各级服务外包行业协会都已成立且运行良好的情况下，加强各级行业协会的国际化运作能力就显得更为重要；因此，广东省市各级地方政府要大力支持行业协会"走出去"，鼓励省市各级服务外包行业协会与海丝沿线已与广东省服务外包有良好合作经验国家的行业协会建立跨国或跨行业的商会联盟，积极推动广东省服务标准的国际化，以便推进广东省与海丝沿线国家服务外包产业的深度合作。

建立对接合作的商务平台。一是构建线下展会平台。可考虑依托海博会展会平台，可收到事半功倍的效果。作为广东与海丝沿线国家商务合作的重要平台——广东21世纪海上丝绸之路国际博览会（以下简称"海博会"），其影响越来越大；因此，我们建议每年举办一届的海博会应增加服务外包展会专场，并通过展示、论坛等多种形式为广东与海丝沿线国家的服务外包企业洽谈合作提供重要的商务平台。二是建立线上营销平台。可考虑依托大龙网等知名BTB跨境电商营销平台，建立广东与海丝沿线国家服务外包产业合作发展的线上平台。目前，大龙网等知名网站正在布局"一带一路"沿线国家，且已在印度尼西亚、柬埔寨、阿拉伯联合酋长国、沙特等海丝沿线国家设立了海外本土化运营服务中心，因此我们建议可与大龙网等BTB网站洽谈相关合作事宜。三是积极参与海丝沿线国家现有相关展会平台。通过商务主管部门和服务外包行业协会出面协调，为广东服务外包企业组团参加海丝沿线国家服务外包展会创造有利条件，如有利的展会位置、合理的展位价格等。目前，海丝沿线国家有影响力和知名度的与服务外包高度相关展会有新加坡国际通信与咨询科技展览会、阿联酋迪拜的 IT 外包博览会、印度国际通信技术博览会、摩洛哥国际信息技术及服务贸易展等。

4. 完善合作运行机制

强化官方合作运行机制。广东省各级政府部门在与海丝沿线国家政府开展经贸交流、项目洽谈等商务活动中，可增加服务外包洽谈议题；具体是采取区别性、针对性的定位和策略，在双边和多边贸易与投资等谈判中有重点地增加服务外包产业的合作内容，为广东省企业在海丝沿线国家服务外包产业的市场开拓、业务承接、资源整合、布局布点等提供有效的机制保障，以此来进一步增强广东服务外包企业在海丝沿线国家服务外包市场上的竞争能力。

完善民间合作运行机制。广东省、市等各级服务外包行业商会要加强与海丝沿线主要国家服务外包行业商会的联系与沟通，积极建立彼此之间的定期和不定期等交流与协调机制，为双方企业的联系、交流和合作奠定机制保障。

（二）广东与海丝沿线国家服务外包产业合作发展的对策

1. 完善财政金融扶持政策

出台广东与海丝沿线国家服务外包产业合作发展财政补贴专项基金。鉴于海丝沿线国家已成为广东省服务外包市场第二大来源地以及仍呈快速增长之势，政府可制定和出台广东与海丝沿线国家服务外包产业合作发展基金，以支持广东省企业大力承接海丝沿线国家服务外包市场业务。合作发展基金主要支持企业开拓海丝国家沿线服务外包市场，具体包括参加展会补贴、设立交付中心或运营中心补贴、人才培训和人才引进补贴等。

设立广东与海丝沿线国家服务外包产业合作发展财政担保专项基金。鉴于服务外包企业轻资产、重服务等特点，政府部门可设立广东与海丝沿线国家服务外包产业合作发展财政担保专项基金，引导金融类企业加大对服务外包企业的融资支持力度。具体是充分发挥财政担保专项基金"四两拨千斤"的作用，推动金融企业创新融资模式和企业担保方式，推广基于政策性基金的知识产权质押融资、订单抵押贷款、信用抵押贷款、供应链金融等新型融资方式和渠道的应用，支持服务外包企业在海丝沿线主要国家的投资并购、项目担保贷款、流动资金周转和优质项目孵化等，切实有效缓解服务外包企业贷款难和融资难的问题。

2. 拓展公共服务领域

开展面向海丝沿线国家中高端国际商务人才的培训服务。对企业来说，中高端国际商务人才比中高端技术人才更为重要。为缓解企业开拓海丝沿线国家服务外包市场所急需的中高端国际商务人才的需要，政府商务主管部门可组织广东省服务外包人才培训基地开展面向海丝沿线国家服务外包市场所急需的中高端国际商务人才培训，以助力和加速广东服务外包企业的面向海丝沿线国家的国际化进程。

搭建海丝沿线国家服务外包产业公共信息服务平台。可依托广东省服务外包产业促进会网站，定期发布海丝沿线国家有关服务外包产业发展的政策法规、合作信息和风险预警等；同时，也可考虑发布个别企业在与海丝沿线国家服务外包企业合作过程中的失信信息，加强对行业的监管，优化营商环境，打造广东服务品牌。

3. 发挥行业协会职能

实现行业协会服务全覆盖。为充分发挥广东省服务外包产业促进会在广东省服务外包产业发展中的作用，必须提高其组织力、影响力和吸引力。为加强省服务外包产业促进会对行业发展的指导和协调能力，我们建议各市服务外包行业协会会长或秘书长自动成为广东省服务外包产业促进会副会长或副秘书长，只有这样才能为充分发挥好协会的桥梁和纽带作用提供坚强的组织保障；另外，各级服务外包行业协会要大力发展会员单位，将自身的触角伸展到每一个服务外包企业，以便为实现协会服务的全覆盖。

切实提高行业协会服务能力和水平。要不断加强行业协会队伍的自身建设，切实提高专业服务能力和专业服务水平；只有这样，才能为广东与海丝沿线国家服务外包产业的合作与发展提供及时充分的服务外包市场信息、产业合作咨询服务、市场风险预测预警等。同时，要不断创新监管方法，加强行业自律，切实维护好广东与海丝沿线国家服务外包产业合作发展的良好秩序。

4. 支持企业"走出去"

推动服务外包领先或优势领域的行业标准"走出去"。行业标准是产业核心竞争力的核心，为此要积极推动广东省服务外包领先或优势领域的行业标准、技术准则、资质认证标准等"走出去"。可采取的主要措施是：鼓励广东省服务外包大型领袖型企业如华为、中兴等以及细分领域的精英型企业利用自身的标准、技术和品牌优势，加强与海丝沿线国家的合作，为海丝沿线国家服务外包产业的行业标准、技术标准、资质认证标准等的制定提供范本和案例。

支持服务外包企业在海丝沿线国家设立相关服务机构。主要是支持广东省服务外包企业到海丝沿线国家设立服务外包市场拓展中心、品牌运营中心和服务交付中心，有效推动这些海外中心的本地化运营，以便零距离地提升广东省企业与海丝沿线国家服务外包企业沟通和联系的有效性、承接服务的及时性和一手性，交付产品后的持续服务性等，以此来提升广东省服务外包企业在海丝沿线国家的综合竞争能力等。

第三章　广东与海丝沿线国家跨境电商合作潜力分析及建议

何传添　　冯　然[*]

共同建设"21世纪海上丝绸之路"是推动我国新一轮对外开放、促进海丝沿线国家共同发展的重大战略。实施该战略有利于增强我国综合国力，提高我国国际地位和影响力；加强与中亚、西亚、南亚、非洲等国家的经贸合作关系，有利于促进我国区域经济合作，开创全方位对外开放新格局。

在共建"21世纪海上丝绸之路"战略中，对外贸易是基础也是纽带，促进与海丝沿线国家的出口贸易，对于摆脱产能过剩、推动我国经济持续发展有着重要的作用。作为新兴贸易业态，跨境电子商务具有货物贸易和服务贸易相融合的特点，以及交易快捷、面向全球、参与门槛低等优势，为广大中小企业走向国际市场带来了新的机遇。特别是近年来我国跨境电子商务以30%以上的速度发展，并保持着持续上升的势头，表明其已经在我国进出口贸易中占据了重要的地位，因此，研究跨境电商在海丝沿线国家的应用现状和未来展望对于推动我国与海丝沿线三十多个国家的经贸合作，促进我国产业转型升级和社会的整体发展都具有十分重要的意义。

---

[*] 何传添：广东外语外贸大学副校长、教授、博士，国际贸易研究中心兼职研究员；
冯然：广东外语外贸大学经贸学院国际贸易系副教授。

一、全球跨境电商发展状况

随着全球互联网用户数量的不断增加，网上交易、网络购物等依托互联网的电子商务模式迅速兴起，作为电子商务领域的重要分支，跨境电商在近年来开始呈现"井喷式"发展，如今已成为国际贸易体系中举足轻重的组成部分。

（一）全球跨境电子商务交易规模增势迅猛

根据国际电信联盟发布的数据，2014 年全球的互联网用户已超过 30 亿，占全球总人口数的 40%，其中有 13 亿人成为 B2C 电商的使用者。目前全球电子商务规模尚无官方统计数据，相关数据主要来自埃森哲、eMarketer、Forrester、Goldman Sachs 等一些咨询公司的估算。根据埃森哲公司的估计，在 B2C 电商市场，2014 年全球总体规模达到 1.6 万亿美元，相当于整个拉丁美洲当年的总体消费规模。全球 B2C 市场将保持接近 15% 的年均增长，并于 2020 年达到 3.4 万亿美元，在全球消费品零售总额中所占的比重将达到 13.5%，B2C 消费群体也将超过 21 亿人。关于 B2B 电子商务规模的测算，目前不同机构发布的数据并不统一且相互之间差距较大，联合国贸发组织（UNCTAD）在《2015 年信息经济报告》中曾经作出估计，全球 B2B 电子商务的交易规模远远超过 B2C，2015 年交易额超过 15 万亿美元。

跨境 B2C 电子商务是 B2C 电商的重要组成部分，埃森哲发布的数据显示，2014 年跨境 B2C 的市场规模超过了 2.3 万亿美元，并将于 2020 年达到 1 万亿美元，年均增长率高达 27%。跨境 B2C 电商在整体 B2C 电商中的份额将从 2014 年的 14.4% 增加到 2020 年的 29.4%，消费者规模也将从 2014 年的 3.09 亿人增加到 2020 年的超过 9 亿人，年均增幅超过 21%。2020 年，接近半数的网上消费者会进行跨境网上消费，其发展趋势如图 3 – 1 所示。

跨境 B2B 电子商务的数据较难获取，其原因主要在于 B2B 的跨境贸易与传统的一般贸易之间很难进行区分，很多传统的一般贸易也是通过网络平台发布信息，完成支付和结算环节，再以集装箱的形式运输大批货物进出海关，因此，多数研究者认为 B2B 跨境电商与传统一般贸易之间并没有本质差别，对于跨境电商的研究也主要侧重于 B2C 方式。此外，由于跨境 B2C 的电子商务贸易模式所具有的小批量、多频次、消除中间环节等特点代表了互联网对传统贸易模式的革新，因此，本章也将重点放在跨境电商的 B2C 领域。

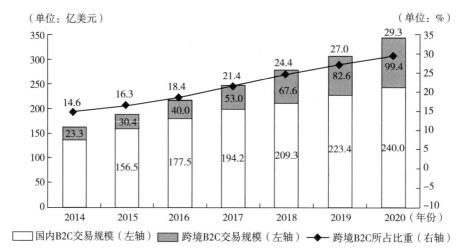

图 3 - 1　全球跨境 B2C 电子商务交易规模（2014—2020 年）

资料来源：Accenture and Ali Research，Alibaba Group's Research，Cross - border B2C E - commerce Market Trends，见 www. alizila. com/report - cross - border - e - commerce - reach - 1 - trillion - 2020 - charts。

（二）发达国家位居跨境消费的主导地位

发达经济体目前仍然是跨境消费最主要的市场，全球约 37% 的跨境在线买家集中在北美。美国拥有 3. 15 亿居民，2. 55 亿网民，1. 84 亿在线买者，是世界上最大的 B2C 市场。2014 年北美在线总销售额达到 3286 亿美元，主要商品包括书籍、电影及音乐制品、服装及配饰等，网络购物占其零售总额的 7%。45% 的加拿大消费者在非本土网站上购物。

欧洲的 8. 2 亿居民中有 5. 3 亿网民，2. 59 亿在线购物用户。欧盟的电子商务市场规模与美国相当，2012 年欧洲 B2C 电子商务交易金额 3117. 2 亿欧元，其中，欧盟 2765 亿欧元，占欧洲的 88. 7%。2013 年，欧盟地区有超过 1/4 的消费者在线购买非欧盟国家商品，这个比例在欧元区国家更高，最高的是奥地利，比例超过 70%。英国、德国、法国是欧洲地区最受国外消费者青睐的跨境电子商务商品来源国。法国 2014 年电商市场规模达到 575 亿欧元，同比增长 19%，占法国 GDP 的 18%，但同时，19% 的法国消费者在非本土网站上购物；近 50% 的德国消费者在 Amazon（美国零售网站）和 Otto（德国本土网站）购物；2015 年英国人均网络消费额预计接近 1200 英镑，甚至将超过美国的人均网络消费额，相比 2014 年增长了近 10%。根据欧洲电子商务网站 yStats 发布的 2014 年度全球跨境电子商务报告，2013 年，全球跨境电子商务出口排在前 6 位的国家和地区依次是美国、英国、德国、斯堪的纳维亚国家、荷兰和法国，跨境电子商务进口排在前 6 位的国家依次是中国、美国、英国、德国、巴西和澳大利亚。

日本有 1.2 亿人口，日本经济产业省截至 2014 年 8 月的统计数据显示，日本是仅次于美国和中国的世界第三大电商市场。日本的主要网上购物平台包括 Rakuten. co. jp、Amazon. cn. jp 和 Nissen. co. jp 等，B2C 电子商务销售最热门的产品是服装和食品，其中，来自移动终端的交易量占比较高，移动电子商务交易金额占 2012 年日本电子商务交易总额的 1/4。业界预期 B2C 电子商务 2012—2016 年年均复合增长率为 11%，从 2012 年的 640 亿美元增长至 2016 年的 960 亿美元。

此外，从各地区的上网比例也能侧面反映出不同地区的电子商务发展程度，从表 3 - 1 的数据可以明显看出，在发达国家和地区的上网人口比例明显较高，北美、大洋洲及西欧地区达 88%、69% 和 81%，在发展中国家及地区较低，东南亚、非洲和南亚地区仅为 33%、26% 和 19%①。

表 3 - 1　全球上网人口比例表（2015 年）

国家与地区	上网人口的比例（%）	国家与地区	上网人口的比例（%）
北美	88	中亚	38
西欧	81	中东	36
大洋洲	69	东南亚	33
东欧	58	非洲	26
南美	56	南亚	19
东亚	51		

资料来源：Internet Live Stats Q1 2015，Internet World Stats Q1 2015，Wikipedia for Population Data，www. ons. gov. uk/businessindustryandtrade/itandinternetindustry/bulletins/internetusers/2015。

① Internet Live Stats Q1 2015，Internet World Stats Q1 2015，Wikipedia for Population Data.

另据 2015 年全球电子商务报告，目前，全球电子商务消费额排名最靠前的十个国家分别是中国、美国、英国、日本、德国、法国、韩国、加拿大、俄国和巴西（具体数据见表 3－2），并没有海丝沿线国家。因此，可见海丝沿线国家在电子商务方面的发展，较欧美等发达国家和中国而言，还处于较为落后的阶段。

表 3－2　2015 全球电子商务消费状况表

（单位：亿美元）

国家	消费总额	国家	消费总额
中国	5626.6	法国	426.2
美国	3490.6	韩国	367.6
英国	938.9	加拿大	287.7
日本	793.3	俄国	203.0
德国	744.6	巴西	188.0

资料来源：Global Ecommerce Sales，Trend and Statistics 2015，http：//www. remarkety. com/global－ecommerce－sales－trends－and－statistics－2015。

（三）中国等新兴市场潜力加速释放

亚太地区由于规模大、增速高，已经成为全球最重要的区域市场。中国是全世界网民规模最大的国家，截至 2015 年 6 月，中国网民规模达 6.68 亿，网络购物用户达到 3.7 亿，电子商务交易额达到 21000 亿美元，其中跨境 B2C 电商消费者超过 2 亿，成为全球跨境电子商务市场潜力最大的国家。中国规模日益扩张的中产阶级群体对于国外优质商品具有强烈的购买倾向，因而这一市场未来将高速发展。根据埃森哲发布的预测数据，2020 年中国跨境 B2C 零售电商市场规模将从 2014 年的 210 亿美元上升到 2450 亿美元，成为全球最大的跨境 B2C 电商市场。印度在线交易量目前还比较小，据印度工商业联合会的报告，印度 2013 年电子商务交易量仅为 160 亿美元，但考虑到印度互联网渗透率目前只有 8%，其未来成长潜力巨大。

中东在海丝沿线国家及地区范围内，上网的比例和消费状况要明显高于其他地区。其活跃的跨境业务主要集中在以色列和沙特阿拉伯。其中，eBay

来自以色列的网站访问比例占 0.6%，国家排名居第 11 位；亚马逊来自沙特阿拉伯的网站访问比例占 0.6%，国家排名居第 21 位。

(单位: %)

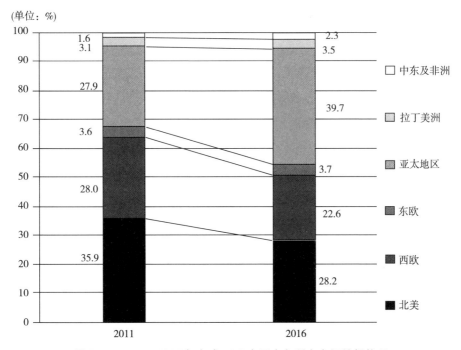

图 3 - 2 2011—2016 年全球 B2C 电子商务所占市场份额状况

资料来源: E - commerce and Development, Key Trends and Issues, April 2013[①]。

从具体统计对比数据可以清晰地看出，2011 年全球 B2C 电商份额占比排名前三的市场分别是北美（35.9%）、西欧（28.0%）和亚太地区（27.9%），中东及非洲占比最少（1.6%）；但随着电商的快速发展，2016 年北美和西欧的市场份额将略微降低，海丝沿线的亚太地区将从 2011 年的 27.9% 升至 39.7%，中东及非洲将从 2011 年的 1.6% 升至 2.3%。基于现有数据对 2020 年的跨境 B2C 电商进行预测的话，亚太地区将远远高于北美和西欧（见图 3 - 3）。

---

① Torbjörn Fredriksson, E - commerce and Development Key Trends and Issues, www. wto. org/english/tratop_ e/devel_ e/wkshop_ apr13_ e/fredriksson_ ecommerce_ e. pdf.

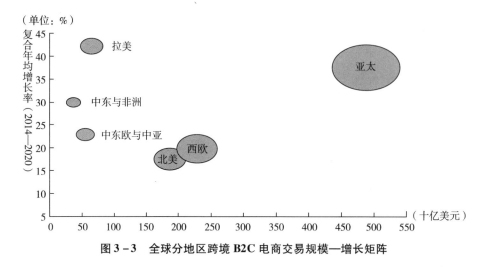

图 3 - 3　全球分地区跨境 B2C 电商交易规模—增长矩阵

注：图中气泡大小反映对全球 2014—2020 年新增交易额的贡献（十亿美元，2020 年交易额减去 2014 年交易额）。

资料来源：中国电子商务研究中心：《全球跨境 B2C 电商市场展望趋势报告》，见 http：//i. aliresearch. com/file/20150611/201506111148. pdf。

此外，非海丝沿线地区的拉丁美洲，也是跨境电商快速增长的新兴市场。在拉美，巴西跨境电子商务交易人数 2018 年预计达到 1000 万左右，交易额年均增长率达到 25%。哥伦比亚、巴拉圭、委内瑞拉等国家，大多数网购也是通过跨境电子商务交易的方式进行的。

二、我国跨境电子商务发展情况分析

在外贸形势不断下滑的情况下，我国政府连续出台政策促进跨境电商的发展和规范业务的流程，如 2013 年 7 月，国务院颁发《关于促进进出口稳增长、调结构的若干意见》，同年 8 月转发《商务部等部门关于实施支持跨境电子商务零售出口有关政策意见的通知》；2014 年 5 月，国务院发布《关于支持外贸稳定增长若干意见》，着重提到为增强外贸企业竞争力需加快国际展会、电子商务、内外贸结合商品市场等贸易平台建设。2014 年发布 56 号文件，即《关于跨境贸易电子商务进出境货物、物品有关监管事宜的公告》中首次明确了能够从事跨境电子商务企业的资质，指出电子商务企业或商家须在海关认可的电子商务平台上进行跨境进出口交易；针对跨境电子商务，明确提出了货物和物品两个概念，并对其采用不同的监管方式；要求电子商务企业针对过境货物和物品填写相应清单，清单按月汇总，形成"清单核放、汇总申报、一次报关"的通关模式，并将跨境电子商务货物进出口纳入一般贸易体系中。此外，海关总署在 2014 年的 57 号文件中，提出 1210 代码，即保税跨境贸易电子商务，与其在 12 号文件中提出的 9610 代码，即跨境贸易电子商务，加以区别，并指出在特殊监管区域和保税监管场所之外的进出口商品不适用此代码。因此，从以上一系列举措中可以看出，政府实现外贸转型升级的决心。

在政府部门的大力推动下，我国跨境电子商务的发展也呈现出可喜的态势。中国电子商务研究中心公布的《2011—2016 年中国出口跨境电子商务发展报告》显示，我国跨境电子商务出口规模从 2011 年的 1.55 万亿元，增长至 2015 年的 5.4 万亿元，年均增速接近 31%。

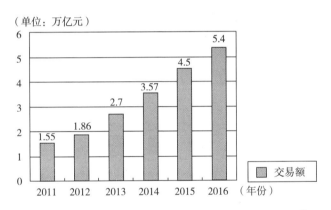

（单位：万亿元）

图 3 - 4　2011—2016 年中国跨境电商出口市场交易规模

资料来源：中国电子商务研究中心，见 www.100ec.cn。

跨境电商的交易额在我国出口交易额中，所占的比重也逐年上升，从 2009 年占我国出口总额的 9.9%，上升至 2014 年的 22.6%，具体年度数据见表 3 - 3。

表3-3 2009—2015年我国出口贸易以及跨境电商出口交易规模

年份	出口交易总额 （万亿元）	跨境电商出口额 （万亿元）	跨境电商占进出口 总额比重（%）	电商出口 增长率（%）
2009	9.1	0.9	9.9	—
2010	11.8	1.2	10.2	33.3
2011	13.4	1.6	11.9	33.3
2012	14.1	1.9	13.5	18.8
2013	15	2.7	18.0	42.1
2014	15.9	3.6	22.6	33.3
2015	—	4.5	—	25.0

注：出口交易额包括货物出口和服务贸易出口额，并将美元按照当年汇率平均值折算成人民币。
资料来源：商务部网站，中国电子商务研究中心，见 http://www.mofcom.gov.cn/，www.100ec.cn。

在跨境出口类型方面，我国 B2B 跨境出口的规模远远大于 B2C 的规模。2015 年，我国出口跨境电商 B2B 市场交易规模 3.78 万亿元，同比增长 25%；出口跨境 B2C 电商市场交易规模 0.72 万亿元，同比增长 33.3%，两者占比状况为 B2B 占 83.2%，B2C 占 16.8%。2011—2016 年的年度跨境电商发展状况见图 3-5。

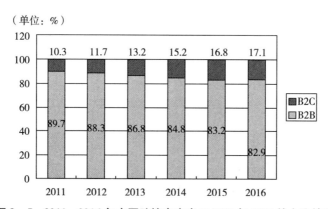

图3-5 2011—2016年中国跨境电商出口B2B与B2C的占比情况

资料来源：中国电子商务研究中心，见 www.100ec.cn。

从我国跨境电商出口国家分布来看，eBay《2014 年大中华区跨境电商零售出口产业发展趋势报告》显示，2014 年，大中华区跨境电子商务零售出口在保持快速增长的势头下，出口总额较高的 15 个目的市场依次为美国、英国、德国、澳大利亚、加拿大、俄罗斯、法国、以色列、巴西、西班牙、挪威、阿根廷、意大利、希腊和瑞典，增长较快的三大目的市场依次为：阿根廷，年增长率117%；以色列，年增长率71%；挪威，年增长率68%。另据中国电子商务研究中心公布的《2011—2016年中国出口跨境电子商务发展报告》显示，2015年，我国出口跨境电商主要国家分布为美国16.5%、欧盟15.8%、东盟11.4%、日本6.6%、俄罗斯4.2%、韩国3.5%、巴西2.2%、印度1.4%、其他38.4%。可以明显看出，在短短的两年间，海丝沿线国家及地区，如东盟、印度等所占的出口份额比重明显增加。因此，进一步说明研究跨境电商在海丝沿线国家的应用现状和未来展望对于促进我国、广东外贸及经济的发展具有十分重要的意义。

三、海丝沿线国家电商及跨境电商基本状况

为了更好地与海丝沿线国家进行跨境电商往来，促进广东的产业转型升级早日实现，就必须对海丝沿线国家的电子商务和跨境电子商务现状有较为深入的了解。本书所指的基于古代"海上丝绸之路"，是依托现代运输工具连接起来的海上货物通道，通过海上互联互通、港口及其城市合作机制建立起来的以中国为起点，贯穿亚洲、欧洲和非洲的海洋经济带，包括东亚、南亚、波斯湾、红海湾、印度洋西岸沿海及非洲东海岸39个国家。

（一）基本贸易及经济状况

海丝沿线国家多是发展中国家，进入21世纪以来，其经济发展呈现了较快的增长态势。2015年中国对外出口贸易总额为22765.7亿美元，进口总额为16820.7亿美元。其中，2015年中国对东盟六国出口2777亿美元，占当年出口总额的12.2%，从东盟六国进口1944.6亿美元，占当年进口总额的11.56%；2015年，中国对印度的出口总额为582.5亿美元，占当年出口总额的2.56%，进口总额为133.8亿美元，占当年进口总额的0.8%；中国对南非

出口 158.7 亿美元，进口 301.8 亿美元。在 2015 年，在出口总额同比下降 2.8% 的情况下，对东盟的出口额同比却增长了 2.1%，对印度同比增长 7.4%，对南非出口同比增长 1.1%。

此外，对 2014 年我国对外出口贸易数据进行统计，我国对东盟出口 2721 亿美元，占总出口额的 11.61%；对印度、巴基斯坦、斯里兰卡、孟加拉国的出口额 698.68 亿美元，占总出口额的 2.98%；对中东地区出口 1336.76 亿美元，占总出口额的 5.7%；对非洲地区出口 384.68 亿美元，占总出口额的 1.64%；因此，2014 年，中国对海丝沿线大部分国家出口总额为 5140.82 亿美元，接近我国出口总额的 22%，具体数据见表 3-4。由此可见，海丝沿线国家与中国的贸易量在中国外贸总额中占据较大分量，分析中国与这些国家的贸易状况、提高双方贸易水平具有重要意义。

表 3-4 2014 年中国与海丝沿线国家的进出口贸易状况

国家或地区	出口额（亿美元）	占比（%）	国家或地区	出口额（亿美元）	占比（%）
东盟	2720.70	11.61	阿富汗	3.94	0.02
印度	542.17	2.31	巴林	12.32	0.05
斯里兰卡	37.93	0.16	伊朗	243.38	1.04
巴基斯坦	0.76	0.00	伊拉克	77.44	0.33
孟加拉国	117.82	0.50	以色列	77.39	0.33
刚果	13.62	0.06	约旦	33.65	0.14
坦桑尼亚	38.44	0.16	土耳其	193.05	0.82
苏丹	19.29	0.08	阿联酋	390.35	1.67
南非	156.99	0.67	也门	22.01	0.09
尼日利亚	2.44	0.01	卡塔尔	22.54	0.10
肯尼亚	49.31	0.21	沙特	205.75	0.88
埃及	104.61	0.45	科威特	34.29	0.15
			阿曼	20.65	0.09
总计	5140.82	21.94			

注：进出口贸易数据指货物贸易，不包括服务贸易。

资料来源：中国国家统计局，见 http://www.stats.gov.cn/。

从贸易结构与贸易主要对象来看，中国与东盟的进出口贸易以机械及运输设备为主，双方的贸易商品呈现较强互补性，新加坡和马来西亚是中国在东盟的前两大贸易伙伴，近年来中国与越南贸易额增长强劲；中国对南亚国家持续贸易顺差，并且顺差额度保持稳定增长态势，贸易主要对象为制成品和化学制品及化工产品，双方贸易互补性不强，并且印度长期以来都是中国在该地区的第一大贸易国，贸易份额占南亚贸易总额的50%以上；海湾国家蕴藏丰富的石油及其他能源，中国主要从其进口矿物燃料及润滑油，出口机械设备、杂项制品和制成品，双方贸易互补性较强；中国与红海及东非国家的双边贸易总额占中国对外贸易比重较少，进出口集中在按原料分类的制成品上，其余的贸易商品有较强的互补性，南非、苏丹和埃及是中国长期在该地区的前三大贸易伙伴国（汪洁、全毅，2014）。

（二）海丝沿线各国的电商及跨境电商发展状况

鉴于经济规模及其数据的可得性，本部分选取海丝沿线国家中具有一定经济规模和代表性的十七国作为研究对象，包括中国至东南亚航线的东盟六国，即马来西亚、印度尼西亚、泰国、菲律宾、新加坡、越南；中国至南亚及波斯湾航线的七国，即印度、伊朗、沙特阿拉伯、卡塔尔、阿联酋、以色列、土耳其；中国至红海湾及印度洋西岸航线的四国，即也门、埃及、坦桑尼亚、南非。以期通过对各国电子商务发展状况的研究，发掘和预测广东与其发展跨境电子商务的机会和形势。

1. 中国至东南亚航线

中国至东南亚航线的国家都属于东盟国家，成员国有马来西亚、印度尼西亚、泰国、菲律宾、新加坡、越南、文莱、老挝、缅甸和柬埔寨。东盟成立之初只是一个保卫自己安全利益及与西方保持战略关系的联盟，其活动仅限于探讨经济、文化等方面的合作，随着经济的不断发展，其已经逐步成为人口超过5亿、面积达450万平方公里的区域性组织，范围涵盖整个东南亚。

受到国家本身经济规模及数据可得性的限制，对电子商务在东南亚的发展状况的研究将针对马来西亚、印度尼西亚、泰国、菲律宾、新加坡、越南六国开展。B2C电子商务在东盟六国的比例较低，仅占全球B2C份额的0.5%，远低于比例为 30.2%、26.8%、19.7% 的美国、欧洲和中国（见表 3 - 5）。

表 3 - 5　全世界 B2C 电子商务的区域比例表（2015 年）

国家与地区	人口占全世界的比例（%）	GDP 占全世界的比例（%）	B2C 占全世界的比例（%）
北美	6	26	30.2
西欧	6	24	26.8
中国	19	14	19.7
北亚	3	8	12.8
东欧及俄罗斯	5	5	3.4
中南美洲	8	8	3
澳大利亚	1	2	1.8
印度半岛	23	3	0.8
东盟六国	8	3	0.5
非洲	15	3	0.2
其他地区	5	5	0.8

资料来源：CLSA report 2015。

为了促进电子商务的发展，东盟于 2014 年 9 月在新加坡召开会议，提出加强网络建设、重视中小企业电商市场、加强网络安全、促进电子支付发展、提高物流效率和促进贸易便利化六点方针。相信随着东盟各国互联网的发展和购买力的提高，B2C 电子商务的发展在未来将以 25% 的速度提升。若将东盟六国的居民网购比例作为反映其电商水平的指标进行分析，从表 3 - 6 中可以看出，新加坡和马来西亚的网购比例较高，印尼的较低。

表 3 - 6　东盟六国上网及网购情况表（2014 年）

国家及地区	上网人数（万）	上网占总人口比例（%）	网购人数（万）	网购占总上网人数的比例（%）
东盟六国	15800	29	8700	55
新加坡	400	73	300	80
马来西亚	2000	67	1600	80
菲律宾	3600	37	2500	70
泰国	1900	29	1400	75
越南	4000	44	2400	60
印尼	3900	16	500	12

资料来源：International Telecommunication Union，ComScore via UBS，Nielsen's global survey of e - commerce（Q1，2014），eMarketerTrend Macro，MasterCard，PayPal，VECITA；A. T. Kearney analysis。

如果从上网时间来看，东盟六国的日平均上网时间则较为接近，此外，使用手机的上网时间明显开始接近使用电脑的上网时间，具体见表3-7。

表3-7 东盟六国使用电脑与手机的日平均上网时间对比表（2015年）

（单位：小时）

国家	电脑上网时间	手机上网时间
新加坡	4.7	2.3
马来西亚	5.1	3.7
越南	5.2	2.7
菲律宾	6.3	3.3
泰国	5.5	4.1
印尼	5.1	3.2

资料来源：Internet Live Stats Q1 2015，Internet World Stats Q1 2015，Wikipedia for population data，www. ons. gov. uk/businessindustryandtrade/itandinternetindustry/bulletins/internetusers/2015。

（1）新加坡

新加坡是东南亚的一个岛国，北隔柔佛海峡与马来西亚为邻，南隔新加坡海峡与印度尼西亚相望，位于马六甲海峡南口，土地面积是719.1平方公里，海岸线总长200余公里，国土除新加坡岛之外，还包括周围的六十余岛屿组成。新加坡是亚洲的发达国家，被誉为"亚洲四小龙"之一，其经济模式被称作为"国家资本主义"。新加坡属外贸驱动型经济，以电子、石油化工、金融、航运、服务业为主，高度依赖美、日、欧盟和周边市场。根据2014年的全球金融中心指数（GFCI）排名报告，新加坡是继纽约、伦敦、中国香港之后的第四大国际金融中心，也是亚洲重要的服务和航运中心之一，联系亚、欧、非、大洋洲。新加坡是东南亚国家联盟（ASEAN）的成员国之一，也是世界贸易组织（WTO）、英联邦（The Commonwealth）以及亚洲太平洋经济合作组织（APEC）的成员经济体之一。

电子商务在新加坡的应用非常广泛，特别是跨境电子商务。由于新加坡是世界重要的转口港，地理优势使其物流运输系统非常发达；此外，新加坡38%的居民是常住外国人（工人和学生），23%的新加坡人出生于海外；30%

的人使用英语；以上这些原因都导致新加坡的跨境电商发展得比本地电商更好。行业数据显示，2014 年新加坡跨境电商占其电商总额的55％，2015 年达到60％，比例均远远高出日本、韩国和中国。在跨境进口来源国中，有超过50％的商品来自美国，也有部分来自中国的淘宝网（特别是淘宝从 2013 年推出英文版网站后①）（见图 3 – 6）。

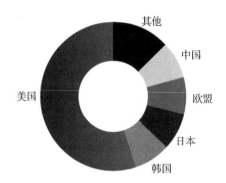

图 3 – 6　新加坡居民跨境购物的主要来源国

资料来源：Paypers，Cross – boder ecommerce in Singapore，2014.

新加坡人选择跨境电商方式的另外一个非常重要的原因是新加坡规定凡是低于 320 美元的商品都可以享受免税优惠。在付款方式方面，本地网购多使用信用卡和银行卡，而跨境网购更倾向于使用信用卡和 Paypal，据 Euromonitor 统计，在新加坡大概有 65％的信用卡用户使用 Visa 用于跨境购物。此外，有数据显示，2014 年新加坡的网上购物的每月平均消费达 470 万新加坡元②。

新加坡居民有 65％在网上购买时尚服饰（全球平均比例为 49％），有56％的居民购买在线机票（全球平均比例为 40％），有 54％的居民购买电子产品（全球平均比例为 52％）。居民在购买本国商品时，倾向于购买音乐会门票、电影票和保险；在购物国外商品时，倾向于购买媒体产品、电子产品、旅游产品和时尚产品。最经常使用的网站是 iTunes、Ebay 和 Amazon。

---

① Cross – boder ecommerce in asican market.

② Internet Live Stats Q1 2015，Internet World Stats Q1 2015，Wikipedia for population data.

（2）马来西亚

马来西亚位于东南亚，由马来半岛南部的马来亚和位于加里曼丹岛北部的沙捞越、沙巴组成，位于太平洋和印度洋之间。马来西亚国土面积330257平方公里，海岸线长4192公里。马来西亚因位于赤道附近，属于热带雨林气候和热带季风气候，无明显的四季之分，一年之中的温差变化极小，平均温度在26—30℃之间。马来西亚境内自然资源丰富。橡胶、棕油和胡椒的产量和出口量居世界前列。马来西亚是一个新兴的多元化经济国家，经济在20世纪90年代突飞猛进，为"亚洲四小虎"之一。同时，马来西亚已成为亚洲地区引人注目的多元化新兴工业国家和世界新兴市场经济体。旅游业是马来西亚的第三大外汇收入来源，知识经济服务业也在同步扩张。

马来西亚对信息技术非常重视，据马来西亚统计局数据显示，近年来马拉西亚的信息通信技术（Information Community and Technology，以下简称ICT）和电子商务的发展都呈上升势头，年增长率超过了10%，并且电子商务对整个马来西亚经济的贡献率也很高，从2010年的3.6%，上升至2014年的4.6%。具体数据见表3-8。

表3-8　马来西亚2010—2014年ICT和电子商务的销售总额

年份	ICT	ICT对经济的贡献率（%）	电子商务销售额（亿马币）	对经济的贡献率（%）
2010	1057	12.9	377	3.6
2011	1081	11.9	446	4.0
2012	1138	11.7	498	4.2
2013	1226	12.0	552	4.4
2014	1376	12.4	638	4.6

资料来源：马来西亚国家统计局，见 www.statistics.gov.my。

在马来西亚，跨境电子商务占全国电子商务的40%，马来西亚的跨境电商落后于新加坡的主要原因有两个，一是对于进口商品的免税价格是160美元，低于新加坡的320美元；二是马来西亚在信用卡使用方面相比新加坡存在着更多的欺诈行为，因此，Visa卡的使用率为55%，低于新加坡的65%。

根据统计，在马来西亚的跨境进口商品来源国主要是美国、中国和欧盟

（见图3-7）。马来人倾向于在网上购买旅游产品、电子产品、媒体设备、时尚商品和美妆产品，其中，电子产品主要从美国、欧盟和日本购进。

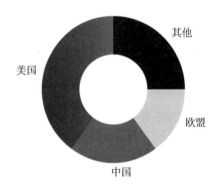

图3-7 马来西亚居民跨境购物的主要来源国

资料来源：Paypers, Cross-boder ecommerce in Malaysia, 2014。

（3）越南

越南位于东南亚中南半岛东部，北与中国广西、云南接壤，西与老挝、柬埔寨交界，东面和南面临南海。海岸线长3260多公里。南北长1600公里，东西最窄处为50公里。陆地面积329556平方公里。越南矿产资源丰富，种类多样。主要有油气、煤、铁、铝、锰、铬、锡、钛、磷等，其中煤、铁、铝储量较大。越南属发展中国家。1986年开始实行革新开放，实行革新开放的三十多年来，越南经济保持较快增长速度，经济总量不断扩大，三产结构趋向协调，对外开放水平不断提高，基本形成了以国有经济为主导、多种经济成分共同发展的格局。2006年，越南正式加入WTO，并成功举办APEC领导人非正式会议。

越南和世界上150多个国家和地区有贸易关系。2013年以来越对外贸易保持高速增长，对拉动经济发展起到了重要作用。越南主要贸易对象为美国、欧盟、东盟、日本以及中国，主要出口商品有煤炭、橡胶、纺织品、石油、水产品、鞋类、大米、木材及木制品、咖啡，其中，煤炭、橡胶、石油、纺织品出口量较大。

2013年，越南的上网人数达到了3260万，占总人口的35.6%。其中，35岁以下的年轻人占上网总人数的73%，女性占59%。调查显示，92%的网民每天至少上网一次，61%的网民曾经在网络上购物。在网上比较受欢迎的电子商务产品分为是时尚产品、电子产品、家居产品和机票，产品的占比见表3－9。

　　虽然越南上网的人数在不断增多，但是电子支付方式并没有随着发展，74%的网民仍旧使用现金进行支付，相信随着使用银行系统的人数增加和银行安全的加强，使用网络支付方式的人会越来越多[①]（见表3－10）。

表3－9　越南消费者在线购物调查情况表

商品种类	比例（%）	商品种类	比例（%）
衣帽服饰	62	电影、音乐会票	19
技术类产品	35	旅行住宿	16
家居产品	32	音乐、游戏	12
机票	25	美容、按摩	11
食品	20	专业服务	10
书籍	20		

　　资料来源：Vietnam Online – Understanding Vietnam's E – commerce Market，见 http：//www.vietnam – briefing. com/news/vietnam – online – understanding – vietnams – e – commerce – market. html/。

表3－10　越南消费者在线支付方式调查表

支付方式	比例（%）	支付方式	比例（%）
现金	74	手机付费	9
银行转账	41	电子钱包	8
信用卡	11		

　　资料来源：Vietnam Online – Understanding Vietnam's E – commerce Market，见 http：//www.vietnam – briefing. com/news/vietnam – online – understanding – vietnams – e – commerce – market. html/。

（4）菲律宾

　　菲律宾位于亚洲东南部，北隔巴士海峡与中国台湾遥遥相对，南和西南隔苏拉威西海、巴拉巴克海峡与印度尼西亚、马来西亚相望，西濒南海，东

---

① Vietnam Online – Understanding Vietnam's E – commerce Market.

临太平洋。总面积为 29.97 万平方公里，共有大小岛屿 7000 多个，其中吕宋岛、棉兰老岛、萨马岛等 11 个主要岛屿占菲律宾总面积的 96%。海岸线长约 18533 公里。菲律宾群岛两侧为深海，萨马岛和棉兰老岛以东的菲律宾海沟，最深达 10479 米，是世界海洋最深的地区之一。菲律宾属季风型热带雨林气候，高温、多雨、湿度大、台风多，年平均气温约 27℃。菲律宾的生物资源和矿产资源非常丰富，境内野生植物近万种，矿产资源主要有铜、金、银、铁、铬、镍等二十余种。

菲律宾是东南亚国家联盟（ASEAN）的主要成员国，也是亚洲太平洋经济合作组织（APEC）的 24 个成员国之一，新兴工业国家及世界的新兴市场之一。20 世纪 60 年代后期，菲律宾采取开放政策，积极吸引外资，经济发展显著成效，1982 年被世界银行列为"中等收入国家"。后受西方经济衰退等因素影响，经济发展放缓。实行出口导向型经济模式，第三产业在国民经济中地位突出，农业和制造业也占相当比重。2004 年，菲律宾被世界银行评为第 37 大经济体。2008 年菲律宾国内生产总值为 1587.8 亿美元，其中，工业产值占国内生产总值的 31%，从业人口占总从业人口的 14.8%；制造业占工业总产值的 70.1%，建筑业占 14%，矿产业占 4.8%，电力及水、燃气业占 11.1%。农林渔业产值占国内生产总值的 14.1%，从业人口占总劳力的 36.7%。另外，旅游业是菲律宾外汇收入的重要来源之一。

菲律宾的国家统计局每年发布最新的关于电子商务和 ICT 的统计数据，官方网站 2015 年 4 月才公布 2012 年的相关数据，更新效率较低，但从表 3-11 的数据可以看出，菲律宾的电子商务主要应用于加工业、批发、零售业、运输与储存、住宿餐饮、信息通信等行业，其中，运输与存储行业的电子销售额占企业销售总额的比例最高，达 15.24%，其他行业的比例均低于 1%，所以菲律宾的网络使用率和电子商务普及率较低。

表 3 - 11　2012 年菲律宾国内企业电子商务使用状况表

行业分类	被调查企业个数	总收入（亿比索）	电商销售额（亿比索）	电商销售额/总收入（%）
农林渔副	856	1087	—	—
采矿及采石业	113	1624	—	—
加工业	7313	44306	247	0.56
电力燃气、空调类	237	7552	—	—
水供应、污水处理等	303	684	—	—
建筑	901	2522	—	—
批发及零售、汽车及摩托车维修	9723	25208	240	0.95
运输与存储	1000	3506	534	15.24
住宿和餐饮服务	6229	2675	1	0.05
信息通信	758	4821	3	0.06
金融、保险	1066	9632	8	0.08
不动产行业	422	2593	—	—
专业科技行业	710	1370	—	—
行政管理和相关行业	1784	3499	26	0.75
教育	3541	1262	0.7	0.05
医疗健康	951	915	—	—
文化创意	353	989	0.03	0.00
其他行业	439	120	0.01	0.01
总计	36699	114362	1059	0.93

资料来源：菲律宾国家统计局，见 www. psa. gov. ph/sites/default/files/attachments/itsd/article/2013%20aspbi%20primer_ upd. pdf。

（5）泰国

泰国位于亚洲中南半岛中南部，与柬埔寨、老挝、缅甸、马来西亚接壤，东南临泰国湾（太平洋），西南濒安达曼海（印度洋），西和西北与缅甸接壤，东北与老挝交界，东南与柬埔寨为邻，疆域沿克拉地峡向南延伸至马来半岛，与马来西亚相接，其狭窄部分居印度洋与太平洋之间。泰国气候属于热带季风气候。泰国矿产资源分为三类，即燃料矿、金属矿和非金属矿。燃料矿有天然气、石油、煤炭和油页岩。金属矿有锡、钨、锑、铅、锰、铁、锌、铜及钼、镍、铬、铀、钍等。非金属矿有萤石、重晶石、石膏、岩盐、杂盐（光卤石）、磷酸盐、高岑土、石墨、石棉、石灰岩和大理石等。森林总面积1440万公顷，覆盖率25%。

泰国国家统计局于2004年开始对本国ICT应用进行统计，2007年开始对电子商务发展状况进行统计，对跨境电子商务的统计开始于2011年，具体数字见表3－12。可以看出，泰国主要将电子商务应用于B2B、B2C、B2G和G2B领域（企业与政府间）。

表3－12　泰国2007—2012年电子商务发展状况表

（单位：百万泰铢）

年份	电商交易额	B2B 交易额	B2C 交易额	B2G 交易额	政府电子采购	总额
2007	193478	127325	63425	2728	233892	427460
2008	238789	190751	45951	2087	288749	527538
2009	288911	217458	67783	3670	340700	629611
2010	340903	251699	84593	4611	267684	608587
2011	395949	291209	99706	5034	388049	783998
2012	408965	282946	121392	4627	335454	744419

注：电子商务交易额是指经官方市场调研统计的数据，包括 B2B、B2C 和 B2G；政府电子采购是指通过网上招标形式产生的交易；总额是指电子商务交易额加政府电子采购额。

资料来源：泰国国家统计局，见 www.nso.go.th。

将表3－12中的数据加以比例化，得到表3－13，可以看出在泰国，政府和企业的采购方式多采用电子商务形式，政府超过一半的采购使用电商形式，而企业1/3的采购形式通过电商形式展开。B2C网络零售业在总体消费中所占比例也比较高，2012年达到近15%，相对而言，泰国在电子商务方面的发展较好。

表 3 – 13　泰国 2007—2012 年电子商务增长率状况表

年份	总额 （百万泰铢）	环比 增长率（％）	B2B/总额 （％）	B2C/总额 （％）	B2G/总额 （％）	政府电子 采购/总额（％）
2007	427460	—	29.79	14.84	0.64	54.72
2008	527538	23.42	36.16	8.71	0.40	54.74
2009	629611	20.99	34.54	10.77	0.58	54.11
2010	608587	18.00	41.36	13.90	0.76	43.98
2011	783998	16.15	37.14	12.72	0.64	49.50
2012	744419	3.29	29.79	14.84	0.64	54.73

注：计算比例的数据来自表 3 – 12。

表 3 – 14　泰国 2011—2012 年电子商务热销品状况表

年份	旅游住宿 （％）	电脑及 配件（％）	时尚产品 （％）	汽车摩托 （％）	服务行业 （％）	办公用品 （％）	其他 （％）
2011	32.8	14.5	12.6	5.5	7	4.8	22.8
2012	24	19.2	23.3	4.1	7	4.9	17.5

资料来源：泰国国家统计局，见 www. nso. go. th，The Survey of Electronic Commerce Situation in Thailand，2012—2013。

从表 3 – 14 可以看出，在泰国比较热销的产品中，旅游住宿所占比重最高，2012 年为 24％，其次是时尚产品（23.3％）和电脑及配件（19.2％）。同时，跨境电子商务在泰国的发展状况也较好，2011 年，跨境交易额占本地交易额的 17.4％，2012 年升至 19％。从泰国的国家统计局官方网站上可以查询到跨境电子商务的数据，也从另一个侧面反映出泰国官方对跨境电商发展的重视。

表 3 – 15　泰国 2011—2012 年本地及跨境电子商务状况表

年份	电商交易额 （百万泰铢）	本地交易额 （百万泰铢）	本地交易额 占比（％）	跨境交易额 （百万泰铢）	跨境交易额 占比（％）
2011	395949	327199	82.6	68750	17.4
2012	408965	331150	81	77815	19

资料来源：泰国国家统计局，见 www. nso. go. th，The Survey of Electronic Commerce Situation in Thailand，2012—2013。

（6）印度尼西亚

印度尼西亚位于亚洲东南部，地跨赤道，与巴布亚新几内亚、东帝汶、马来西亚接壤，与泰国、新加坡、菲律宾、澳大利亚等国隔海相望。印度尼西亚地跨赤道，其70%以上领地位于南半球，因此是亚洲南半球最大的国家。同时，印尼是世界上最大的群岛国家，由太平洋和印度洋之间约17508个大小岛屿组成。陆地面积约190.4万平方公里，海洋面积约316.6万平方公里（不包括专属经济区）。印尼的石油、天然气和锡的储量在世界上占有重要地位。

印尼的互联网普及率达24.7%，电子商务的普及率仅为8.1%，手机普及率达117%，智能手机普及率为23.8%，虽然电子商务的普及率较低，但是，增长速度却非常快，2011年，印尼的电商销售额为9亿美元，2015年达100亿美元，印尼跨境电商行业报告统计数据显示，2007—2013年，印尼的电商年增长率达48.3%。

若对印尼消费者的消费习惯进行研究，可以发现，在印尼最大的零售网站Sukamart上的每笔交易额在25—42美元之间；在印尼最受欢迎的网站上一般消费者的购物额普遍低于17美元；印尼网络消费者对节约时间比价格低廉更加看重。使用移动智能手机购买商品的消费者也较多，2013年，移动电商销售额达8500万美元；使用Master信用卡的比例在2012年是位于亚太地区首位的，使用比例达54.5%（据Mastercard调查显示）。

图3-8　2013年印尼最受欢迎的五大跨境电商网站

资料来源：Paypers，Cross-border ecommerce country report-Indonesia，2014。

在跨境电子商务发展方面，印尼消费者主要购买美国和英国网站上的商品；中国和韩国的商品也逐渐进入印尼的网络市场并在快速成长；PSP Doku

与全球最大的第三方支付机构 Paypal 建立了合作关系，以促进印尼跨境电商发展；印尼也成了马来西亚三大主要的出口目标市场之一。图 2 - 8 为印尼消费者经常光顾的电商网站，①可以看到，比较受欢迎的网站是美国的 Amazon. com 和 Lionair. co. id，其次是本地网站 Lazada. co. id、Bhinneka. co. id 和 Lionair. co. id（航空网站）。

2. 南亚地区

南亚地区主要包括印度、孟加拉国、斯里兰卡、巴基斯坦四国。将南亚三国，即印度、斯里兰卡和巴基斯坦的上网情况与中东地区的七国进行对比，可以明显看出南亚三国的上网率很低，中东七国的上网率远远高出南亚国家，即国家和区域的经济发展水平越高，上网人口占总人口的比例也越高，具体数据见表 3 - 16。受资料和数据所限，南亚地区选取印度为研究对象。

表 3 - 16　2014 年南亚及波斯湾航线 10 国上网状况表

国家	上网人数（百万）	占总人口比例（%）	总人口数（百万）
斯里兰卡	5. 32	25. 80	20. 62
印度	233. 15	18	1295. 29
巴基斯坦	25. 54	13. 80	185. 04
卡塔尔	1. 99	91. 50	2. 17
巴林	1. 24	91	1. 36
阿联酋	8. 21	90. 40	9. 09
科威特	2. 95	78. 70	3. 75
阿曼	2. 97	70. 20	4. 24
沙特阿拉伯	19. 67	63. 70	30. 89
伊朗	30. 75	39. 40	78. 14

资料来源：Internet Live Stats，见 www. internetlivestats. com/internet - users - by - country。

印度地处北半球，是南亚地区最大的国家，面积为 298 万平方公里，居世界第 7 位。印度矿产资源丰富，铝土储量和煤产量均占世界第五位，云母出口量占世界出口量的 60%。

---

①　Cross - border ecommerce country report - Indonesia，2014.

印度的人口为 12.95 亿人（2014 年），是世界上仅次于中国的人口大国，人口世界排名第二。印度的电子商务发展也与中国一样，受益于人口红利，2013 年印度的电子商务销售额达 107 亿美元，在亚太地区排名第五。Forrest 调查公司数据显示，印度只有 16% 的人口使用互联网，远低于中国（50%）、日本（69%）、澳大利亚（57%）和韩国（70%），其中，在上网人口中，只有 14%，也就是 2800 万人会在网上进行购物，网络购物的人比例很低，电子商务的普及面很小。同时，印度的手机普及率为 71%，智能手机的普及率仅为 10%。因此，印度的电子商务市场相对亚洲的发达国家和中国而言，未进入成熟期，正处于成长阶段。

表 3 - 17　印度 2007—2015 年电子商务销售状况表

年份	电商销售额（亿美元）	环比增长速度（%）	年份	电商销售额（亿美元）	环比增长速度（%）
2007	20	—	2012	95	35.71
2008	32	60.00	2013	126	32.63
2009	38	18.75	2014 *	170	34.92
2010	53	39.47	2015 *	230	35.29
2011	70	32.08			

注：* 来自 www. forbes. com/sites/greatspeculations/2016/06/27/amazon - tops - indian - e - commerce - market - in - web - traffic/#5c0d0bc5c13b。

资料来源：IAMAI, CRISIL, Gartner, PwC analysis and industry experts。

虽然印度的电商市场还处于成长阶段，但是电商增长率并不低，从表 3 - 17 数据可以看出，近几年印度电商的年均增长率超过 30%。印度 2014 年的电子商务成交额达 170 亿美元，2015 年电子商务成交额达 230 亿美元，预计 2016 年电子商务成交额达 380 亿美元。

在印度三大主要的零售网络平台是 Amazon、Flipkart 和 Snapdeal，据 Amazon 统计，其市场份额约占 15%，Flipkart 市场份额约占 44%，Snapdeal 市场份额约占 32%。在电子商务平台销售的商品中，印度消费者更倾向于购买电子产品、服装鞋帽和媒体产品，具体品类状况见图 3 - 9。

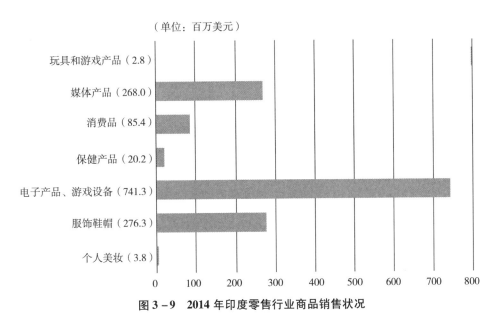

图 3 - 9 2014 年印度零售行业商品销售状况

资料来源：Paypers，Cross - border ecommerce country report - India，2014。

印度的网络零售行业所占市场份额很低，仅占整个零售市场的 0.3%。由于书籍、服装、配饰和电子产品等是印度网络中较受欢迎的商品，因此，有分析显示，印度未来的电子商务将发展迅速，因为，在印度 75% 的上网人口年龄位于 15—34 岁，这部分人热衷于通过网络购买时尚商品，预计 2020 年，B2C 电子商务将占零售市场的 3%。

跨境电子商务和海外直接投资（FDI）在印度的发展都受到制约，一方面因为印度的基础设施建设较为落后，城市化程度非常低，城市人口占全国的 32% 左右；另一方面因为政府在这两方面都有较严格的限制。虽然印度的海外直接投资受到限制，但是像 Amazon 等大型海外网站还是进入到印度市场。据 2014 年行业统计，印度的消费者主要倾向于在美国、英国、中国和中国香港的网站上进行购物，具体数据见图 3 - 10。①

---

① Cross - border ecommerce country report - India，2014.

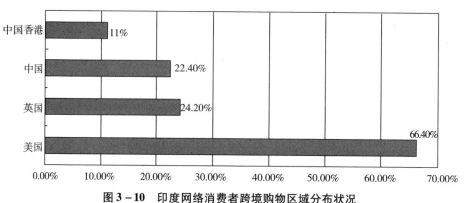

图 3 - 10　印度网络消费者跨境购物区域分布状况

资料来源：Shop the world, consumer attitudes towards global distance selling, 2014。

3. 中东及北非地区

中东和北非地区主要包括埃及、以色列、约旦、科威特、沙特、卡塔尔和阿联酋七国。七国的国土面积达 340 万平方公里，占全球面积的 4.3%，其中，沙特的国土面积最大，有 210 万平方公里，占整个地区的 63.7%，其次是埃及有 100 万平方公里；人口方面，2014 年该地区总人口达 30110 万人，其中，埃及达 8210 万人，沙特达 2880 万人。

在网络使用情况方面，2014 年全球电子商务统计报告显示，该地区上网人数达 9390 万人，上网率达 67%，比全球平均 64% 的上网率略高，具体上网率见表 3 - 18。

表 3 - 18　2013 年中东及北非地区（MENA）上网状况表

地区及国家	上网率（%）	地区及国家	上网率（%）
全球	64	以色列	70.8
中东及北非	67	沙特阿拉伯	60.5
阿联酋	88	埃及	44.6
卡塔尔	75.5	约旦	44.2
科威特	75.5	伊朗、伊拉克、摩洛哥及阿尔及利亚	37.6

资料来源：Global B2C E - Commerce report 2014（www. verkkoteollisuus. fi/uploads/5/4/1/6/54162459/mena_ b2c_ e - commerce_ report_ 2014_ light. pdf）。

在中东和北非地区 B2C 电子商务从 2012 年的 90 亿美元，上升为 2015 年的 150 亿美元，增长率为 66.6%；在 B2C 电子商务零售领域，热销的商品主要是网络游戏、电脑软件、电子产品、服装、娱乐产品和书籍等，其中，网络游戏占41%，电脑软件占31%，电子产品占28%，具体见表3-19。

表3-19　2013年中东及北非地区B2C热销商品状况表

商品种类	所占比例（%）
网络游戏	41
电脑软件	31
电子产品	28
服装	17
娱乐产品	15
配件	14
书籍	13

资料来源：Global B2C E - Commerce report 2014（www.verkkoteollisuus. fi/uploads/5/4/1/6/54162459/mena_ b2c_ e - commerce_ report_ 2014_ light. pdf）。

中东及北非地区排名前五的网络零售平台分别是 Qatar Airways、Souq. com、Amazon、Ebay 和 Aramex。其中，人均在 Qutar Airways 的消费达655美元，占总体的38%，表明中东和北非地区在线航空方面的支出很大；在 Souq. com 的消费达312美元，占总体的18%；在 Amazon 的消费达293美元，占总体的17%；在 Ebay 的消费达249美元，占总体的14%；在 Aramex 的消费达209美元，占总体的12%。

在网络媒体中，Facebook 是中东及北非地区最流行的媒体工具，使用率达13.1%。使用的群体以青年为主，具体使用份额见表3-20。

表3-20　中东及北非地区使用 Facebook 的情况表

年龄分组（岁）	比例（%）
>45	12
35—44	11
25—34	32
18—24	36
13—17	90

资料来源：Global B2C E - Commerce report 2014（www.verkkoteollisuus. fi/uploads/5/4/1/6/54162459/mena_ b2c_ e - commerce_ report_ 2014_ light. pdf）。

中东电子商务的另一突出特点是通过手机终端进行 B2C 交易的交易额在中东和北非地区增长速度迅猛，2011 年，手机网络零售额 5 亿美元，2012 年 9 亿美元，2013 年 13 亿美元，平均增长率达 62%，预计 2015 年将达到 49 亿美元。下边将具体研究中东及北非各国的电子商务和跨境电子商务现状。

（1）阿联酋

阿联酋位于阿拉伯半岛东部，北临波斯湾，海岸线长 734 公里。西南与沙特阿拉伯交界，东和东北与阿曼毗连，是由阿布扎比、迪拜、沙迦、哈伊马角、富查伊拉、乌姆盖万和阿治曼 7 个酋长国组成的联邦国家。西北与卡塔尔为邻、西和南与沙特阿拉伯交界、东和东北与阿曼毗连，总面积为 83600 平方公里。阿拉伯联合酋长国的石油和天然气资源非常丰富。截至 2014 年，已探明石油储量为 133.4 亿吨，占世界石油总储量的 9.5%，居世界第 6 位；天然气储量为 214.4 万亿立方英尺（6.06 万亿立方米），居世界第 5 位。截至 2014 年 10 月，阿拉伯联合酋长国人口约 840 万，外籍人口占 88.5%，主要来自印度、巴基斯坦、孟加拉国、菲律宾、埃及、叙利亚、伊朗、巴勒斯坦等国。阿拉伯联合酋长国的原住民和半岛上的其他居民一样属于阿拉伯人。

1995 年，阿拉伯联合酋长国加入世界贸易组织。阿联合酋长国与 179 个国家和地区有贸易关系。外贸在经济中占有重要位置。阿联合酋长国主要出口石油、天然气、石油化工产品、铝锭和少量土特产品；主要进口粮食、机械和消费品。

表 3 - 21 阿联酋上网人数状况表

年份	上网人数（百万）	环比增长速度（%）	占总人口比例（%）	总人口数（百万）
2014	8.21	3.30	90.40	9.09
2013	7.96	4.50	88	9.04
2012	7.61	11.70	85	8.95
2011	6.81	20.30	78	8.73
2010	5.66	14.90	68	8.33
2009	4.93	13.40	64	7.71
2008	4.35	18.60	63	6.90
2007	3.67	36.30	61	6.01
2006	2.69	50	52	5.17

年份	上网人数（百万）	环比增长速度（%）	占总人口比例（%）	总人口数（百万）
2005	1.79	49.60	40	4.48
2004	1.20	12.10	30.10	3.98
2003	1.07	11.20	29.50	3.63
2002	0.96	13.70	28.30	3.39
2001	0.85	17.30	26.30	3.22
2000	0.72	67.20	23.60	3.05

资料来源：Internet Live Stats（www.internetlivestats.com/internet–users）。

　　阿联酋总人口900多万人，其中，城市人口约占85%，61.54%的人口位于25—54岁之间，据阿联酋跨境电商报告显示，有接近75%的上网者位于该年龄阶段（具体见图3–11），这也是阿联酋电商应用较为普遍的原因之一。在阿联酋的互联网普及率为75%，智能手机的普及率为78%，在上网者中，电商的普及率为83%，2012—2013年的电商年增长率达21.8%。[①]

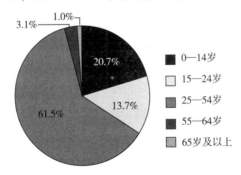

图3–11　阿联酋网络消费者年龄分布状况

资料来源：Paypers，Cross–border ecommerce country report–UAE，2014。

　　中东地区的电子商务行业报告针对阿拉伯六国，即阿联酋、沙特、埃及、科威特、黎巴嫩及约旦的电子商务发展状况进行研究。数据显示，2014年阿拉伯世界的电子商务交易额达70亿美元，其中，阿联酋所占份额最多，约占32.9%，为23亿美元；其次，沙特、科威特和约旦分别为15亿美元、5.6亿美元和2.1亿美元，具体数据见表3–22。

---

① Cross–border ecommerce country report–UAE，2014.

表 3-22　2014 年阿拉伯国家电商交易额单位

（单位：亿美元）

国　　家	电商销售额
阿联酋	23
沙特	15
科威特	5.6
约旦	2.1

资料来源：Ecommerce trends in the Middle East：stats（econsultancy. com/blog/66940 - ecommerce - trends - in - the - middle - east - stats/）。

受到阿拉伯国家性别歧视的影响，阿拉伯国家网络消费者也以男性居多，其中，埃及的男性比例最高，达到 77%，阿联酋的男性比例为 59%[①]。

在跨境电子商务方面，阿联酋的网络消费者中有 60% 倾向于在国外网站购买商品，40% 倾向在本地网站购买商品。主要的国外网站包括美国（35%）、亚洲（30%）、欧洲（25%）和中东及北非地区（10%）。跨境进口商品主要来自美国（30%）、英国（18%）和印度（18%），其中，印度占 18% 的原因是阿联酋的外籍人口占 88.5%，主要来自印度、巴基斯坦、孟加拉国等国。

阿联酋消费者感兴趣的跨境进口的商品主要包括旅游和交通运输（43%），以及服装、鞋子和服饰等（40%），商品详情见图 3-12。

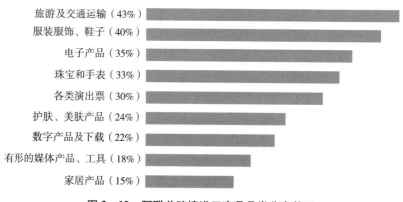

图 3-12　阿联酋跨境进口商品品类分布状况

资料来源：Paypers，Cross - border ecommerce country report - UAE，2014。

---

① Ecommerce trends in the Middle East：stats.

阿联酋最大的零售网站是 Souq. com，占市场份额的 41.2%；其次是 Amazon. com，占市场份额的 12.3%（具体零售网站的分布状况见图 3 – 13）。其中，Souq. com 有"中东亚马逊"之称，中东知名网上购物平台 Souq. com 的首席技术官 Wisam Daoud 2014 年曾表示手机和平板电脑产生的订单占 Souq. com 总订单量的 40%。中东地区高手机渗透率有力地推动了移动电商的发展。移动电商的高普及率成为中东电商的一大亮点[1]。

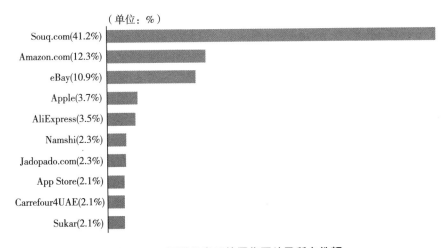

图 3 – 13　阿联酋常见的零售网站及所占份额

资料来源：Paypers，Cross – border ecommerce country report – UAE，2014。

跨境电商研究报告显示，促进阿联酋跨境电商发展的主要因素有三个，按照主次顺序分别为有关税的减免优惠、安全的支付系统和无法在本地购买到消费者需要的商品。[2] 此外，据调查，阿拉伯国家的社会网络渠道主要有 Facebook（41%）、Instagram（23%）、Twitter（14%）、Pinterest（9%）、Linkedin（4%）、Google（4%）和其他（5%），其中，Facebook 占的市场份额最大，达 41%[3]。

（2）卡塔尔

卡塔尔是亚洲西部的一个阿拉伯国家，位于波斯湾西南岸的卡塔尔半岛

---

① http：//www. cifnews. com/article/10497.

② Cross – border ecommerce country report – UAE，2014.

③ Ecommerce trends in the Middle East：stats.

上，与阿联酋和沙特阿拉伯接壤。海岸线长 550 公里。卡塔尔拥有相当丰富的石油和天然气资源，且天然气的总储量为全世界第三名，而国内生产总值的人均排名则为世界第一名。石油和天然气取代了原有的采珠业而成为国家最重要的收入来源。截至 2014 年，卡塔尔有常住人口 217 万，其中卡塔尔公民约占 15%，外籍人口主要来自印度、巴基斯坦和东南亚国家。

表 3 - 23　卡塔尔上网人数状况表

年份	上网人数（百万）	环比增长速度（%）	占总人口比例（%）	总人口数（百万）
2014	1.99	10.90	91.50	2.17
2013	1.79	28.30	85.30	2.10
2012	1.40	6.20	69.30	2.02
2011	1.31	7.90	69	1.91
2010	1.22	44.20	69	1.77
2009	0.84	37.30	53.10	1.59
2008	0.62	41.10	44.30	1.39
2007	0.44	52.30	37	1.18
2006	0.29	38.40	29	0.99
2005	0.21	36.60	24.70	0.84
2004	0.15	17.90	20.70	0.73
2003	0.13	98.20	19.20	0.67
2002	0.06	71.30	10.20	0.63
2001	0.04	31.20	6.20	0.61
2000	0.03	24.30	4.90	0.59

资料来源：Internet Live Stats（www.internetlivestats.com/internet - users/qatar/）。

从表 3 - 23 可以看出，卡塔尔上网人数占总人口的比例很高，远远高出全球水平。同时，上网人数的增长速度和电子商务消费增长速度非常迅速，后者平均增长速度达 15% 左右。据卡塔尔行业数据统计显示，卡塔尔网购人数约占总人口的 14%，达 213 万人，人均电子商务消费额达 3453 美元，电子商务消费总额也从 2015 年的 12 亿美元迅速上升，预计 2019 年将达 22 亿美元，具体数据见表 3 - 24。

表3－24　卡塔尔电子商务消费额年度统计及预计表

年份	电子商务消费额（亿美元）	环比增长率（%）
2014	10.2	17.65%
2015	12.0	16.67
2016e	14.0	14.29
2017e	16.0	18.75
2018e	19.0	15.79
2019e	22.0	17.65

资料来源：E－Commerce in Qatar statistics and trends（www. go－gulf. qa/blog/ecommerce－qatar/）。

在电子商务的交易类型中，与其他国家B2B远高于B2C的情况不同，卡塔尔的B2B与B2C交易所占的比例比较接近，2014年，B2B交易占44%，B2C占56%；2015年B2B占51%，B2C占49%。在进行交易时，有20%的人使用手机终端，有80%的人使用电脑，这与中东电商越来越多使用手机终端的趋势是一致的。在付款方式方面，75%使用货到付款的方式，19%使用信用卡，6%使用Paypal。由于卡塔尔当地的居民比较多元，因此，上网购物的人员组成也比较多元，在网络消费中，比较常见的商品有旅游产品、电子产品、服装、电子图书等，具体见表3－25。

表3－25　卡塔尔网络畅销商品状况表

商品种类	比例（%）	商品种类	比例（%）
旅游产品	22	住宿	10
电子产品	18	家用产品	9
时尚服装	15	体育产品	3
电子图书	11	汽车配件	3
娱乐产品	10		

资料来源：E－Commerce in Qatar statistics and trends（www. go－gulf. qa/blog/ecommerce－qatar/）。

（3）沙特阿拉伯

沙特阿拉伯位于亚洲西南部的阿拉伯半岛，东濒波斯湾，西临红海，同约旦、伊拉克、科威特、阿联酋、阿曼、也门等国接壤。沙特是名副其实的"石油王国"，石油储量和产量均居世界首位，使其成为世界上最富裕的国家

之一。沙特是世界上最大的淡化海水生产国，海水淡化量占世界总量的 21%
左右。沙特也是世界上最大的大麦进口国，年均进口约 600 万吨。水果自给
率达到 60%。畜牧业主要有绵羊、山羊、骆驼等。主要农产品有小麦、玉米、
椰枣、柑橘、葡萄、石榴等。沙特的谷物自给率比较低，只有 20% 多，需要
大量依靠进口。

沙特人口 3089 万人（2014 年），其中沙特公民 1941 万，约占 70%，外
籍人口约 7 万。在总人口中，上网人口的比例近几年有显著的提高，从 2010
年的 41%，增加到 2014 年的 63.7%（具体数据见表 3-26）。随着上网人口
的增多，沙特电子商务的发展速度也显著加快，电子商务交易额从 2014 年的
51.06 亿美元，增加到 2015 年的 58.94 亿美元，预计 2020 年将达到 108.65 亿
美元。在电子商务交易的商品中，电子产品和服装鞋子占了很高的比例，
2015 年统计数据显示，电子产品约占 30%，服装鞋子约占 27%，家居用品约
占 11%，食品约占 7%，其他商品约占 25%。

表 3-26　沙特阿拉伯上网人数状况表

年份	上网人数（百万）	环比增长速度（%）	占总人口比例（%）	总人口数（百万）
2014	19.67	7.70	63.70	30.89
2013	18.27	14.70	60.50	30.20
2012	15.93	16.50	54	29.50
2011	13.67	18.70	47.50	28.79
2010	11.52	10.60	41	28.09
2009	10.42	8.20	38	27.41
2008	9.63	23	36	26.74
2007	7.83	58.20	30	26.08
2006	4.95	57.30	19.50	25.42
2005	3.14	27.70	12.70	24.75
2004	2.46	31.70	10.20	24.06
2003	1.87	29.10	8	23.36
2002	1.45	40.50	6.40	22.67
2001	1.03	117.80	4.70	22.01
2000	0.47	360.10	2.20	21.39

资料来源：Internet Live Stats（www.internetlivestats.com/internet-users/saudi-arabia）。

沙特网上购物的消费者年龄大多位于 16—34 岁之间，占上网总人数的 74.26% （2014 年数据）。沙特网络消费者的突出特点是男性上网的比例远远高于女性，男性比例在 2014 年达到了 72.24% ，并在 2015 年小幅上升为 72.62%。网络消费者中，以外来居民为主，占 59% ，当地人仅占 32% ，这与沙特外来人口较多有关。此外，在沙特的网络购物行为中，有 40% 进行过退换处理。沙特的网络消费者更倾向于使用现金支付，使用现金支付的消费者达到 76% ，只有 24% 的消费者使用信用卡购物。

（4）以色列

以色列位于亚洲西部，是亚、非、欧三大洲结合处。沿海为狭长平原，东部有山地和高原。以色列北靠黎巴嫩、东濒叙利亚和约旦、西南边则是埃及。以色列西边有着与地中海相连的海岸线、在南边则有埃拉特海湾。以色列总面积为 2.5 万平方公里，人口约 794 万人（2014 年），其中犹太人占 75% ，阿拉伯人占 20% ，其他占 5% 。以色列是中东地区唯一一个自由民主制国家。以色列工业化程度较高，总体经济实力较强。

表 3-27　以色列上网人数状况表

年份	上网人数（百万）	环比增长速度（%）	占总人口比例（%）	总人口数（百万）
2014	5.67	2.50	71.50	7.94
2013	5.54	1.60	70.80	7.82
2012	5.45	4.60	70.80	7.69
2011	5.21	4	68.90	7.56
2010	5.01	9.30	67.50	7.42
2009	4.58	8.80	63.10	7.26
2008	4.21	26.50	59.40	7.09
2007	3.33	76.90	48.10	6.92
2006	1.88	13.20	27.90	6.75
2005	1.66	12.90	25.20	6.60
2004	1.47	18.40	22.80	6.47
2003	1.24	12.20	19.60	6.35
2002	1.11	4.10	17.80	6.24
2001	1.07	-15.10	17.40	6.13
2000	1.26	58.60	20.90	6.01

资料来源：Internet Live Stats （www.internetlivestats.com/internet-users/israel/）。

从表 3 - 27 中可以看出，以色列的网络普及率很高，平均达 74.7%，手机普及率为 123%，智能手机为 56.6%。以色列电商普及率为 38%，2013 年电商消费额达 20.9 亿美元，其中，移动电商为 1.695 亿美元。电子商务在以色列的增长速度非常快，据以色列跨境电商统计报告显示，2009—2014 年间，以色列的电商年均增长率达 24.9%。①

以色列网络零售商品以电器为主（24.83%），其次是食品饮料（14.78%）、服装鞋类（13.21%），具体的消费状况见表 3 - 28。

表 3 - 28　2015 年以色列网络消费商品状况表

商品种类	销售额（百万美元）	比例（%）	商品种类	销售额（百万美元）	比例（%）
消费者电子产品	218.40	24.83	游戏机及放映设备	32.40	3.68
食品饮料	129.98	14.78	个人护肤品	23.89	2.72
服装鞋类	116.20	13.21	消费者保健	20.00	2.27
家用电器	99.00	11.26	个人饰品	6.18	0.70
家用器皿	86.00	9.78	宠物美容	5.70	0.65
媒体产品	85.99	9.78	家庭护理	4.75	0.54
家居装饰	48.36	5.50	玩具	2.70	0.31

资料来源：Internet Retailing in Israel, 2015, 见 www. euromonitor. com/retailing - in - israel/report。

在跨境电商进出口方面，以色列主要从中国和巴西进口商品，同时，也将商品通过网络出口到美国、英国和中国②。从以色列网络消费者经常光顾的零售网站并没有 Amazon 和 Ebay，占市场份额最大的是网站本土品牌 Shufersal Yashir，它是以色列最大的在线超级市场（见图 3 - 14）。

以色列的网络支付方式，以信用卡为主，占到了整个支付方式份额的 84%，其次是电子钱包，所占份额为 14%，储蓄卡和银行转账方式各占 1%，如图 3 - 15 所示。以信用卡为主的支付方式为以色列发展跨境电子商务奠定了良好的基础。

---

① Paypers, Cross - border ecommerce country report - israel, 2014.

② Cross - border ecommerce country report - israel, 2014.

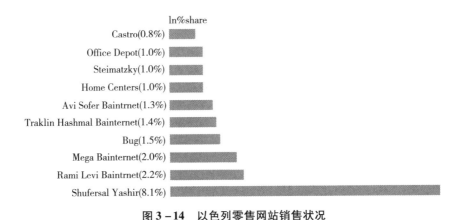

图 3 - 14 以色列零售网站销售状况

资料来源：Paypers，Cross - border ecommerce country report - israel，2014。

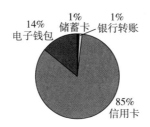

图 3 - 15 以色列网络支付方式比例

资料来源：Israeli Pyment Types by Market Share，2015。

（5）伊朗

伊朗位于亚洲西部，属中东国家，古时称为"波斯"。伊朗中北部紧靠里海、南靠波斯湾和阿拉伯海。伊朗东邻巴基斯坦和阿富汗，东北部与土库曼斯坦接壤，西北与阿塞拜疆和亚美尼亚为邻，西界土耳其和伊拉克。国土面积约 165 万平方公里，世界排名第十八位。伊朗是亚洲主要经济体之一，经济实力较强。伊朗经济以石油开采业为主，为世界石油天然气大国，地处世界石油天然气最丰富的中东地区，石油出口是经济命脉，石油生产能力和石油出口量分别位于世界第四位和第二位，是石油输出国组织成员。伊朗的石油化工、钢铁、汽车制造业发达，还有电子工业、核工业、计算机软硬件业。

据伊朗国家统计数据库 2014 年 7 月数据，伊朗人口为 7760 万人。伊朗是一个多民族的伊斯兰国家，其中波斯人占66%，阿塞拜疆人占25%，库尔德人占5%，还有阿拉伯人、巴赫蒂亚里人、卢尔人、俾路支人及土库曼人等少数民族。

表3-29　伊朗上网人数状况表

年份	上网人数（百万）	环比增长速度（%）	占总人口比例（%）	总人口数（百万）
2014	30.75	33.10	39.40	78.14
2013	23.11	33.50	30	77.15
2012	17.31	21.20	22.70	76.16
2011	14.29	21	19	75.18
2010	11.81	16.60	15.90	74.25
2009	10.13	16.10	13.80	73.37
2008	8.72	28.40	12	72.53
2007	6.79	9.30	9.50	71.72
2006	6.21	9.40	8.80	70.92
2005	5.68	9.40	8.10	70.12
2004	5.19	9.30	7.50	69.32
2003	4.75	51.70	6.90	68.52
2002	3.13	215.80	4.60	67.70
2001	0.99	61.20	1.50	66.81
2000	0.62	150.80	0.90	65.85

资料来源：Internet Live Stats（www. internetlivestats. com/internet - users/iran/）。

基于伊朗中央银行的调查数据显示，在伊朗，电子商务的交易额仅占3%左右。其中，规模较大的网站主要有 Tehran、Esfahan、Razavi Khorasan、Fars 和 East Azerbaijan，Tehran 占整个市场份额的 46.7%，Esfahan 占 7.9%，Razavi Khorasan 占 7.7%，Fars 占 5%，East Azerbaijan 仅占 3.8%。①

①　http://techrasa. com/2016/04/06/8 - popular - e - commerce - websites - in - iran/.

（6）土耳其

土耳其是一个横跨欧亚两洲的国家，北临黑海，南临地中海，东南与叙利亚、伊拉克接壤，西临爱琴海并与希腊以及保加利亚接壤，东部与格鲁吉亚、亚美尼亚、阿塞拜疆和伊朗接壤。土耳其地理位置和地缘政治战略意义极为重要，是连接欧亚的十字路口。土耳其矿物资源丰富，主要有硼、铬、铁、铜、铝矾土及煤等。三氧化二硼和铬矿储量均居世界前列。森林面积广大，凡湖盛产鱼和盐，安纳托利亚高原有广阔牧场。水力资源亦较丰富，在主要河流的峡谷上筑水坝建水库，发展水电和灌溉事业。土耳其境内产石油及天然气，但产量不足以自给，必须从国外进口。

土耳其为欧洲国家，在政治、经济、文化等领域均实行欧洲模式，是欧盟的候选国。宪法规定土耳其为民主、政教分离和实行法制的国家。土耳其外交重心在西方，在与美国保持传统战略伙伴关系的同时也加强与欧洲国家的关系。土耳其是北约成员国，又是经济合作与发展组织创始会员国及二十国集团的成员。拥有雄厚的工业基础，是发展中的新兴经济体，亦是全球发展最快的国家之一。

表 3-30　土耳其上网人数状况表

年份	上网人数（百万）	环比增长速度（%）	占总人口比例（%）	总人口数（百万）
2014	39.57	12.20	51	77.52
2013	35.25	4.40	46.30	76.22
2012	33.78	6.70	45.10	74.85
2011	31.66	10	43.10	73.52
2010	28.79	11	39.80	72.31
2009	25.94	7.30	36.40	71.26
2008	24.18	21.50	34.40	70.34
2007	19.90	58.80	28.60	69.52
2006	12.53	19.40	18.20	68.70
2005	10.49	7.40	15.50	67.86

续表

年份	上网人数（百万）	环比增长速度（%）	占总人口比例（%）	总人口数（百万）
2004	9.76	19.90	14.60	66.97
2003	8.15	9.90	12.30	66.06
2002	7.41	122.50	11.40	65.13
2001	3.33	40	5.20	64.18
2000	2.38	66.60	3.80	63.24

资料来源：Internet Live Stats，见 www.internetlivestats.com/internet-users/turkey。

2014 年土耳其总人口有 3957 万人，其中，上网人数占总人口的 51%，相比临近的中东其他各国而言，上网率较低。同时，其手机普及率及智能手机普及率也较低，分别为 93% 和 29%。与以色列手机普及率 123%，智能手机 56.6% 的数据相比，明显低于以色列。

土耳其的电商普及率仅为 18%，2013 年电商销售额为 125 亿欧元。同时，在土耳其的网络零售市场中，网络零售占整个零售市场的份额较低，只有 0.8%，远低于英国（9.6%）、美国（6.5%）、巴西（3.2%）和俄罗斯（2.1%）。但是，土耳其的电商发展速度却较快，据 2014 年土耳其跨境电商的研究报告显示，2008—2013 年，其电子商务的年增长速度达 31.5%。虽然土耳其的网购消费者主要关注本地网站，只有大约 1/5 的网购消费者尝试跨境电子商务，但是土耳其发展跨境电商的前景较好。原因有如下几点：一是，2013 年土耳其 125 亿欧元的电商销售额中，有大概 10 亿欧元为跨境交易额，比 2012 年增长了 33%；二是，土耳其的信用卡和借记卡普及率很高，同时，拥有完善的网络基础设施；三是，土耳其购买跨境商品时的退换货率为 22%，较全球平均水平的 27.5% 而言较低。①

2014 年土耳其跨境电商研究报告显示，土耳其的网络消费者在购买国外商品时，主要倾向于购买美国（49%）、中国内地（40.4%）、中国香港（18.5%）、英国（15.4%）和德国（12.1%）等国家（地区）的商品；在跨

---

① Paypers, Cross-border ecommerce country report-turkey, 2014.

境出口方面，主要将商品出口到德国、伊拉克、伊朗、英国和阿联酋。

另据调查显示，土耳其人对于等待远距离的商品容忍度较低，通常最长的等待天数为 3.8 天，低于全球平均水平的 6.5 天。在零售领域，在土耳其比较受欢迎的商品是电子产品和衣服、鞋子，分别占整个网络零售额的 37% 和 22%；其次是媒体产品和家具、家居用品，均占 12% 左右；其他商品类型的具体数据见图 3-16。

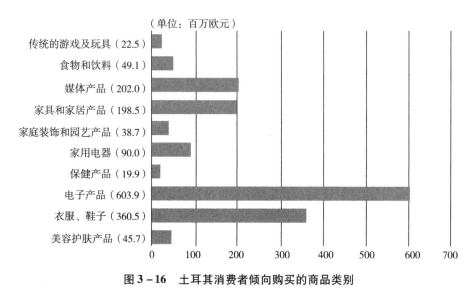

图 3-16　土耳其消费者倾向购买的商品类别

资料来源：Paypers，Cross-border ecommerce country report-turkey，2014。

（7）也门

也门位于阿拉伯半岛南端，北部与沙特接壤，南濒阿拉伯海、亚丁湾，东邻阿曼，西隔曼德海峡，与非洲大陆的埃塞俄比亚、索马里、吉布提等相望。也门有约 2000 公里的海岸线，海上交通十分便利。位于也门西南的曼德海峡是国际重要通航海峡之一，沟通印度洋和地中海，是欧亚非三大洲的海上交通要道，战略位置极为重要。此外，位于阿拉伯海亚丁湾的亚丁是历史上有名的港口之一。

也门拥有三千多年有文字记载的历史，是阿拉伯世界古代文明摇篮之一。也门是世界上经济最不发达国家之一，粮食不能自给，约 1/2 依靠进口。土地因过度放牧，沙漠化日渐严重，在夏季有沙漠中常见的沙尘暴。该国的棉花质量良好，每年有大量出口；咖啡种植面积也很大，占重要地位。近年，政府致力于减少预算赤字和政府开支，努力控制通货膨胀，稳定物价。也门的居民绝大多数都是阿拉伯人，有极少部分是非洲人。也门的官方语言为阿拉伯语，英语仅在涉外政府部门和其他领域小范围应用。

也门的网络基础建设始于 1996 年，发展速度很快。如今也门也拥有了ADSL、3G 移动网络、卫星网络、专线和拨号网络，平均网速达 1MB/s（我国 2015 年平均网速为 3.4MB，世界平均水平为 4.5MB[①]），其中，家用网络为56K—4MB，企业网速达 10MB。在也门的网络基础建设中，政府扮演着非常重要的角色。也门的网络通讯公司有两家，分别是 Tele Yemen 和 Yemen Net，前者由政府控股，后者由政府所有，由于都是国家垄断经营，所以，服务质量有所欠缺，网络使用者对网速、服务及接入服务多有投诉。同时，也门移动网络也由政府控制，目前有四家手机运营商，都是由政府直接拥有或控股管理。[②]

也门的电子商务状况和 ICT 发展状况相比美国、欧洲等发达国家而言，相距甚远，但是与东盟的一些国家相比，如印尼，发展水平相当，具体对比数据见表 3 - 31。

表 3 - 31　2013 年也门与其他各国电商及 ICT 发展状况对比表

国家	网络消费者占上网人口比例(%)	每个网络消费者的年消费额(美元)	年度网络销售规模(亿美元)
美国	71	1111	1930
中国	28	799	1150
巴西	17	824	110
印尼	6	256	9
也门	5	100	1

资料来源：Federal Communications Commission，USA；Ministry of Industry and Information Technology，China；Ministry of Industry and Information Technology，Brazil；MCIT，Indonesia；ITU estimate，yemen. Data as of 2013。

---

① 来源：Akaimai。

② E - commerce in Yemen：Problems and Prospects Update.

在电子商务领域，也门第一笔通过互联网完成的电子资金交易发生在 2005 年。整个过程发展非常缓慢，直到 2011 年 ATM 在也门得到普遍应用之后，电子支付才得到发展。目前，在也门的网络支付中，主要有两种方式，信用卡和第三方支付（所占市场份额具体见图 3 – 17）。因为网上交易在一定程度上是被抑制的，消费者在也门使用信用卡时，需要支付很高的手续费。第三方支付方式，如 Paypal 这样的国际最大的第三方支付工具在也门也只允许网络消费者汇出款项，不能收款。其他支持收款功能的第三方支付企业，也收取很高的手续费。①

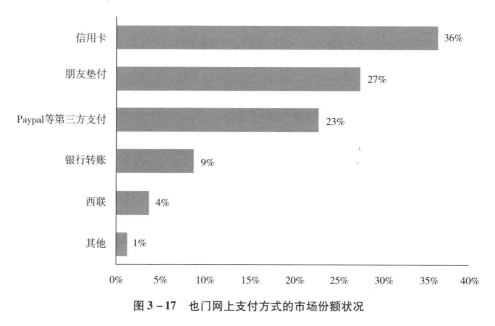

图 3 – 17　也门网上支付方式的市场份额状况

资料来源：E – commerce in Yemen：Problems and Prospects Update，www. internetsociety. org/ sites/default/files/Appendix%201_ E – Commerce%20Reserch%20Document. pdf。

报告《E – commerce in Yemen：Problems and Prospects Update》基于对也门网络消费者的问卷调查显示，也门消费者选择网络方式进行购物的原因如图 3 – 18 所示。

---

① E – commerce in Yemen：Problems and Prospects Update.

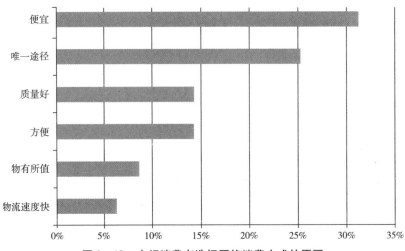

图 3 - 18　也门消费者选择网络消费方式的原因

资料来源：E - commerce in Yemen：Problems and Prospects Update，www. internetsociety. org/ sites/default/files/Appendix%201_ E - Commerce%20Reserch%20Document. pdf。

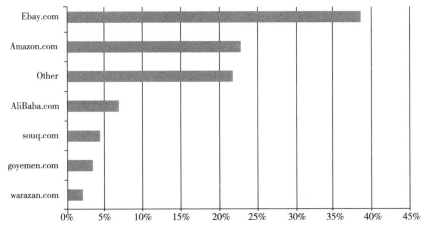

图 3 - 19　也门网站所占市场份额状况

资料来源：E - commerce in Yemen：Problems and Prospects Update，www. internetsociety. org/ sites/default/files/Appendix%201_ E - Commerce%20Reserch%20Document. pdf。

从图 3 - 18 中可以看出，超过 30% 的当地消费者选择网络方式购物的主要原因是便宜，其次，25% 的消费者是因为只有网上出售该种商品，质量好、方便、值得信任和物流速度导致网购行为发生的原因均低于 15%。Ebay. com 和 Amazon. com 是占据也门市场份额最高的两个网站，前者将近 40%，后者也超过了 20%。我国的 B2B 网站 AliBaba. com 排名第三，但所占市场份额不到 10%，其余为 souq. com、goyemen. com 和 warazan. com。① 具体份额见图 3 - 19。

也门消费者在网上购物的商品为服装、服装配饰、手机及配件、其他电子产品、服务、书籍、电脑和其他，其中，服装所占市场份额最多，超过 20%，服装配饰、手机及配件、其他电子产品超过 15%。

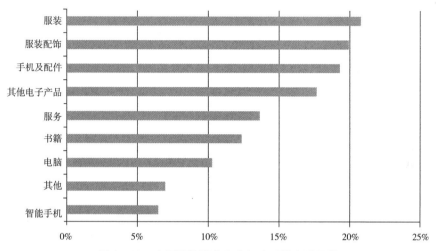

图 3 - 20　也门网络消费者喜好购买的商品品类

资料来源：E - commerce in Yemen：Problems and Prospects Update, www. internetsociety. org/ sites/default/files/Appendix%201_ E - Commerce%20Reserch%20Document. pdf。

从物流方式看，可以发现在也门物流运输中，国外物流公司所占的市场份额已达 43%（见图 3 - 21），这为我国物流公司进入当地市场提供了良好的机会。

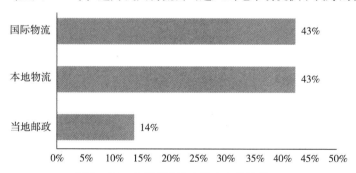

图 3 - 21　也门当地的电子商务物流状况

资料来源：E - commerce in Yemen：Problems and Prospects Update, www. internetsociety. org/ sites/default/files/Appendix%201_ E - Commerce%20Reserch%20Document. pdf。

①　E - commerce in Yemen：Problems and Prospects Update.

4. 非洲沿海各国

中国至红海及印度洋西岸航线直至南非主要包括埃及、苏丹、阿尔及利亚、肯尼亚、坦桑尼亚、尼日利亚、埃塞俄比亚、刚果和几内亚。由于肯尼亚、埃塞俄比亚、坦桑尼亚、埃及和南非五国被认为是未来十年"一带一路"上的重点获益国家，并且鉴于这些国家的经济发展状况和互联网使用状况数据的可取性，特选取埃及、尼日利亚、坦桑尼亚和南非进行研究。

整个非洲互联网的使用率及普及率远远低于其他地区。2015 年行业数据统计显示，非洲上网人数仅占全球的 9.4%。如果对比非洲各国上网状况，可以看出，尼日利亚的网络普及率最高，其次是埃及、肯尼亚和南非（见表3-33）。

表3-32　2015 年非洲与其他地区人口及上网人数对比情况表

国家	人口数量	人口占全球的比例（%）	互联网的使用人数	互联网使用人数占总人数比例（%）
非洲	1185529578	16.20	333521659	9.40
其他地区	6154546402	83.80	3232799356	90.60
总计	7340093980	100.00	3566321015	100

资料来源：见 http://www.internetworldstats.com/stats1.htm。

表3-33　2015 年非洲五国使用互联网状况表

国家	人口数量	互联网的使用人数	互联网使用人数占总人数比例（%）
尼日利亚	181562056	92699924	28.00
埃及	90067793	33300000	10.00
肯尼亚	45925301	31985048	9.70
南非	54777809	26841126	8.10
坦桑尼亚	51045882	7590794	2.30
总计	1158355663	330965359	100.00

资料来源：见 http://www.internetworldstats.com/stats1.htm。

（1）埃及

埃及位于北非东部，领土还包括苏伊士运河以东、亚洲西南端的西奈半岛。埃及既是亚、非之间的陆地交通要冲，也是大西洋与印度洋之间海上航线的捷径，战略位置十分重要。埃及是中东人口最多的国家，也是非洲人口第二大国，在经济、科技领域方面长期处于非洲领先位置。埃及也是一个非洲的强国，是非洲第三大经济体。埃及全境大部分是海拔 100—700 米的低高原，红海沿岸和西奈半岛有丘陵山地。沙漠与半沙漠占全国的 95%。世界第一长河尼罗河从南到北流贯全境，埃及段长 1350 公里，两岸形成宽约 3—16 公里的狭长河谷，并在首都开罗以北形成 2.4 万平方公里的三角洲。在尼罗河的影响下，两岸谷地形成了面积为 1.6 万平方公里的绿洲带。埃及主要资源是石油、天然气、磷酸盐、铁等，此外，还有锰、煤、金、锌、铬、银、钼、铜和滑石等。

近几年，埃及人口呈爆炸性增长。2006 年埃及总人口还只有 7650 万人，在此后不到 6 年时间里猛增 18% 以上，净增约 1450 万人。此外，埃及人口居住高度集中。埃及国土只有 100 多万平方公里，在中东和非洲地区来说本来就不算大，而且大约 95% 的国土面积为无法居住的荒漠，能够居住的国土面积只有 5 万多平方公里。因此，埃及人口近一半集中在面积约 2.4 万平方公里，也是埃及最富庶的尼罗河三角洲地区。此外，首都大开罗地区一地的人口就高达近 2000 万，约占全国人口的近 1/4。为了满足庞大人口的基本生活需求，长期以来埃及政府实施食品和能源补贴政策，即政府以正常价格采购食品和能源，以极低价格向居民提供。2012 年，埃及政府用于能源和食品两项补贴的开支至少占财政总开支的 28%，成为政府财政赤字连年快速上升的主要原因。如何控制人口增长过快、找出适合埃及的经济发展道路、减少贫困是埃及政府面临的重大课题。

非洲电子商务行业报告显示，从 2013 年起，阿拉伯国家的电商支付款增长超过 45%，其中，埃及、阿联酋、沙特和特威特是主要的国家。在阿拉伯国家中，埃及是人口最多，也是上网人数最多的国家，据数据统计，2013 年，埃及的互联网普及率达 40%，手机普及率达 115%①。在电子商务交易往来中电子产品、机票和时尚产品是主要的交易商品。此外，埃及 65% 的网络消费者年龄小于 35 岁，超过 50% 的消费者集中在开罗。制约埃及电子商务发展最大的问题是信用卡持有率太低，在埃及只有 7% 的人拥有信用卡。在电子商务交易中，80% 是依靠现金进行支付的。

为促进埃及的网络发展，埃及的信通部（MCIT）于 2013 年决定投入 80 亿美元加强网络基础设施建设。希望 2015 年实现 75% 的居民使用网速达 2M 的网络，98% 的居民可以使用 3G 移动网络；2021 年实现 90% 的居民使用网速达 25M 的网络，90% 的居民使用 4G 移动网络的目标②。同时，2013 年 12 月，埃及的信通部与商务部签署关于加速发展电子商务的协议，从物流、支付和技术方面共同促进埃及电子商务的发展③。

（2）尼日利亚

尼日利亚处于西非东南部，是非洲几内亚湾西岸的顶点，邻国包括西边的贝宁，北边的尼日尔，东北方隔乍得湖与乍得接壤一小段国界，东和东南与喀麦隆毗连，南濒大西洋几内亚湾。

尼日利亚是非洲第一人口大国，总人口 1.73 亿人，占非洲总人口的 16%，是非洲第一大经济体，2013 年，尼日利亚国内生产总值（GDP）为 5099 亿美元。

尼日利亚是非洲第一大石油生产和出口大国。截至 2014 年，已探明石油储量居非洲第二、世界第十；已探明天然气储量居非洲第一、世界第八；已探明 76 种矿产中有 34 种具备商业开采价值。

尼日利亚目前的电商发展水平较低，但是发展前景看好。2011 年，尼日利亚最大的零售网站 Kalahari. com. ng 倒闭的主要原因是消费者数量太少。2014 年，南非网络公司 Naspers 投资 5000 万美元，瑞士的一家网络公司投

① www. wamda. com/2013/04/a – look – at – egypt – s – ict – sector – growth – strategy – and – impact – on – startups.

② www. wamda. com/2013/04/a – look – at – egypt – s – ict – sector – growth – strategy – and – impact – on – startups.

③ mcit. gov. eg/Media_ Center/Press_ Room/Press_ Releases/2847（埃及信通部官方网站）。

资 2500 万美元于尼日利亚最大的网站 Konga，预计当年获得 13 亿美元的收入①。

（3）坦桑尼亚

坦桑尼亚位于非洲东部、赤道以南。北与肯尼亚和乌干达交界，南与赞比亚、马拉维、莫桑比克接壤，西与卢旺达、布隆迪和刚果（金）为邻，东临印度洋。国土面积 945087 平方公里，截至 2013 年全国总人口 4490 万人。

坦桑尼亚是联合国宣布的世界最不发达国家之一。经济以农业为主，占全国 GDP 的 80%，粮食基本自给。工业生产技术低下，日常消费品需进口。近年来，其旅游业的发展势头迅猛，成为了坦桑尼亚的第二大创汇形式。此外，矿产业的地位也日益突出，占坦桑尼亚出口额的一半，GDP 的 3%。②

相比其他国家，虽然坦桑尼亚的网络基础设施较落后，但是其发展的速度很快。根据世界银行的数据，2009 年，其个人电脑普及率达 1.95%。另据坦桑尼亚通信局数据，其互联网的普及率达 4%，较领国肯尼亚的 9.7% 还有一定差距。此外，电脑的拥有率为政府 50%、公司 40%、个人或小微企业 10%。表 3-34 是媒体工具使用的具体情况。

表 3-34　2010 年坦桑尼亚媒体工具使用状况

媒体	总比例（%）	城市比例（%）	乡村比例（%）
收音机	85	85	84
手机	62	82	54
电视	27	59	14
电脑	3	8	1
互联网	4	8	2

资料来源：A Viewpoint of Tanzania E - Commerce and Implementation Barriers, *Computer Science & Information Systems*, 2013, Vol. 10, No. 1, pp. 263 - 281。

① E - commerce makes strong resurgence in Nigeria, Dec 2014, http://africanbusinessmagazine.com/uncategorised/e - commerce - makes - strong - resurgence - nigeria/.

② George S. Oreku, A Viewpoint of Tanzania E - Commerce and Implementation Barriers.

（4）南非

南非地处南半球，位于非洲大陆的最南端，陆地面积 122 万平方公里，其东、南、西三面被印度洋和大西洋环抱，陆地上与纳米比亚、博茨瓦纳、莱索托、津巴布韦、莫桑比克和斯威士兰接壤。东面隔印度洋和澳大利亚相望，西面隔大西洋和巴西、阿根廷相望。

南非是非洲的第二大经济体，国民拥有较高的生活水平，经济相比其他非洲国家相对稳定。南非财经、法律、通信、能源、交通业较为发达，拥有完备的硬件基础设施和股票交易市场，黄金、钻石生产量均占世界首位。深井采矿等技术居于世界领先地位。在国际事务中南非已被确定为一个中等强国，并保持显著的地区影响力。

目前，南非人口大约 5310 万人，其中，市中心人口占 64%，25—54 岁之间的人口占 38.2%。由于南非的网络消费者以中青年为主体（占总体的 85%以上，见图 3 - 22），并且网络基础设施完善（网络普及率为 48.9%），所以南非的电商发展状况较好，普及率为 30.9%[①]。在学历结构方面，有超过45% 的网络消费者具有本科以上学历，并且已婚的人士所占比重很大，达63.1%[②]，具体情况见图 3 - 23。

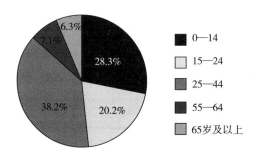

图 3 - 22 南非网络消费者年龄分布状况

资料来源：Paypers, Cross - border e - commerce report, South Africa, 2014。

---

① Cross - border e - commerce report, South Africa, 2014.

② South African E - commerce report, Effective measure/IAB South Africa Report, 2014.

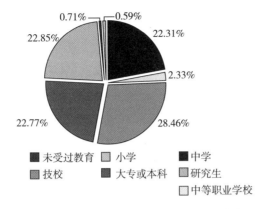

图 3 - 23　南非网络消费者教育状况分布表

资料来源：South African E – commerce report，Effective measure/IAB South Africa Report，2014。

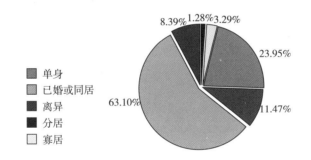

图 3 - 24　南非网络消费者婚姻状况分布表

资料来源：South African E – commerce report，Effective measure/IAB South Africa Report，2014。

在南非，手机普及率为 128%，智能手机普及率为 47%，使用智能手机购买商品占电商份额的 15%，大约为 5000 万美元/年。利用手机购买的商品大多是数字产品，手机应用软件及音乐下载，具体细目见图3 - 25。

南非的网络消费者中，超过 73% 的消费者使用网络支付方式，大约 38.51% 的消费者使用手机支付方式。各种网络支付方式中，信用卡所占市场份额最大，达 66.68%（具体支付方式见图 3 - 26）。使用信用卡的人，最多的使用 Visa（55.29%）和 Master（41.05%），其次是美国运通卡（6.99%）、Diners（2.83%）和其他（18.53%）。

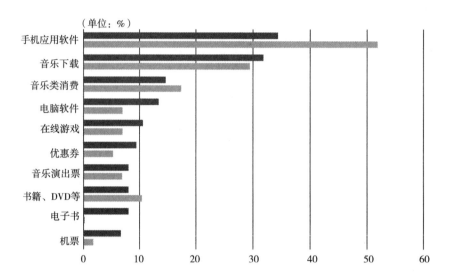

（单位：%）

图 3 - 25　南非移动电子商务消费类别状况

资料来源：Paypers，Cross - border e - commerce report，South Africa，2014。

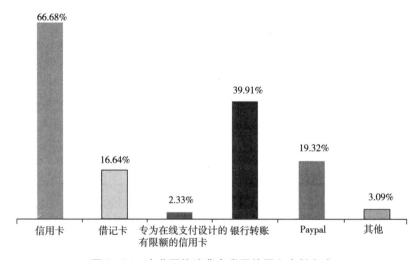

图 3 - 26　南非网络消费者常用的网上支付方式

资料来源：South African E - commerce report，Effective measure/IAB South Africa Report，2014。

在跨境电子商务的消费方面，南非居民（84.33%）更倾向于购买本国或周边地区网站上的商品，从美国网站上购物的居民占 27.10%，从欧洲网站上购物的占 14.46%，具体见图 3 - 27。另有数据显示，2013 年，有 30% 的尼日利亚人从南非的网站上购买商品；南非通过电子商务形式出口到中国的商品占 8.3%、美国的占 8.1%、印度的占 7.8%、英国的占 7.2%[1]。

在南非有 11 种语言，南非语、英语、恩德贝勒语、北索托语、索托语、斯威士语、聪加语、祖鲁语、科萨语等，其中，英语的使用率排名第四（10%），使用前三位的语言分别是祖鲁语（22.7%）、科萨语（16%）和南非语（13.5%）[2]。就全球而言，使用英语的网络消费者的比例为 26.8%，因此，使用英语的国家在发展跨境电子商务方面占有很大的优势。

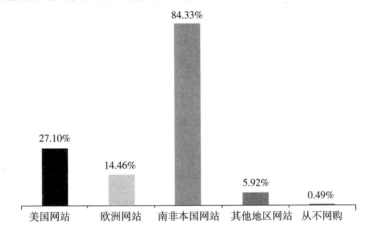

图 3 - 27　南非消费者选择网站分布（跨境电商）状况

资料来源：South African E - commerce report，Effective measure/IAB South Africa Report，2014。

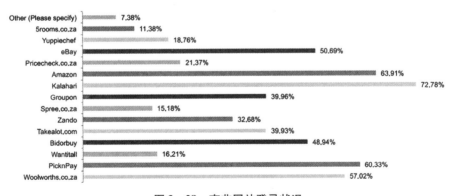

图 3 - 28　南非网站登录状况

资料来源：South African E - commerce report，Effective measure/IAB South Africa Report，2014。

---

① Cross - border e - commerce report，South Africa，2014.

② Cross - border e - commerce report，South Africa，2014.

在南非，最受欢迎的零售网站是 Kalahari，约有 72.78% 的网络消费者选择它，其次是 Amazon. com（63.91%），再次是 PicknPay（60.33%）。

四、广东与海丝沿线国家跨境电商合作的潜力分析

（一）广东跨境电子商务基本情况

广东跨境电子商务交易额列全国第一。2015 年 5 月 30 日发布的《广东对外经济贸易发展研究报告（2014—2015）》显示，2013 年广东跨境电商交易额突破 2 万亿元，占全国份额的 70%[①]；广州、深圳进入全国首批跨境电子商务试点城市之列。

广东聚集的出口跨境电商企业最多。中国电子商务研究中心报告显示，2012 年我国跨境电商企业分布地域为浙江 15.2%、广东 14.4%、上海 11.9%、北京 8.5%、江苏 6%、山东 5.6%、福建 2.2%、其他 23.6%；2013 年的跨境电商企业地域分布为广东 13.2%、江苏 12.8%、北京 11.4%、上海 10%、浙江 9.2%、山东 6.7%、福建 3.1%、其他 22.1%；2015 年的最新数据为广东 24.7%、浙江 16.5%、江苏 12.4%、福建 9.4%、上海 7.1%、北京 5.2%、湖北 4.1%、山东 3.3%、其他 17.3%。从近年来发布的企业分布数据可以看出，从 2013 年起，广东已超越浙江，成为全国跨境电商企业份额最高的省份，并于近两年持续保持领先地位。

此外，根据《2011—2016 年中国出口跨境电子商务发展报告》，2015 年，出口跨境电商品类分布情况为 3C 电子产品 37.7%，服装服饰 10.2%，户外用品 7.5%，健康与美容 7.4%，珠宝首饰 6%，家居园艺 4.7%，鞋帽箱包 4.5%，母婴玩具 3.6%，汽车配件 3.1%，灯光照明 2.8%，安全监控 2.2%，其他 10.3%。作为我国 3C 电子产品生产的龙头省份，广东为开展跨境电子商务提供了货源保障。

---

① 冯然：《中国跨境电子商务的监管现状研究》，引自《广东对外经济贸易发展研究报告（2014—2015）》，2015 年。

（二）广东发展跨境电子商务的优势

1. 广东对外贸易发达

广东是我国外向型经济最发达的区域，1985 年以来广东外贸总额已经连续 29 年居全国首位，近年来，外贸总额更是占据全国外贸总额的 1/4 左右，详细情况如表 3 - 35 所示。

表 3 - 35　2012—2015 年广东省进出口情况

年份	全国进出口交易额（万亿美元）	广东省进出口交易额（万亿美元）	占全国的比重（%）
2012	3. 87	0. 98	25. 32
2013	4. 16	1. 09	26. 20
2014	4. 3	1. 08	25. 12
2015	3. 96	1. 02	25. 76

资料来源：中国海关总署，见 http：//www. customs. gov. cn/publish/portalo/。

2. 广东电子商务基础好

广东是我国电子商务发展水平较高的省份之一，电商交易额和发展状况都处于全国领先水平。根据商务部数据，2014 年广东电子商务交易总额为 2.63 万亿元人民币，同比增长 30%；2014 年广东网上零售额增长 70.7%，增速高于全国平均水平 14.5%；2014 年广东商品在全国网购市场占有率排名第一，比第二名的浙江高出 30%；2014 年广东的网络购物订单量超过 8 亿单，全国排名第一；根据支付宝十周年账单数据，广东十年总支付金额占全国的 15.5%，全国排名第一；根据阿里巴巴发布的数据，2014 年 "双 11" 购物狂欢节，天猫交易额为 571 亿元，广东以 61.01 亿元交易额全国排名第一；根据广东省邮政物流局数据统计，2014 年广东快递总数为 33.6 亿件，人均快递 32 件，同比增长 59%。

3. 广东产业基础好，优质货源丰富

广东经济实力雄厚，经济总量常年保持全国第一，广东所在的珠江三角洲经济区是我国三大经济区之一。广东工业门类齐全，电子信息、电器机械、石油化工、纺织服装、食品饮料、建筑材料六大支柱产业在全国优势明显。

广东发达的工业基础为电子商务提供了品类丰富、质优价廉的网货产品，其中，广州、深圳、东莞是全国电子商务十大货源中心。

4. 有良好的政策环境

广东各级政府非常支持电子商务的发展，出台了一系列支持电子商务和跨境电子商务发展的政策，为电子商务发展保驾护航。从 2012 年开始，广东启动了"广货网上行"活动以大力推进广东制造内销，至 2015 年已经成功举办三年，成效显著；2013 年 2 月，广东省政府办公厅发布了《关于加快发展电子商务的意见》，提出放宽电子商务企业市场准入条件、允许企业在登记注册时冠"电子商务"行业名称、给予电子商务企业税收优惠、引进知名电商总部政府给予奖励等措施；2015 年，广东省政府出台了《广东省促进外贸稳定增长和转型升级若干措施》，在该措施中明确提出全面推广跨境电子商务出口业务，鼓励各地和企业开展跨境电子商务进口业务试点，并从 2015 年 5 月 15 日起，实行"全年无休日、货到海关监管场所 24 小时内办结"的海关手续。

5. 毗邻港澳的地理优势

广东毗邻香港、澳门，粤港澳经济关联度高、产业互补性强，CEPA 及其补充协议的签订和广东自贸区的获批使得粤港澳三地联系更为紧密。特别是香港拥有天然良港和发达的航运业，广东可以凭借毗邻港澳的地理优势，通过香港小包邮政、航空专线或海上航运等物流方式，将跨境电商出口的商品运输至世界各地。[①]

（三）与海丝沿线国家贸易合作状况的调研与分析

为对海丝沿线国家与广东的贸易往来有更多认识，特对 2016 年春季广交会参会的客商进行了两次小规模抽样统计。第一次收集了 718 位客商的数据，来自亚洲的客商占 59.61%，来自欧洲的占 12.26%，来自非洲的 10.03%，具体数据见表 3 - 36。

---

① 陈德宝、许德友：《广东省跨境电子商务发展战略分析》，《商业经济研究》2016 年第 6 期。

表3－36　2016年春季广交会客商国籍抽样调查数据（718人）

地区	人数	比例（%）
亚洲	428	59.61
欧洲	88	12.26
非洲	72	10.03
南美	64	8.91
北美	59	8.22
大洋洲	7	0.97
总计	718	100

注：对参加2016年春季广交会的客商进行抽样调查，抽样人数为718。

第二次抽样统计，收集了240位客商的数据，其中来自东南亚的客商最多，占22.5%，其次，来自南亚的客商占18.75%，其余分别来自中东、非洲等地（具体比例见表3－37）。可以看出，近几年来，广东与海丝沿线国家贸易往来合作越来越密切。

表3－37　2016春季广交会客商国籍抽样调查数据（240人）

地区	人数	比例（%）	地区	人数	比例（%）
东南亚	54	22.50	非洲	24	10.00
中东	29	12.08	南美	10	4.17
西亚	22	9.17	北美	13	5.42
南亚	45	18.75			
东亚	17	7.08			
中国	26	10.83			
小计：亚洲	193	80.42			

注：对参加2016年春季广交会的客商进行抽样调查，抽样人数为240。

（四）海丝沿线国家的电商发展现状分析

海丝沿线国家由于受到经济发展水平、网络设施和人口数量的限制，上网人口比例明显低于发达国家和地区，其中，在北美及西欧地区的上网人口占比达88%和81%，但是，在东南亚和南亚地区仅为33%和19%①，其他地区数据具体见表3-38。

表3-38　全球上网人口比例表（2015年）

国家与地区	上网人口的比例（%）	国家与地区	上网人口的比例（%）
北美	88	中亚	38
西欧	81	中东	36
大洋洲	69	东南亚	33
东欧	58	非洲	26
南美	56	南亚	19
东亚	51		

资料来源：Internet Live Stats Q1 2015, Internet World Stats Q1 2015. Wikipedia for population data。

同时，海丝沿线国家使用电子商务的份额也普遍较低。以 B2C 电子商务零售行业为例，东南亚地区、印度半岛和非洲三个地区的 B2C 电子商务总量仅占全世界 B2C 的1.8%②，其他地区数据具体见表3-39。因此，就全球电子商务和 B2C 零售电子商务销售额绝对值而言，海丝沿线国家在全球所占的份额较小。

表3-39　全球使用 B2C 电子商务的区域比例表（2015年）

国家与地区	人口占全世界的比例（%）	GDP 占全世界的比例（%）	B2C 占全世界的比例（%）
北美	6	26	30.2
西欧	6	24	26.8
中国	19	14	19.7
北亚	3	8	12.8
东欧及俄罗斯	5	5	3.4
中南美洲	8	8	3
澳大利亚	1	2	1.8

① Internet Live Stats Q1 2015, Internet World Stats Q1 2015. Wikipedia for population data.

② CLSA report 2015.

国家与地区	人口占全世界的比例（%）	GDP占全世界的比例（%）	B2C占全世界的比例（%）
印度半岛	23	3	0.8
东南亚地区	8	3	0.5
非洲	15	3	0.2
其他地区	5	5	0.8

资料来源：CLSA report 2015。

虽然海丝沿线国家的 B2C 电子商务占全球份额很低，但是从 2013 年开始，其发展速度却呈现出良好的势头。如亚太地区出现了 B2C 快速增长的现象，整个地区的电子商务销售额达 5673 亿美元，超过了北美地区（4524 亿美元）和欧洲（4823 亿美元），比 2012 年增长了 45%。特别是当年全球电子商务的增长速度仅为 24%，亚太地区 45% 的增速表明亚太地区的电子商务开始进入迅速发展阶段[1]。具体年度及预测的增长速度见表 3 - 40[2]。

表 3 - 40　2013—2018 年全球 B2C 销售增长趋势状况

（单位:%）

地区	2013	2014	2015	2016	2017	2018
北美	34.9	32.9	31.7	31.1	30.7	30.6
亚太	28.3	31.2	33.4	35.1	36.4	37.4
西欧	26.4	25.4	24.6	23.9	23.3	22.7
拉丁美洲	4.2	4.3	4.2	4.1	3.9	3.7
中东欧	4.1	4.0	3.8	3.5	3.3	3.2
中东及北非	2.2	2.3	2.3	2.4	2.4	2.5

如果将海丝沿线国家及地区进行对比，中东地区上网比例和消费状况要明显高于其他地区。将南亚地区的印度、斯里兰卡和巴基斯坦的上网情况与中东地区的七国进行对比，中东七国的上网率远远高出南亚国家（见表

---

[1]　CLSA report 2015.

[2]　数据来自 Emarketer 2014 的研究报告。

3－41），即网络发展水平与国家和区域的经济发展水平成正比。

表3－41　2014年南亚及波斯湾航线十国上网状况表

国家	上网人数（百万）	占总人口比例（%）	总人口数（百万）
斯里兰卡	5.32	25.80	20.62
印度	233.15	18	1，295.29
巴基斯坦	25.54	13.80	185.04
卡塔尔	1.99	91.50	2.17
巴林	1.24	91	1.36
阿联酋	8.21	90.40	9.09
科威特	2.95	78.70	3.75
阿曼	2.97	70.20	4.24
沙特阿拉伯	19.67	63.70	30.89
伊朗	30.75	39.40	78.14

资料来源：Internet Live Stats（www. internetlivestats. com/internet – users – by – country）。

若将非洲地区与其他地区比较，可以从表3－42中数据明显看出，非洲地区的电子商务落后于东南亚地区，2014年东南亚地区B2C电子商务占全球份额的0.5%，非洲仅占0.2%。在非洲地区除尼日利亚、南非等较为发达的国家和地区电商发展状况较好外，其他国家如肯尼亚、坦桑尼亚等国的基础网络设施建设尚需完善。

表3－42　2015年非洲与其他地区人口及上网人数对比情况表

国家	人口数量	人口占全球的比例(%)	互联网的使用人数(%)	互联网使用人数占总人数比例(%)
非洲	1185529578	16.20	333521659	9.40
其他地区	6154546402	83.80	3232799356	90.60
总计	7340093980	100.00	3566321015	100

资料来源：见 http：//www. internetworldstats. com/stats1. htm。

五、广东与海丝沿线国家的电子商务合作建议

海丝沿线国家对于我国"一带一路"倡议态度各异[①]。东南亚大多数国家表示欢迎"一带一路"倡议，其中，印尼、马来西亚、柬埔寨、老挝、泰国反应最为积极。南亚的巴基斯坦、斯里兰卡不但欢迎我国的"一带一路"倡议，而且已启动互联互通项目，印度则态度谨慎。西亚大部分国家近年政局动荡，有些甚至处于战争状态，因此，虽然有些国家也表示支持我国的"一带一路"倡议，并在能源方面和我国有深度合作，如阿富汗、沙特、以色列等，但是鉴于复杂的地缘政治状况，建设合作风险较大。大部分非洲国家希望同我国加强合作，欢迎中国前去投资。

（一）加强广东省与海丝沿线国家跨境电商及相关合作项目的建设

1. 加强广东与东盟的跨境电子商务合作项目

（1）东盟各国与我国的具有良好的政治关系

2013 年 10 月 2 日，习近平与印尼总统决定将两国的关系从战略伙伴关系提升为全面战略伙伴关系，全方位推进双边和多边各领域合作。2013 年 10 月 4 日，习近平与马来西亚总理就新形势下全面推进中马关系深入交换意见，达成广泛共识，决定将两国关系提升为全面战略伙伴关系。2014 年 8 月 16 日，习近平在南京会见新加坡总统，新方表示将以更加积极、长远的眼光发展新中合作，契合"一带一路"建设，不断创新合作理念，丰富合作内涵。2014 年 11 月 8 日，习近平宣布中国将出资 400 亿美元成立丝路基金，让中国的"一带一路"思路逐渐清晰，在这一背景下，与中国就南海主权问题有分歧的菲律宾曾比较担忧中国绕开菲律宾，但同年 10 月，与菲律宾正式签署《筹建亚投行备忘录》表明中国与菲律宾的双边关系向良好的方向发展。同时，越南也与中国正式签署《筹建亚投行备忘录》，表示希望通过"一带一路"形

[①]　21 世纪海上丝绸之路沿线国家，http://max.book118.com/html/2016/0223/35617584.shtm。

成"东盟—越南—云南—南亚国家"的经济共赢局面。泰国也希望通过"21 世纪海上丝绸之路"建设，推进农业、铁路合作，促进区域互联互通，促进民间交流，加强人才培养。东盟各国对"一带一路"倡议均持欢迎态度，这为开展广东与东盟跨境电子商务合作项目打下了良好的基础。

（2）东盟在我国传统贸易中的占比呈上升趋势

据 2014 年我国对外出口贸易数据统计，我国对东盟出口 2721 亿美元，占总出口的 11.61%；2015 年对东盟出口 2777 亿美元，占当年出口总额的 12.20%，从东盟进口 1944.6 亿美元，占当年进口总额的 11.56%；在 2015 年的出口总额同比下降 2.8% 的情况下，对东盟的出口额同比却增长了 2.1%，说明我国与东盟的双边贸易前景示好。

此外，对 2014 年贸易数据进行研究，我国对印度、巴基斯坦、斯里兰卡、孟加拉国的出口占总出口额的 2.98%；对中东国家出口占总出口额的 5.70%；对非洲国家出口占总出口额的 1.64%；由此可见，东盟与海丝沿线其他地区相比，在我国外贸出口中占据较大分量，因此，对海丝沿线国家与地区发展跨境电商合作时，需将东盟确定为首要合作区域，相信发展对东盟的跨境电子商务对我国的贸易出口将会有进一步的促进作用。

（3）东盟各国的（跨境）电子商务基础良好

2015 年数据统计显示，东盟各国的平均上网率为 29%，上网人群中，平均网购率达 55%。虽然，2015 年东盟的 B2C 零售额仅占全球的 0.5%，但是根据 2013 年及 2014 年的数据，其 B2C 电商平均增长速度达 30%。特别是东盟各国对电商发展非常重视，马来西亚、泰国和菲律宾的国家统计局网站上均公布有历年电子商务的相关数据，同时，东盟也于 2014 年 9 月在新加坡召开会议，提出加强网络建设、重视中小企业电商市场、加强网络安全、促进电子支付发展、提高物流效率和促进贸易便利化六点方针以促进电子商务的进一步发展。

在东盟各国中，新加坡、马来西亚和泰国的跨境电商发展状况尤为突出。2014 年，新加坡跨境电子商务占全国电子商务的比例达 55%，马来西亚达 40%；此外，2012 年，泰国跨境电商已经占全国电商份额的 19%。东盟各国便利的航运交通、多元的外来人口和高额的进口免税政策都为开展跨境电子商务创立了便利条件，因此，可以利用广东电商良好的优势，加强向东南亚各国，特别是以上三国的出口业务。

（4）广东的优势产业与东盟居民的网购需求相符

通过对东盟地区居民网购商品的研究，发现除了航空和旅游、住宿外，新加坡消费者购买美妆服饰的占21%，电子产品占7%；马来西亚购买美妆服饰的占12%，媒体设备占13%，电子产品占5%；泰国购买时尚商品的占23.3%，电脑产品占19.2%；印尼购买时尚商品的占37%，电子产品占13%；越南购买服装的占62%，技术产品占35%。广东的电子信息、电器产品、纺织服装、食品饮料、建筑材料等产业在全国优势明显，东盟地区居民在网上最倾向于购买的商品均是广东的优势商品，因此，发展与东盟的网络贸易是符合广东区域特点，能够发挥广东产业特长的战略。

2. 开展广东与非洲国家的网络基础设施建设合作

（1）非洲国家与我国具有良好的政治关系

2014年年初，我国投资坦桑尼亚的巴加约莫港口和港口的开发区建设项目正式进入执行阶段；2014年年末，"牵星过洋——中非海上丝路历史文化展"也在坦桑尼亚的国家博物馆拉开序幕。2014年6月，中国与尼日利亚等四国的八家工商会代表签署了《丝绸之路经济带合作倡议》，将致力于海丝沿线国家之间的贸易与投资，共同打造"网上丝绸之路""丝绸之路博览会"等项目。2014年12月23日，埃及总统在对我国进行国事访问时表示，"一带一路"倡议给埃及带来了新的发展机遇，埃及非常重视就此与我国开展的合作，将竭尽所能与我国一道推动倡议的实施。2014年5月11日，我国与肯尼亚正式签署蒙巴萨到内罗毕的铁路建设项目，将我国装备制造、技术和管理经验输出同时，也标志着我国和肯尼亚就"一带一路"倡议实施的良好开端。

（2）非洲国家的网络建设处于初级阶段

坦桑尼亚的网络基础设施较落后，但是其发展的速度很快。世界银行的数据显示，2009年，坦桑尼亚的个人电脑普及率达1.95%。据坦桑尼亚通信局的数据，其互联网的普及率达4%，较邻国肯尼亚的9.7%有一定差距。埃及和南非的互联网普及率较高，分别为40%和49%。

为促进埃及的网络发展，埃及的信通部（MCIT）2013年决定投入80亿美元加强网络基础设施建设。希望 2015 年实现 75% 的居民使用网速达 2M 的网络，98% 的居民使用 3G 移动网络；2021 年实现 90% 的居民使用网速达 25M 的网络，90% 的居民使用 4G 移动网络的目标①。同时，2013 年 12 月，埃及信通部与商务部签署关于加速发展电子商务的协议，从物流、支付和技术方面共同促进埃及电子商务发展②。

坦桑尼亚也在与我国合作的前两期网络建设基础上，于 2015 年斥资 177 亿坦先令（约 9370 万美元）启动国家光纤网络计划三期项目建设。坦通信科技部长穆巴拉瓦表示，项目全部建成后，全国光缆总里程将达 20000 公里，将使坦成为更理想的投资目的地。此外，政府还计划斥资 20 亿坦先令新建一座数据中心和多协议标签交换网络，进一步提高国内宽带互联网服务质量。③

尼日利亚航空部国防部长哈迪·西里卡在 2016 年第 8 届工程师阿米亚纪念讲座上提出，根据尼日利亚《国家基础设施总体规划》，未来三十年，国家需投入 3.1 万亿美元建设重要基础设施，用于电力项目、油气设施、钢铁厂、路、桥、供水设施、通信设施、机场、铁路等方面的建设，以推进经济发展④。

（3）我国与非洲国家正在开展网络基础建设的合作

近年来，我国在非洲投资的"一带一路"相关项目不断增加。如 2009 年，我国通信建设集团有限公司承建的坦桑尼亚国家 ICT（信息与通信技术）宽带骨干网项目开始实施，目前已完成两期，建成骨干网络 7560 公里，同时为其周边肯尼亚、乌干达等 7 个国家提供国际电路转接服务。2016 年，华为与尼日利亚政府签署协助当地建设 ICT 的项目⑤。同年 9 月，华为公司又与尼日利亚当地公司联合建设的警察总部警务信息化数据中心在首都阿布贾举行

---

① www. wamda. com/2013/04/a－look－at－egypt－s－ict－sector－growth－strategy－and－impact－on－startups.

② mcit. gov. eg/Media_ Center/Press_ Room/Press_ Releases/2847（埃及信通部官方网站）。

③ 文章来源：驻坦桑尼亚经商代表处，http：//tz. mofcom. gov. cn/article/jmxw/201507/20150701031285. shtml。

④ http：//qoofan. com/read/vnWQWyjmGM. html.

⑤ http：//news. xinhuanet. com/english/2016－08/26/c_ 135636740. htm.

了开工奠基仪式。2014 年，中兴通讯与坦桑尼亚移动运营商 SMART 签署合作协议，将独家建设坦桑尼亚首张基于 TD – LTE 技术的 4G 商用网络[1]。非洲大部分国家的网络基础设施较为落后，广东可以加强与非洲各国合作的网络基础设施建设项目，推动非洲各国网络建设和电子商务的发展。

（4）促进与南非等较为发达国家的跨境电子商务发展

南非的网络及移动网络基础设施完善，网络普及率为 48.9%，电商普及率为 30.9%[2]，手机普及率为 128%，智能手机普及率为 47%，使用智能手机购物占电商份额的 15%。进行网络支付时，使用信用卡的比例达 66.68%。由于英语是南非官方语言之一，南非在跨境电子商务方面的发展较非洲其他国家优势明显，南非居民从美国网站上购物的占 27.10%，从欧洲网站上购物的占 14.46%。此外，埃及的互联网普及率达 40%，手机普及率达 115%，较为受欢迎的网络商品是电子产品和时尚商品。因此，广东可利用涉外语言专业人才多、电子产业优势突出等特点，发展与南非等经济较为发达国家的跨境电商出口业务。

3. 促进广东与中东地区的跨境电商项目合作

（1）我国与中东地区的政治关系

2014 年 3 月，沙特国防大臣访华时表示愿意在互相尊重、平等互利的基础上，同我国加强各领域交流与合作。2014 年 3 月，阿联酋经济委员会秘书长指出，"一带一路"是伟大的创新，与阿联酋创造更多就业机会的想法不谋而合，阿联酋希望积极参与"一带一路"建设。2014 年 5 月，中国驻也门使馆与也门研究中心举办了"丝绸之路与也门"研讨会，也门研究中心主任表示，也门将深化对"一带一路"的研究，积极参与共建"一带一路"，实现互利共赢。2014 年 6 月，伊拉克外长兹巴里感谢我国支持伊拉克反恐、维稳的努力，赞赏我国支持伊拉克政治进程和经济重建，并向伊方提供相关领域的帮助。伊方也将一如既往为我国企业和人员提供有力的安全保障。2014 年10 月，我国与科威特、卡塔尔正式签署了《筹建亚投行备忘录》。2014 年 11

---

① http：//finance. ce. cn/rolling/201409/25/t20140925_ 3593208. shtml.

② Cross – border e – commerce report, South Africa, 2014.

月，卡塔尔与我国就"一带一路"、金融、教育、文化等领域的合作文件进行了签署，还发表了中卡关于建立战略伙伴关系的联合声明。2014 年 11 月，伊朗副总统表示，中伊关系保持良好发展势头，各领域交流合作进行顺利。希望在习近平提出的"一带一路"战略构想框架内进一步拓展两国经贸合作。伊方愿与中方加强协调和配合，共同应对威胁。2014 年 11 月，约旦国王对赴访的中国政协主席表示，约旦愿意与中国在政治、经济、文化、教育等各个领域密切合作，促进两国关系的全面发展。2014 年 12 月，以色列驻华大使表示，"丝绸之路经济带"可以给双方带来复兴的机会，"一带一路"在未来会给双方带来更多的机会。通过新的丝绸之路，可以让双方建立比以前更加稳固的双方关系。2014 年 12 月，共建"一带一路"研讨会在土耳其的伊斯坦布尔举行。土耳其总理表示土方愿与我国开展基础设施、经济领域等合作，以及促进人文交流，加强沿线国家之间友好往来的工作。

（2）中东部分地区和国家政局动荡

2016 年，阿拉伯国家转型、地区格局调整、域内外大国博弈、ISIS 的威胁及其外溢仍将是影响中东局势的核心问题。再加上长久以来的沙特和伊朗之间的冲突，叙利亚问题等，中东长期处于不稳定局势中。在中东的强国基本由沙特、伊朗、埃及、土耳其和以色列构成，形成决定中东形势和热点走势的地区五元格局。因此，广东与中东地区建立发展跨境电子商务合作时，需考虑中东时局动荡的问题。

（3）中东地区的电子商务发展水平较高

排除中东时局动荡的问题，中东地区的电子商务发展水平较高。据 2014 年全球电子商务统计报告显示，中东地区的上网率达 67%，比全球平均 64% 的上网率高。同时，2014 年阿拉伯国家的电子商务交易额达 70 亿美元。中东地区的电子商务增长率也非常高，阿联酋的年增长率达 21.%，卡塔尔为 16%，以色列达 24.9%。在中东地区，除也门以外，其他国家普遍使用信用卡，为电子商务发展提供了便利化的支付工具。

跨境电子商务方面，中东地区跨境电商的应用也较为普遍。如阿联酋的网络消费者中有 60% 倾向于在国外网站上购买商品；以色列主要从中国和巴西进口商品，2014 年土耳其跨境电商研究报告显示，土耳其的跨境电商比例为20%左右，土耳其网络消费者在购买国外商品时，主要倾向于购买美国（49%）、中国内地（40.4%）、中国香港（18.5%）、英国（15.4%）和德国（12.1%）的商品。此外，中东移动终端设备的使用率非常高。因此，广东发展对中东的跨境电商出口业务时，需重点考虑宗教习俗和移动电子商务两方面。

（4）中东地区的消费与广东优势产业相符

就中东整体网络消费者来讲，消费网络游戏占41%，电脑软件占31%，电子产品占28%，服装占17%，旅游和交通运输占43%。阿联酋的服装、鞋子和服饰占40%，电子产品占35%；卡塔尔的电子产品占18%，服装占15%；沙特的电子产品约占30%。服装鞋子约占27%，家居用品约占11%；以色列网络零售商品以电器为主（24.83%），其次是食品饮料（14.78%）、服装鞋类（13.21%）；在土耳其比较受欢迎的商品是电子产品和服装鞋子，分别占整个网络零售额的37%和22%，其次，是媒体产品和家具、家居用品，均占12%左右；在也门，衣服所占市场份额最多，超过20%，服饰、手机及配件和其他电子产品均超过15%。中东地区居民在网上最倾向于购买的商品均是广东的优势商品，因此，可以发挥广东产业优势加强与中东的网络贸易往来。

（二）广东跨境电商各运营环节的建议

跨境电商发展的核心关键点是通关、结算和物流三个方面。目前在通关环节，我国和广东的相关制度已经较为完善；在结算环节，我国各大银行也应中国人民银行的要求制定了较为具体的结汇措施；在物流环节，相比较临近的香港物流而言，广东没有充分发挥自贸区交流便利的天然优势，需要加强相关的航线建设和加大跨境电商的宣传力度。

1. 广东的跨境电商通关政策及举措

由于广东省政府于2012年就提出《广东省电子商务"十二五"发展规划》和《关于加快发展电子商务的意见》，积极扶持广东电子商务产业的发展。在2013年9月广州成为继上海、重庆、杭州、宁波、郑州之后的第六个跨境电商试点城市之后，广州海关就开始着手建设跨境电子商务平台。随即，黄埔海关也于2014年1月出台了《黄埔海关跨境贸易电子商务服务试点实施方案》。在方案中，黄埔海关以国家海关总署提出的四种通关新模式为基础，尝试性地提出了八种跨境电子商务通关模式，即加工贸易企业园区直销出口模式、加工贸易企业园区内销进口模式、加工贸易企业电商平台内销模式、小微企业电商平台一般出口模式、电商企业零售出口快件模式、电商企业零售出口邮件模式、电商企业保税出口分销模式、电商企业保税进口分销模式。① 这些模式的突出优势是外贸综合服务企业在园区内对产品进行拼箱，然后再通过"黄埔海关跨境电子商务管理系统"调用订单，汇总形成向海关申报的拼箱清单和出口报关；电子商务企业定期向属地海关汇总申报，凭报关单证明联办理退税和结汇手续。

2. 广东跨境电商结算状况

广东跨境人民币结算规模突破十万亿元大关，连续七年位居全国榜首。其中，粤港、粤澳跨境人民币结算量最高，达 7.81 万亿元，几乎占全省结算总量的 3/4。人行广州分行在跨境人民币贷款、个人业务、熊猫债、境外人民币等方面出台一系列新政策。在跨境电商结算方面，我国已经出台以下政策：

表 3-43　我国跨境人民币结算相关政策汇总

政策公布时间	政策名称	发布主体	主要内容
2009 年 8 月	《关于跨境贸易人民币结算出口货物退（免）税有关事项的通知》（国税函〔2009〕470 号）	国家税务总局	对跨境贸易人民币结算项下的出口退税、报关等问题予以明确，为跨境贸易人民币结算提供配套支持
2009 年 9 月	《关于跨境贸易人民币结算试点有关问题的通知》（监管函〔2009〕255 号）	海关总署监管司	
2010 年 6 月	《关于扩大跨境贸易人民币结算试点有关问题的通知》	中国人民银行等六部委	人民币跨境贸易结算试点地区扩大到北京等 20 个省区市，业务范围包括跨境货物贸易、服务贸易和其他经常项目人民币结算；不再限制境外地域，企业可按市场原则选择使用人民币结算

---

① 冯然：《中国跨境电子商务及其监管的探讨》，参见《广东对外经济贸易发展研究报告（2014—2015）》。

政策公布时间	政策名称	发布主体	主要内容
2010 年 9 月	《境外机构人民币银行结算账户管理办法》	中国人民银行	境外机构依法办理人民币资金收付的，可以申请在境内银行开立人民币银行结算账户，并对开立、使用等予以明确
2011 年 1 月	《境外直接投资人民币结算试点管理办法》	中国人民银行	境内机构经境外直接投资主管部门核准可使用人民币在境外投资，为人民币资本项目的开展提供了一个发展平台
2011 年 1 月	《广东省转口贸易跨境人民币结算管理暂行办法》	中国人民银行	规范转口贸易跨境人民币结算操作办法，企业办理转口贸易跨境人民币需向人行报备
2011 年 6 月	《关于明确跨境人民币业务相关问题的通知》	中国人民银行	明确了跨境贸易人民币结算项下居民对非居民的人民币负债、人民币保函、境外机构人民币银行结算账户余额等不纳入现行外债管理，外商直接投资人民币业务以个案试点方式开展
2011 年 10 月	《外商直接投资人民币结算业务管理办法》	中国人民银行	规范外商直接投资人民币结算业务操作，为人民币在跨境投资中的运用起到重大的促进作用
2011 年 10 月	《商务部关于跨境人民币直接投资有关问题的通知》	商务部	配套人行外商直接投资人民币结算政策，明确境外投资者可以合法获得的境外人民币依法开展直接投资活动
2012 年 3 月	《关于出口货物贸易人民币结算企业管理有关问题》	中国人民银行等六部委	取消出口货物贸易人民币结算试点企业名单制度管理，实行重点监管名单管理

续表

政策公布时间	政策名称	发布主体	主要内容
2012年5月	《关于境内非金融机构赴香港特别政区发行人民币债券有关事项》	国家发展改革委	境内非金融机构可赴香港开展人民币债券发行业务
2012年7月	《中国人民银行关于境外机构人民币银行结算账户开立和使用有关问题的通知》	中国人民银行	明确境外机构人民币银行结算账户的账户开立和使用要求等
2013年8月	《中国人民银行关于简化跨境人民币业务流程和完善有关政策的通知》	中国人民银行	进一步简化经常项下跨境人民币业务流程
2013年9月	《中国人民银行关于境外投资者投资境内金融机构人民币结算有关事项的通知》	中国人民银行	境外投资者在境内设立、并购和参股金融机构等业务使用人民币进行跨境结算的相关要求
2014年11月	《中国人民银行关于跨国企业集团开展跨境人民币资金集中运营业务有关事宜的通知》	中国人民银行	跨境集团可以根据中国人民银行有关规定开展跨境人民币资金集中运营业务

3. 广东跨境电商物流状况

目前，广东跨境电商出口物流主要依托以下三种方式：第一种是通过中国邮政小包出口；第二种是通过香港小包出口；第三种是借助传统贸易中的集装箱形式出口。由于毗邻香港，因此，广东很多跨境电商企业驻点深圳，利用香港通关便利和物流价格便宜的优势，进行商品跨境出口。但是，如何促进深圳之外广东其他城市的跨境出口物流发展，如何发挥广东自贸区的地缘优势，特别是如何将南沙的航运物流优势与跨境电商出口相结合，是值得探讨的重要问题。以广东南沙自贸区物流为例，目前南沙已经成为我国三大港口之一，正在加快建设成为国际大港，南沙港三期已完成4个10万吨级和2个7万吨级集装箱码头。新开辟了13条国际班轮航线、10个"无水港"业务点和5条"穿梭巴士"支线。数据显示，2015年1—11月，南沙港区货物吞吐量继续保持较快增长，预计实现货物吞吐量2.56亿吨，同比增长11.96%；集装箱吞吐量1057.6万标箱，同比增长7.3%。在航运服务业发展方面，目前南沙新增航运物流企业 1066 家，是自贸试验区获批前南沙航运企业总数的 3 倍。南沙的大型船舶改造维修实现出口额达到 15 亿美元，广州航运交易有限公司已完成船舶交易 503 艘，交易额 18.5 亿元。此外，由于受不是天然深水港的限制，广州从 2000 年把港口业务移到南沙后，开始挖掘深航道，航道深度从 13 米增加到现在的 17 米，南沙已经成为非常重要的主港。同时，南沙拥有去非洲、中东的航线，将这些航线与跨境电商出口结合，将有力地推动广东与海丝沿线国家电商合作的发展。

第四章 广东与海丝沿线国家科技合作与交流研究

孙　波　朱文博浩[*]

党的十八届三中全会提出要推进"21世纪海上丝绸之路"建设的重大战略决策。广东凭海而立，因海而兴，近年来与海丝沿线国家开展了形式多样、内容丰富的科技合作，以经济合作带动科技合作，注重在高新技术领域的合作，初步形成了政府主导、民间积极参与的合作网络。但其中也存在着广东省省内科技合作由外方主导，技术升级与国际技合作的自主性不强、合作范围较窄等问题。本章通过阐述新形势下广东推进建设"21世纪海上丝绸之路"科技合作的战略意义，分析广东在与海丝沿线国家科技合作方面拥有的发展优势和综合实力，提出深化与海丝沿线国家科技合作，推动海上丝绸之路核心区域的建设思路，为新时代下广东参与国际科技合作与创新提供若干对策建议。

一、广东开展与海丝沿线国家科技合作与交流的必要性及可行性

（一）推动广东与海丝沿线国家科技合作交流的必要性

1. 当前形势下的必要性

推动与海丝沿线国家科技合作与交流体现了维护海洋权益的战略需要。

---

* 孙波：广东外语外贸大学国际服务经济研究院副院长，国际服务外包研究院副院长，研究员；
朱文博浩：广东外语外贸大学经济贸易学院硕士研究生。

自 2010 年美国实施"重返亚太"战略以来，我国周边安全形势日趋严峻。另外，受冷战遗留的历史问题与冷战后现实冲突的影响，如处置不好，极易酿成危机。中国在处理如何突破美国"亚太再平衡"战略所导致的这种"东紧"困境这一问题时，"21 世纪海上丝绸之路"就成为了一个很好的选择。实际上，"21 世纪海上丝绸之路"是中国战略转向的重要组成部分——从"战略东向"转变为"战略西向"，它暂时避开了地缘政治拥挤不堪的东亚，转向大有可为的西线，达到扬长（经济贸易、基础设施）避短（军事、安全压力）的目的。①

2. 文化传承下中国崛起的必要性体现

随着新一届中央领导集体越来越重视国际话语权的建设，"中国梦""新型大国关系"等概念的提出，都表明要让国际社会看到更多"中国话语权"。"21 世纪海上丝绸之路"的提出也是这一战略诉求的体现。近年来，亚太成为世界经济发展最快的地区，这个地区有影响的大国纷纷提出本国对该区域发展的战略构想，美国、日本等西方国家都提出过类似于"丝绸之路"这样的战略设计，但中国的"21 世纪海上丝绸之路"提法最有历史的文化底蕴与现实的可行性。因为，中国政府所提的"21 世纪海上丝绸之路"是对绵延两千多年的中国古代海上丝绸之路精神的传承与发扬，是古老的中华文明对人类和谐美好精神的贡献，它体现的价值内涵主要包括：互联互通、开放包容、合作共赢、命运共同。

3. 地区合作与发展的必要性

"21 世纪海上丝绸之路"的提出，可视为中国政府推动亚太区域构建国家认同的有效途径。海上丝绸之路连接的是东亚、南亚，沟通太平洋与印度洋，是地缘上的"东盟—中亚"区域，有利于得到该区域内国家的认同。中国和该区域内国家经济往来便利，能够发挥在该地区的经济优势。目前，中国和东盟已建成世界上最大的发展中国家自由贸易区，中国连续 4 年成为东盟第一大贸易伙伴，东盟是中国第三大贸易伙伴。通过共建"21 世纪海上丝绸之路"，将大力推动该区域的建设，必将成为海丝沿线各国人民的共同意愿。这既有助于构建区域内国家的认同和合作，也有助于增强中国的亲和力，

---

① 林宏宇：《"海上丝绸之路"国际战略意义透析》，《人民论坛》2014 年第 25 期，第 50—51 页。

有助于中国的和平崛起。

4. 科技规律发展的必要性

中国与海丝沿线国家长期以来，关系密切，不仅在文化习俗和经济往来上联系密切，在科技交流上自古以来就有，中国的造纸技术和火药也有力推动了东盟和中南亚国家的发展。随着各国科技力量的加强，国家之间科技沟通与合作交流也越来越频繁，基于中国和东盟及东南亚国家科技交流与合作的技术水平，决定了双方科技交流必将进一步密切发展。

（二）推动广东与海丝沿线国家科技合作与交流的可行性

作为海上丝绸之路形成之后两千多年来始终长盛不衰的唯一港口，广州以及其所属的广东势必将在建设"21世纪海上丝绸之路"中扮演无可替代的角色。这不仅仅因为广东是海上丝绸之路最早的发源地之一，更是因为在当下，广东具有其他沿海省份不可比拟的经济优势。

"建设海上丝绸之路，有利于拓展国际市场。会使中国与东盟之间形成统一大市场，并使得中国—东盟自由贸易区建设实现实质性飞跃。"中山大学管理学院教授、第十一届广东省政协委员梁琦向记者介绍着建设海上丝绸之路的重要意义，"还可以为我国沿海城市提供支撑和发展空间，有利于港口行业、经济贸易、科技创新、生态环境与人文交流等方面的发展，促进东南沿海地区的繁荣与长期稳定。"①

在梁琦看来，在建设"21世纪海上丝绸之路"的过程中，广东有着得天独厚的优势。"广东是海洋文明传入中国的窗口，是中国近代工业和民族工业的发源地之一，具有历史优势；对比长三角或者京津唐或者京津冀，广东毗邻港澳，通江达海，具有通道与地缘优势；粤籍华侨华人生活在东南亚各国，他们对于岭南文化具有共通性和认同感；广东是中国的经济大省、人口大省，也是创新理念最先进的地方，和海上丝绸之路上其他地方相比，这是广东独有的优势。"因此，她总结道，"在重建海上丝绸之路的过程中，广东具有历史、区位和文化三方面的优势"。

---

① 《海上丝路的广东优势》，见 http://news.eastday.com/eastday/13news/auto/news/。

梁琦的观点得到了不少省政协委员的认可。而最直接的佐证，则出现在广东省人大于 2014 年 7 月 15 日召开的"建设 21 世纪海上丝绸之路侨胞座谈会"上。会上，广东省副省长邓海光介绍称，自 2010 年中国—东盟自贸区建立以来，广东与东盟 10 国在农业、能源、制造、加工业等领域的合作不断加强，双边经贸关系不断深化。截至 2015 年年底，东盟已成为广东第二大贸易伙伴，仅 2015 年，广东对东盟进出口贸易额达 7042 亿美元，同比增长 2.1%，仅次于美国（7971.6 亿美元）。除了经济领域内的数字变化之外，近年来广东在东盟国家还组织了丰富多彩的文化交流活动，举办了多场广东文化周活动，还与东盟建立了广东省对外合作交流联席会议。邓海光表示，广东将以建设"21 世纪海上丝绸之路"为契机，不断深化、推进与东盟各国的经贸合作，同时进一步深化与东盟华侨华人的联谊交流，加快与东盟文化教育的融通共进，增强广东文化对东盟地区的辐射力、影响力。

二、广东与海丝沿线国家国际科技合作与交流的总体现状

随着经济全球化带动研发国际化迅猛发展，国际科技合作深化与发展成为实施开放式创新的战略选择。广东围绕建设创新广东和幸福广东的需求，加强科技发展的国际战略布局，主动参与国际科技、经济的合作与竞争，积极融入国际科技创新网络，不断提升科研机构的科研实力和高新企业的创新能力，为经济社会发展提供强大支撑，已经成为当前广东实现创新发展的重要举措。目前，广东省已同海上丝绸之路沿线的 40 多个国家建立了科技交流与合作关系，签署了 50 多项合作协议，基本形成了开放创新的国际科技合作格局。

（一）引进—消化—吸收成就斐然，前期合作成绩突出

改革开放三十多年，广东紧紧抓住国际产业转移的大潮，引进大批先进技术装备，使广东成为世界制造业最为密集的地区之一，极大地增强了广东科

技实力。2015年，广东全省实现地区生产总值（GDP）72812.55亿元，比2014年增长8%。其中，在现代产业中，高技术制造业增加值8172.2亿元，增长9.8%；先进制造业增加值14712.7亿元，增长10%。^①与主要海丝沿线国家合作发展情况如下：

（1）广东省在新能源与节能、精密制造、中医药研究和重大疾病防治等领域与欧盟展开科技合作，在广州大学城建设"科技服务国际创新园"，重点集聚欧美等科技创新资源；同时与新加坡等国家在人才资源、研发条件、信息资源等领域开展广泛合作与共享，并实施了"中新知识城"这一粤新合作的标志性项目。

（2）近年来，把以色列作为对外科技合作的优先国家，根据中以两国及广东省人民政府与以色列政府签署的《关于促进产业研究和开发的技术创新合作协议》，广东省科技厅和东莞市人民政府积极探索具有鲜明特色的"官助民办""三资融合""国际合作"的产业园区建设模式，充分调动民间资本及国际资本，有效整合国内外先进的水处理环保技术和东莞市强大的产业化能力，开展协同创新，打造国际先进、国内领先的水处理专业产业园区，推动创新集群建设，在高新区内形成新兴产业集群，推动区域经济可持续发展。

目前，以色列水务集团、以色列IDE海水淡化技术集团等近30家创新型企业已签署"国家水处理技术国际创新园"入园协议。

广东省与以色列政府的相关部门分别就加强高技术产业、科研创新、公交新能源等领域合作建立联合工作小组，在水处理技术、环保、新能源、基因测序应用、高能物理等领域推动联合攻关，务实高效推动重点领域的高层次合作。

东莞松山湖中以国际科技合作产业园开发建设。产业园首批引入12家水处理技术等领域的以色列企业，并将共建中以研发中心和联合知识创新中心。

以色列理工学院与汕头大学在特拉维夫签署合作办学协议，将在汕头合作设立广东以色列理工学院，同时搭建创新平台和中小企业创新园区，推动以色列科技人才、创新经验和先进技术落户广东。

---

① 广东统计信息网，见 http://www.gdstats.gov.cn/tjzl/tjgb/201605/t20160516_327975.html。

（3）广东省农业科学院等农业科研机构与国际水稻研究所建立了长期合作关系。先后从国际水稻所引进近 8000 份水稻突变体材料，培育出一批抗稻瘟病新品种（品系）。引进国际水稻研究所实地养分管理技术，通过合作，创新水稻"三控"施肥技术，成为广东继水稻抛秧技术以来第一个年推广应用面积超过千万亩的水稻栽培技术。近四年在广东和华南地区累计推广超过了 5000 万亩。国际水稻研究所的 Roland Buresh 博士因此获得广东省人民政府首届国际友谊贡献奖。

广东省农科院还与国际香蕉改良网络合作，先后从国际香蕉种质库引进 3 批共 185 份种质，选育出抗枯萎病、高产、优质的品种 9 个，累计推广面积 500 多万亩，产值 400 多亿元，为广东香蕉产业的健康发展作出重要贡献。

广东省农科院在与国际半干旱热带作物研究所长期合作基础上，研制出国内外第一张高密度花生基因芯片；构建了国内外第一张花生栽培种分子遗传连锁图谱，成功培育出抗黄曲霉花生品种。形成的"中国南方花生雨养地区花生增产技术"在广东及南方各省区推广应用，使雨养地区的花生产量提高 20%—30%，受到联合国粮农组织的好评。

（二）高新技术产品出口长期位居国内首位，科技实力雄厚，为国际科技合作奠定基础

2014 年，广东高新技术产品出口销售收入 2206.46 亿美元，高新技术产品产值 49256.22 亿元，比 2013 年增长 9.11%，连续多年保持全国第一。[①]

在广东高新技术产品出口结构中，根据商品的技术类型，计算机与通信技术类产品占主导地位；电子技术类产品作为第二大类高新技术出口产品，在整个商品出口额中的比重仍有所提高。

根据 2015 年的统计数据，广东省全年进出口总额 63559.67 亿元。其中，出口 39983.07 亿元，进口 23576.6 亿元。广东省高新技术产品贸易中，加工贸易出口额为 17472.85 亿元，占全省出口总额的 43.7%；一般贸易出口 17146.42 亿元，同比增长 11.7%，占全省出口总额的 42.88%。加工贸易对

---

① 广东科技统计，见 http：//www.sts.gd.cn/show.asp？ArticleID = 945。

广东高新技术产业以及外贸的发展具有重要的推动作用。①

广东高新技术产业在走向国际化的过程中，以市场为导向，以产品为龙头，将资金、技术、人才、信息、材料等生产要素进行全方位优化组合，形成了广东高新技术产业发展的多样化模式。一种是"中—中—外"模式，即利用国内科技成果，在国内实现商品化与产业化，将产品推向国际市场。第二种是"外—中—外"模式，即利用国外科技成果，在国内生产出产品再推往国际市场。第三种是"外—中—中"模式，利用国外科技成果，在国内生产出产品填补国内市场空白继而占领国内市场。第四种是"中—外—中"模式，即利用国内科技成果，在国外开发生产，产品在国内销售。自 1999 年开始的中国国际高新技术成果交易会成为广东高新技术企业内引外联的窗口，全省 2/3 的高新技术企业通过 ISO 系列标准及质量体系认证等国际质量认证，高新技术产品达到国际先进水平以上的超过 50%，广东正从高新技术产业大省向高新技术产业强省迈进。②

广东国民经济和社会发展统计公报数据显示，2015 年年末，广东省县及县级以上国有研究与开发机构、科技情报和文献机构 375 个。规模以上工业企业拥有技术开发机构 2811 个。全省科学研究与试验发展（R&D）人员 53.5 万人年（折合全时当量）。全省 R&D 经费支出约占 GDP 的 2.5%。

全年科技成果 2133 项，其中，基础理论成果 126 项，应用技术成果 1990 项，软科学成果 17 项。全年专利申请总量 355939 件，增长 27.9%；其中，发明专利申请量 103941 件，增长 38.3%；全年专利授权总量 241176 件，增长 34%，其中，发明专利授权量 33477 件，增长 50.3%；全年《专利合作条约》（PCT）国际专利申请量 15190 件，增长 13.9%。截至 2015 年年底，全省有效发明专利量 138878 件，居全国首位。全年经各级科技行政部门登记技术合同 17344 项，技术合同成交额 663.53 亿元。

2015 年，全省科技综合实力和自主创新能力稳步提升，区域创新能力综合排名连续 8 年位居全国第二，稳居第一梯队；科技投入不断增加，全省研

---

① 《2015 年广东国民经济和社会发展统计公报》，《统计公报》2016 年 2 月 29 日，南方日报数字报，南方网，见 http://baike.so.com/doc/95175-100499.html。

② 余赤思：《做好科技兴贸，促进贸兴科技》，《广东科技》2002 年第 10 期，第 38—39 页。

发（R&D）投入占 GDP 比重提高到 2.5%；关键核心技术不断获得突破，技术自给率达 71%。专利产出持续增长，广东珠三角国家自主创新示范区获批，成为推进全省经济结构战略调整和产业转型升级的重大平台。

全省高新技术企业 11105 家；高新技术产品产值 5.3 万亿元，增长 9%。拥有国家工程实验室 9 家，省级工程实验室 59 家，国家工程（技术）研究中心 23 家，国家地方联合创新平台 51 家；已建立省级工程研究中心 2014 家，国家认定企业技术中心 87 家，省级企业技术中心 831 家。拥有广东省战略性新兴产业基地 42 家。认定技术创新专业镇 399 个。全省共有国家产品质量监督检验中心 59 个；法定产品质量监督检验机构 4 个；省质监局授权产品质量监督检验机构 176 个；法定质量计量综合检测机构 20 个；法定计量检定机构 70 个；省质监局专项授权计量技术机构 20 个；标准化技术机构 11 个；特种设备综合检验机构 24 个。截至 2015 年年底，获得实验室资质认定审查认可授权（验收）证书机构 171 家，获得资质认定计量认证的实验室 2215 家，获得质量、环境、职业健康三大管理体系认证企业 82444 家，获得 3C 产品认证的企业 15252 家。

2015 年，全省共有天气雷达 12 部，比 2014 年新增 2 部。卫星云图接收站点 2 个。共有地震台站 77 个，地震遥测台网 9 个。全省近岸海域各类海洋观测、监测站点 850 个（含各县局）。测绘部门共出版地图 82 种，出版测绘图书 9 种。①

（三）国际科技合作发展不平衡

目前，广东技术引进的 80%、高技术产品出口的 65%、国际科技会议的 90% 集中在深穗两市。目前广东与国外相关科研机构建立各类研发平台，开展应用基础研究和联合开发，提升广东相关科研机构研发和创新能力，构建开放型区域创新体系。广东通过与海丝沿线国家组建联合实验室、联合研究单元、技术转移机构等多种方式，合作共建研发平台。上述所有的研究中心

① 《2015 年广东国民经济和社会发展统计公报》，《统计公报》2016 年 2 月 29 日，南方日报数字报，南方网，见 http：//baike. so. com/doc/95175 - 100499. html。

和试验室大多集中在珠江三角洲地区。

目前为有效对接国际创新资源，全面推进珠三角国际科技合作与交流建设，佛山高新区、东莞松山湖区都积极加强和国外的合作，为其产业集群引进技术、人才和项目，包括引进国外大学和科研机构的科技成果与本地企业对接、引进国际创新人才团队、引进国际合作项目、寻求国际著名大学和科研机构建立研发机构和技术平台的机会、协助企业在贸易投资等方面拓展国际市场、组织本地的企业精英赴国外培训等。

从上述布局来看，广东与海丝沿线国家的国际科技合作与交流的发展呈现地域不均衡性。

（四）广东在对外科技合作中的优势突出

广东作为中国改革开放的先行省份，经济基础雄厚，在与海丝沿线国家进行科技合作与交流中具有的优势突出，主要表现在：

1. 经济优势

广东由于改革开放较早，经济积累较多，经济基础雄厚，具有明显的外向型经济的特征。同时和东南亚、南亚等国交往又具有得天独厚的地域优势，因此在经济上具有持续发展的优势，能够充分发挥贸易网络带动科技发展的优势。在科技合作方面具有资金上、资本上的便利。

2. 政策优势明显

广东在国际科技合作方面进行了持久的发展，在推进与海丝沿线国家的合作中有重点任务和重点地区以及优势方向，同时在人才和资本结构中也相应出台了一系列相关的政策措施，如广东省科技厅出台系列重大创新政策法规，全面深化科技体制改革。出台《关于全面深化科技体制改革加快创新驱动发展的决定》、"科技创新 12 条"等高含金量的政策文件，出台全国第一部鼓励创新的地方性法规《广东省自主创新促进条例》等，这些政策带有明显的前瞻性，引领了广东国际科技合作道路的发展方向。[1]

---

[1] 朱文博浩、孙波：《广东与海丝沿线国家科技合作与交流研究》，《广东科技》2016 年第 6 期，第 47—49 页。

3. 区位优势明显

广东省地处珠江三角洲，经过改革开放具备了完善的基础基建设施和雄厚资金优势。海上丝绸之路经由中国东南、西南沿海地区转入印度洋、太平洋，再联通到西亚、北非、东非和大洋洲等地区。具有明确的地缘优势和区位优势。2016 年 2 月 19 日，国务院原则上同意了《广州市城市总体规划（2011—2020 年）》。在批复文件中，广州被定位为"我国重要的中心城市、国际商贸中心和综合交通枢纽"。这是广州城市定位首次上升到全球、国际层面的体现，是广州近几年来定位最高的一次。根据国务院的意见，广州要当好改革开放排头兵、创新发展先行者，以制度创新为核心，建设好自贸区，贯彻"一带一路"建设等国家战略，将自由贸易试验区建设成为粤港澳深度合作示范区、"21 世纪海上丝绸之路"重要枢纽和全国新一轮改革开放先行地。目前广东省所依托现代化优势的高效港口和发达的交通运输工具，为广东省与海丝沿线国家开展国际科技合作与交流提供了重要的物质支持和地域依托，成为国内参与海上丝绸之路建设最便利的省份之一。

三、广东实施国际科技合作的主要任务、重点领域及重点国家（地区）

（一）主要任务

1. 广泛利用资源，形成区域合作的新格局

根据《广东中长期科技发展规划纲要》的规划发展，目前广东国际科技合作，特别是与海丝沿线国家的科技合作与交流主要发展格局如下：（1）发展和利用东盟、南亚以及阿拉伯国家的国际科技资源，实现重点突破。（2）进一步扩大与新加坡、马来西亚等国家的双边合作，力争在基础研究、前沿技术、高技术及其产业化等领域取得实质突破。（3）进一步扩大与西亚、北非、东非各国的合作领域，取长补短，优势互补，共同发展。（4）不断扩大技术援助和技术输出，开展技术服务和技术培训，帮助科技型企业开拓市场。

（5）深化与阿拉伯国家的科技合作，特别是在能源方面的技术合作。（6）加强与东盟、亚太经合组织、经济合作与发展组织等国际组织与国际专业组织的合作与交流，不断开辟新的国际科技合作与交流渠道。①

2. 通过政府支持实施重点国际科技合作项目

（1）在政策执行层面上，通过在省内各级科技计划项目的管理中增加国际科技合作计划项目的数量和经费，将国际科技合作当成科技计划项目的重点支持领域。（2）围绕广东中长期科技发展规划推进各项重要任务和科技专项，鼓励广东省内有关企业、高校、科研院所积极参与国家和广东省的重点国际科技合作计划及双边项目。（3）加强各界与海丝沿线国家科技合作伙伴及其相关科研机构的联系往来，积极实施重点国际科技合作，并纳入到政府科技合作计划中来。

3. 利用国际智力资源，引进海外顶尖科技人才

积极拓展国际科技交流范围、探索建立长效的人员交流机制，充分利用国际智力资源，积极结合广东实际，做到发现一批，引进一批。从政府层面积极实施"引智"计划，建立国际人才引进专项基金，吸引具有海外背景的顶尖科技人才，引进一批顶尖的海外专家、学科带头人和优秀团队来粤工作或开展合作研究、学术交流和技术服务。大力资助国内高级科技人才、科技领军人才参与国际科技合作研究与学术交流。努力办好各类留学人员科技园、创业园，完善落实各项优惠政策，发挥广东侨乡优势和对外开放经济优势，吸引留学人员归国创业或就业。

4. 建设国际化的产学研科技合作基地

根据广东科技教育发展需要，依托有优势、有特色的重点高校、科研机构和科技型企业，建立一批高水平的国际合作研究中心、联合实验室或研发基地，强化在前沿技术和基础科学领域的合作研究。同时吸引外资企业、著名大学和科研机构在广东设立区域总部、研发中心等研发型分支机构。通过建设国际科技合作基地的模式，有效实施人才—资源技术—服务平台，形成"国际化产学研"基地，展现国际科技合作新模式。

---

① 洪凯：《广东国际科技合作的对策研究》，《科技管理研究》2009 年第 6 期，第 191—193 页。

5. 大力加强对外科技援助的渠道和形式

目前广东省有的产业已经出现产能过剩，比如电力设备等，目前已经开始向非洲等国转移技术设备。在农业及农产品加工、信息通信、医药及中医药、医疗器械以及一般制造业等领域，也开始逐步向东盟、中亚、南亚国家转移推广，派出相关科技专家对这些国家和地区科技人员进行多种形式的技术培训等。同时和海湾阿拉伯国家积极在能源和资源开发等方面进行技术合作。通过这些合作，不仅扩大技术和服务输出，同时有利于我们过剩的产能转移，又推动了高技术产品出口。

6. 加强政府间科技政策和管理等领域的国际合作

鉴于与海丝沿线国家的科技交流频繁，加强科技发展政策、科技管理等领域的合作，不仅可以提高区域间科技合作与交流的水平，还有助于推动区域间的协调发展和经济发展。目前主要的措施是和国外政府机构建立经常性的合作与交流机制，开展合作研究。通过政府间的合作互派访问学者、建立科技信息及科学数据共享机制等。积极推动民间科技合作与交流，积极吸收国外先进的研究成果和经验，为提高广东科技决策现代化水平提供依据。

7. 加强和国际财团的联系和技术交流

国际财团由于资金实力强大，技术力量雄厚，一直在国际经济合作与交流中扮演重要角色，广东既需要与海丝沿线国家的交流与合作，也需要加强与西方主要国家的交流与合作，同时利用财团的资金和技术优势，可持续地发展广东与海丝沿线国家的科技交流与合作。2000 年以来广东电子等信息科技的发展就和国际财团的加入密不可分，2015 年南沙跨境电子商务开通后至今一直就有香港财团的加入，为跨境电子商务的发展提供不同程度的支持。

（二）广东开展国际科技合作的重点领域

1. 能源、水资源和环境保护技术

包括：石油、天然气的开采与综合利用技术等清洁能源技术，风能、太阳能、生物质能等可再生能源技术，先进核能开发与利用，节能和资源节约技术，清洁生产和循环经济，水资源优化配置技术、重点流域水污染防治技术与示范、节水技术、海水淡化及综合利用技术以及复杂金属矿采选冶关键技术等。

2. 生物技术

包括：重大慢性疾病与传染病防治技术、中医药新制剂与中药制约工艺与设备、生物技术药物、重大疾病防治药物、生物催化和生物转化技术、新型医用精密诊断及治疗仪器、海洋活性物质。

3. 现代农业技术

包括：农产品加工技术，绿色农业、节水农业技术，现代农业技术开发、集成与农业机械化、信息化技术，农村社区生活环境综合整治技术、农村绿色住宅建设技术，粮食单产及综合生产技术，农林生物质综合利用技术，农村新兴产业发展技术，农村生态环保技术，农村社区资源循环利用和可再生能源技术以及农村饮水安全技术等。

4. 信息技术

包括：基于下一代移动通信系统的系统设备、终端产品、专用芯片及应用软件，适应新一代高速宽带信息网的网络产品、数字音视频技术与产品，高端家电，光传输技术与产品，新型显示设备及材料，新型电子元器件等数字家庭产品和技术；基于 LINUX 的中间件与应用软件，面向网络公共系统的支撑服务平台、资源管理平台以及应用平台软件，应用软件，嵌入式软件，信息安全产品与系统，超大规模集成电路设计等软件与集成电路关键技术等。

5. 重大设备制造技术、绿色制造技术与先进制造关键技术

包括：流程工业的绿色化、自动化及装备制造技术、制造业信息化集成技术与系统、射频标签技术、智能机器人技术、极端制造技术以及微纳制造技术与工艺等。

6. 新材料关键技术

包括：环境友好材料、特种功能材料、高性能陶瓷结构材料、新型建筑材料、特种工程塑料及新型催化剂等。

7. 现代服务业关键技术专项

包括：电子商务、电子政务、金融保险、现代物流、智能交通管理系统和信息增值服务。

8. 基础科学与前沿技术

包括：纳米技术、空天技术、海洋技术、基础学科和科学前沿的重大问题。

（三）重点国家（地区）

根据广东的特点，当前广东和海丝沿线国家主要的交流合作伙伴中，主要通过实施"引进来"和"走出去"以及对外科技援助三种方式进行对外合作与交流，三种方式的主要国家和地区主要包括：

表4-1　三种方式的主要国家和地区

"引进来"的重点国家（地区）	日本、韩国、新加坡、马来西亚等
"走出去"的重点国家（地区）	印度、巴基斯坦、海湾国家等
对外科技援助的重点国家（地区）	越南、泰国、印尼、缅甸、菲律宾、墨西哥等

（四）广东省的重点区域

广东省由于地域发展的不平衡，因此在和海丝沿线国家开展国际科技合作与交流中，合作内容和合作方式也有所不同，主要的重点区域如下：

1. 重点发展城市：广州市、深圳市

因为两城市经济基础雄厚，在国家一线城市中定位明确，科技文化水平较高，科研院所和高等院校较多，因此是目前对外科技交流的主力军，居于龙头地位。

2. 粤港科技创新走廊区

这条走廊主要在香港—深圳—东莞—广州，通过发挥港澳台的优势，依托产业基础、资金优势、供需条件和创新产品等，形成了一个定位明确、极富特色，在中国有相当大影响力的国际科技合作走廊示范区。产生了华为、大疆等一批国产高科技产品远销海内外的企业，也产生了东莞松山湖区等有影响的高科技园区。

3. 珠三角平台创新区

目前主要在广州深圳的辐射影响下，在珠三角地区产生了一批开放型区域创新体系下的科技平台。主要有广东工业技术研究院与蒙博里亚技术大学建立的"中法表面工程联合实验室",中科院广州地化所、城市环境所和英国兰开斯特大学共建的"环境研究与创新中心",伯明翰大学广州中心,佛山高新区与英国牛津大学共建的 ISIS 创新中心,深圳清华大学研究院共建的中英 ISIS 联合发展中心等。①

四、广东开展与海丝沿线国家
科技合作的模式研究

为了在更大范围、更广领域、更高层次上参与国际科技合作和竞争,各国际科技合作载体通过积极布局与建设国际科技合作交流平台、扩大对外科技合作交流层次,深化科技合作交流领域和充分利用国际科技资源。广州市作为广东的省会,具有得天独厚的科技优势,为广东国际科技合作与交流作出了巨大贡献,通过各科技合作载体的积极参与,广州市开展国际科技合作的综合竞争力在所分析的 18 个城市(包括直辖市和部分副省级城市)中排名第五,也为广东更深入地开展国际科技合作的模式选择提供了重要参考。同时广州科技合作模式的案例也是国内学者讨论较多的,因此在探讨广东模式时,广州模式可以作为一种典型的代表。

(一)广州市开展国际科技合作的现有模式分析

广州市开展国际科技的主体分为政府科研机构、高校和科技型企业三类,不同的国际科技合作主体结合自身的实际情况采用不同的国际科技合作模式参与国际科技合作活动。

1. "哑铃型"国际科技合作模式

"哑铃型"国际科技合作模式最早是根据广东科技和产业发展的实际情况与独联体国家国际科技合作的特点,创造性提出的国际科技合作新模式。指

---

① 《开放创新的广东国际科技合作新格局》,《科技日报》2015 年 3 月 7 日。

在国内和国外两地同时建立"功能互补，两边一体"的研发机构和功能齐全的辅助机构，把国内外两端的合作网络做强、做实、做大，并使两个网络结构结合得更紧密，更高效地完成国际间先进技术的相互引进、消化、吸收和再创新，以及产业孵化等。既为创新型广东和创新型广州城市建设提供强有力的科技支撑，也为合作方提供共赢的、长足发展的战略平台。"哑铃型"国际科技合作模式也是位于广州市的"广东独联体国际科技合作联盟"所特有的一种国际科技合作模式。其特点是整合国内与独联体国家如俄罗斯、白俄罗斯和乌克兰等国家的优势资源，建立国内外研发机构和合作网络，将两端合作网络做强做实做大，并使两个网络紧密结合，为建设创新型广东而提供强有力的科技支撑。①

"广东独联体国际科技合作联盟"作为一种创新型的国际科技合作交流模式，通过将"政府—企业—学院—研究机构—金融"结合，围绕广东省企业的技术引进需求，充分发挥国际技术供需的桥梁和纽带作用，作为新型的国际科技合作平台，为企业开展跨国技术转移和人才引进提供咨询、评估、洽谈、跟踪等全程服务，重点吸收独联体国家中俄罗斯、白俄罗斯和乌克兰等国家的技术、人才向企业汇聚，促进独联体先进技术成果在广东省实现产业化。

2. 高校开展国际科技合作的主要模式分析

（1）国际学术会议互动模式。国际学术会议是指高校与国（境）外高校之间或高校与国（境）外科研单位之间为了促进科学在国际间发展，以会议的形式，基于不同国籍学者对同一领域的研究成果围绕高互动性、权威性和高知识性的学术性话题进行互动交流，以分享各自的研究成果。举办国际学术会议也是高校间进行国际科技合作与交流的初级和主要模式之一。举办国际学术会议或者出国（境）参加国际学术会议不仅可以使高校在国际上展现实力和扩大影响，而且可以学习到特定领域最新的研究成果和世界先进经验。同时，作为水平高、规模大的国际学术会议的主办方，还可以推动自身的学

①　老墨、毛道伟：《对外科技合作计划申报指南》，《广东科技》2011 年第 3 期，第 11—14 页。

科建设。[①]

（2）引智模式。引进智力简称为引智，是指为了开展广泛而深入的学术合作与交流研究，打造一组具有国际视野和国际竞争力的学术团队而从国外聘请具有较高资质的外籍专家或专家团队，通过与外籍专家的专业知识和思维方式互补，从而提高学校的学术能力和国际影响力。高校整体实力的不断增强和国际化程度的不断加深，使通过引进智力来提高自身学术水平越来越受到重视。引进外籍专家或专家团队，所引进的不仅仅是某一领域的专业知识，同时也引进了不同的思维方式、先进的管理知识及经验，这些对于一个在激烈的国际环境中竞争的高校是非常必要的。[②]

（3）联合培养留交互换模式。联合培养留交互换模式指为了促进学生多元化发展和具有海外学习经历，相互合作的伙伴院校之间互派学生至合作院校接受全然不同的教学方法和理念，让交换学生体会国内外教学的差别，取长补短、兼收并蓄，由合作院校共同完成培养留学生的一种国际科技合作与交流模式。该模式根据院校或交换目的的不同而在时间上有所差别。在广州合作开办学院进行合作办学，开展联合教育培养和合作科研，是联合培养模式的深化版。

（4）合作研究平台模式。合作研究平台模式指为了拓展国际科技合作交流渠道，加强自身与国（境）外高校或科研机构之间的交往与联系，通过搭建高层次项目合作平台，实现资源共享和人才共用，凝聚优势力量开展国际前沿课题研究，从而推动高校与国（境）外高水平研究机构的交流与合作的模式。建设合作项目合作平台作为载体，高校可立足于科研高地来提升自身的国际学术影响力。

（5）国（境）外校际合作办学模式。国（境）外校际合作办学模式指为了促进高校与国外高校之间学术文化交流，帮助更多的人学习中国的历史文化，更好地了解中国和广东，根据国家的部署，各校发挥学校的专业优势，

---

① 王世豪、龚维进：《广州市开展国际科技合作的模式研究》，《中国商贸》2013 年第 11 期，第150—151 页。

② 王世豪、龚维进：《广州市开展国际科技合作的模式研究》，《中国商贸》2013 年第 11 期，第150—151 页。

为两国人民的相互了解而在海外开办学院。海外开办的学院本质上是搭建了一个方便两国人民相互了解的平台。

3. 企业开展国际科技合作的主要模式分析

（1）产学研用合作模式。产学研用合作模式是指企业为了适应国内外激烈的竞争，主动与国内外高校、科研机构、企业等开展合作，实现生产、教学、研究和运用的体统合作，整合利用全球科技资源来提高自主创新能力，增加自身国际竞争力的一种国际科技合作模式。

（2）团队引进模式。团队引进模式是相对引进单个外国专家或技术而言的，指在引进国外专家或技术的同时引进该专家的研究团队，从而更好地开展国际科技合作。团队引进模式最大的优点是解决了不同国家间的知识产权问题，引进国外研发团队即拥有了国际科技合作的研究成果。同时，因为所引进的研究团队在工作中熟悉彼此的特性，可充分发挥团队合作与协调方面的优势，更易专注于科技合作，提升科技合作效率。

（3）搭建国际科技合作平台模式。搭建国际科技合作平台模式指通过建设载体如广州科学城、番禺节能科技园等引进企业入驻开展国际科技活动或者通过举办留交会、中国广州国际创新博览会、项目推介等方式开展国际科技合作。搭建国际科技合作平台模式是广州市开展国际科技合作最主要的方式之一。具体包括载体平台建设和以宣传为契机搭建国际科技合作桥梁。广州市在开展国际科技合作过程中注重科技合作载体的建设。[①] 目前广州市拥有的国际科技合作载体平台有：广州国际生物科技合作交流中心、中乌巴顿焊接研究院、天河智慧城、广东独联体国际科技合作联盟、广州大学城科技园、广州知识城、广州国际生物岛、番禺技能科技园、即将成为国家及开发区的南沙 CEPA 先行先试综合示范区等。载体的建设积聚了高端要素，促进了国际科技合作中的自主创新能力的提升和新兴产业的发展。以宣传为契机搭建国际科技合作桥梁指为了充分利用国际科技资源，由政府等承办大型科技活动，以寻帮助开展国际科技合作的主体寻找更多的合作对象、拓展合作渠道

---

① 王世豪、龚维进：《广州市开展国际科技合作的模式研究》，《中国商贸》2013 年第 11 期，第 150—151 页。

和领域等，加强企业参与国际科技合作和掌握核心技术，提升企业的国际竞争力。搭建国际科技合作的主办方可以使政府也可以是国际科技合作平台。

（4）战略目标导向模式。战略目标导向模式指为了实现产业结构向高层次转型，采用技术创新和模式创新的"双引擎驱动"推动战略性新兴产业的发展，政府部门通过对一些新兴产业的科技型企业进行引导而采取的特殊国际科技合作模式。战略目标所引导的都是一些具有高科技含量和前瞻性的行业，如生物技术、节能和新能源、新材料、先进制造、新型显示、软件和信息服务业等。

（5）创新要素融合模式。创新要素融合模式指将高级专家、先进知识、世界前沿技术、资本等各种创新要素进行有机融合，优化创新资源配置，推进技术创新前沿化和产业价值高端化，实现自身产业向高层次转型的一种国际科技合作协同创新模式。创新要素融合模式是针对广州市产业层次偏低、自主创新能力不强和人口、资源等一系列制约性因素而进行的技术创新、模式创新。

表 4-2   不同的创新模式及其优势

模 式	优 势
产学研用 合作模式	培育和发展战略性新兴产业，改造提升传统和优势产业，推进成果的产业化和所能带来的经济收益
团队引进模式	解决不同国家间的知识产权问题 引进国外研发团队即拥有了国际科技合作的研究成果 发挥团队合作与协调方面优势，专注科技合作，提升科技合作效率
搭建国际科技 合作平台模式	促进国际科技合作中的自主创新能力的提升和新兴产业的发展 充分利用国际科技资源 加强企业参与国际科技合作和掌握核心技术，提升企业的国际竞争力
战略目标 导向模式	高科技含量和前瞻性的行业，产业结构向高层次转型，技术创新和模式创新
创新要素 融合模式	优化创新资源配置，推进技术创新前沿化和产业价值高端化 协同创新、技术创新、模式创新

（二）深圳市开展国际科技合作的现有模式分析

深圳作为中国改革开放的特区和一线城市，在政策制定上有别的广东城市所不具备的优势，它除了具备广州国际科技合作模式的基本特点外，还有以下模式可供借鉴：

1. 国家部委的科技支持

改革开放以来，各部委在深圳都设置有建设窗口，通过深圳加强和海外合作，和海丝沿线国家的科技合作成为一个突破合作模式框架，不断拓展合作新领域、构建合作新模式，建设国际科技、产业创新中心，实施创新驱动发展战略的新机制。

2. 高科技研究院和国际化大学园区的建设

2014 年 6 月 4 日，深圳建设国家自主创新示范区获批，成为我国首个以城市为基本单元的国家自主创新示范区。目前建设有一批高科技的国际合作园区，有深圳高新技术产业开发区、深圳虚拟大学园、深圳先进技术研究院、国家超级计算深圳中心（深圳云计算中心）、深港创新圈，还有国内高校建设有独立的研究生院，见表 4 - 3。

表 4 - 3　研究生院校

序号	院校名称	创办时间	学校类型	主管部门
1	北京大学深圳研究生院	2001 年	研究生院	深圳市政府、北京大学
2	清华大学深圳研究生院	2000 年	理工	深圳市政府、清华大学
3	哈尔滨工业大学深圳研究生院	2002 年	综合	深圳市政府、哈尔滨工业大学
4	清华—伯克利深圳学院	2015 年	综合	深圳市政府、清华大学、加州伯克利大学

这些园区和独立的研究生院的建立对深圳开展科技的国际合作与交流产生了积极的影响。

3. 建设中国科技第一展，通过展会平台提升合作空间

中国国际高新技术成果交易会（简称高交会）由中国商务部、科技部、工信部、国家发改委、农业部、国家知识产权局、中国科学院、中国工程院等部委和深圳市人民政府共同举办。每年在深圳举行，是目前中国规模最大、最具影响力的科技类展会，有"中国科技第一展"之称。目前高交会集成果交易、产品展示、高层论坛、项目招商、合作交流于一体，重点展示节能环保、新一代信息技术、生物、高端装备制造、新能源、新材料、新能源汽车等领域的先进技术和产品。经过多年发展，高交会已成为中国高新技术领域对外开放的重要窗口，在推动高新技术成果商品化、产业化、国际化以及促进国家、地区间的经济技术交流与合作中发挥着越来越重要的作用。目前高交会为众多企业带来良好收益。微软、IBM、索尼、高通、三星、惠普、西门子、东芝、甲骨文、LG、日立、松下等 60 多家跨国公司先后多次参展，腾讯、同洲电子等一大批优秀中国民营企业从这里走向世界。高交会也成为海内外媒体关注的焦点。每届展会有近 200 家海内外媒体的 1500 多名记者参与报道。不仅包括中国媒体，也有来自美国、日本等海外主流平面媒体，以及众多网络专业媒体。借助高交会，深圳的对外科技合作交流更加频繁，成为中国对外科技合作与交流的一道亮丽风景线。

截至 2016 年年底，根据深圳市科技创新委员会的数据显示，2016 年深圳高新技术产业实现增加值 6560.02 亿元，同比增长 12.18%。全社会研发投入超过 800 亿元，占 GDP 的比例提高至 4.1%。PCT 国际专利申请量累计 1.9647 万件，同比增长 47.63%，占全国的 46.59%；全市国内发明专利申请量和授权量分别为 5.6326 万件和 1.7665 万件，分别同比增长 40.7% 和 4.2%。新增国家高新技术企业 2513 家，新引进"孔雀计划"创新团队 23 个，新增各类创新载体 210 家，新成立新型研发机构 23 家，培育了 66 家创客服务平台和 237 家创业孵化载体。深圳当前重要的科研机构如表 4-4 所示。

表 4-4　深圳市科研机构一览表

序号	科研机构名称	联系人	联系电话
1	深圳大学	陆春一	0755-26536206
2	南方科技大学	杨春林	0755-88010357
3	北京大学深圳研究院	马涤心	0755-26737450
4	深港产学研基地	马涤心	0755-26737450
5	深圳清华大学研究院	魏雅茹	0755-26551359
6	深圳航天科技创新研究院	胡韫良	0755-26727184

序号	科研机构名称	联系人	联系电话
7	深圳先进技术研究院	陈杰凤	0755 – 86392068
8	北京大学深圳研究生院	孟祎	0755 – 26035633
9	清华大学深圳研究生院	张新旻	0755 – 26036336
10	哈尔滨工业大学深圳研究生院	张妍	0755 – 26033775
11	香港大学深圳研究院	孙小婷	0755 – 86338205
12	香港科技大学深圳研究院	陈绮东	0755 – 22673601
13	香港浸会大学深圳研究院	姚彦丽	0755 – 26994942
14	香港理工大学深圳研究院	冯理	0755 – 22673889
15	香港城市大学深圳研究院	陈俊铎	0755 – 86581566
16	香港中文大学深圳研究院	徐文生	0755 – 86920012
17	深圳华大基因研究院	袁利玲	0755 – 25273275
18	深圳光启高等理工研究院	许毓钦	0755 – 86135706
19	深圳市圆梦精密技术研究院	欧阳渺安	0755 – 26551168 – 8018
20	深圳市微纳集成电路与系统应用研究院	何越文	0755 – 86181061 – 607
21	深圳市检验检疫科学研究院	吴绍精	0755 – 25985636
22	深圳无线电检测技术研究院	李晓帆	0755 – 83888166

资料来源：深圳市科技创新委员会网站，见 http：//www. szsti. gov. cn/services/research/important。

（三）现有国际科技合作模式存在的问题及因素分析

广州和深圳通过国际科技合作在取得国际科技合作成果的同时，也存在一些问题和制约性因素，这些问题包括：

1. 人力资本不足

在广州市现有的国际科技合作模式下，国际科技合作竞争力强弱的根源在于科技人才的竞争。从因子分析的结果看，开展国际科技合作的科技和知识的软投入的方差贡献率高达23.674%，足以说明一个地区的人才存量和知识存量对该地区国际科技合作产出的重要程度。截至2014年年底，广州大专以上学历的人才总量约288万，研究生学历以上人才资源总量约17万，党政人才资源总量7.62万（本科以上学历占总量的75.7%；研究生以上学历占9.5%），专业技术人才资源总量140.9万，技能人才资源总量212.2万（其中高技能人才 64.2 万人，占技能劳动者的比例为 30.3%，高于全国、广东省平均水平）。截至 2016 年 2 月，广州市中央"千人计划"入选者 172 人，"万人计划"入选者 42 人，"珠江人才计划"引进创新创业团队 45 个，两院院士 35 人。①

广州地区汇集了广东省 2/3 的高校、77% 的科技研发机构和全部国家重点实验室，拥有科学城、大学城、国际生物岛等一批创新创业基地，科研人才集中，产学研平台载体众多，具有极大的创新能力释放空间。在开展国际科技合作的科技和知识软投入方面，广州应充分发挥这些优势，支持各类基础研究和产业化应用研究，发挥人才优势，推动产生更多更好的原始创新成果，为全市创新驱动提供"源头活水"。

2. 平台建设相对滞后

国际科技合作载体是连接国内科技人才和国外科技人才的纽带，广州市开展国际科技合作的载体平台相对较少。通过因子分析可知，开展国际科技合作的环境包括载体平台的建设，而且载体平台的建设对国际科技合作的产出贡献率达到了 27.063%，说明载体平台建设对开展国际科技合作也是十分重要的。广州市召开国际级别的国际学术会议和展览的数量较少。仅 2012 年北京市举办的国际学术会议和展览共有 75 次，在上海举办的国际学术会议和展览共有 35 次，而广州市举办的国际学术会议和展览次数仅为 3 次。广州市拥有高层次的国家实验室、国家重点实验室和国家工程技术研究中心较少。截至 2015 年 11 月，广州市共有新型研发机构 28 家，工程技术研究开发中心 813 家（国家级 18 家，省级 548 家），各级重点实验室 337 家（国家级 17 家，省级 196 家），数量均居广东省第一。但与北京、上海和深圳等国内一线城市相比，在国家级的实验室、研究中心和高新技术企业数量上都有一定差距。

3. 政策支撑与引导不到位

国际科技合作顺利地开展需要政府政策的支撑和引导。政策是政府部门发布的、必须遵守的制度，国际科技合作主体必须在政府的政策下开展国际科技合作。以人才政策为例，广州人才引进政策有待完善。相对于中共中央

---

① 《高技能人才占比高于全国（组图）》，《广州日报》2016 年 2 月 29 日。

办公厅在 2008 年转发的《中央人才工作协调小组关于实施海外高层次人才引进计划的意见》即"千人计划"、兄弟省市如上海市浦东新区探索建立的"浦东国际人才创新试验区"即"1116 计划"、深圳市的"孔雀计划"、无锡市引进领军型海外留学归国创业人才计划的"530 计划"等，广州市人才引进政策需要完善。[①]

2015 年，广州高校学生储备人才超过北京、上海，列全国第一。但与此同时，广州仍然存在高层次人才总量偏少、领军人才和复合型高端人才不足的问题。

根据目前掌握的最新数据，北京、上海和南京两院院士人数分别为 969 人、202 人和 79 人，而广州仅有 77 人（含双聘院士）；北京和上海入选国家"千人计划"的人数分别为 770 人和 626 人，而广州只有 172 人，比南京的 185 人还少 13 人，与广州"第三城"地位有差距。而从人才分布看，企业是创新的主体，广州人才大部分集中在高校、研究机构、政府等机关事业单位，说明广州的人才直接参与创新驱动发展的程度仍有待提高。[②]

4. 制度创新能力不够

这里的制度是相对于政府制定的政策而言的，主要是从企业自身制度去考虑限制其开展国际科技合作工作的因素。企业对国际科技合作的重视程度相对不足。中小型企业尤其是民营企业国际科技合作观念淡薄。相对于自主创新而言，广州市部分企业受长期引进技术的影响，具有一定的路径依赖，缺乏国际科技合作意识和自主创新能力。企业开展国际科技合作的积极性有待提高。在政府创造国际科技合作平台的同时，企业应积极主动地参与国际科技合作工作。

（四）加强与海丝沿线国家的科技合作模式建议

开展国际科技合作具有多种模式。部分省市在开展国际科技合作的过程

---

① 陈敏、任永花：《无锡 530 人才引进计划对地市人才工作的启示》，《科技管理研究》2012 年第 6 期，第 143—145、153 页。

② 《广州嵌入全球创新体系打造国际科技创新枢纽》，中国广州网，见 http：// scholar. google. com/schhp？ hl = zh – CN&as_ sdt = e2。

中，积累了丰富的经验。总结京津沪苏等国内开展国际科技合作成果较好的地区的经验，选择最为合适自身城市发展的重点开展与海丝沿线国家的国际科技合作模式，是广州急需解决的重点。

1. 大力拓展"哑铃型"国际科技合作模式

"哑铃型"国际科技合作模式作为广州市参与国际科技合作的最成功和标志性的国际科技合作模式，在广州市开展国际科技合作的过程中发挥了不可替代的作用。在和海丝沿线国家合作中，应大力拓展"哑铃型"国际科技合作模式。加大力度培育和打造"哑铃型"国外一端，对国内的一端来说具有重要的现实意义和应用价值，有利于开展国际科技合作活动并实现科技成果的产业化。

2. 海丝沿线国家主要是"强—弱"模式

当前广州市目前国际科技合作主要集中在"强—强"或"弱—强"联合下开展的。主要集中在自身的优势专业和合作对象的优势专业之间开展的合作，即"强—强"联合型的国际科技合作模式；或者是通过引进外国专家提升自身优势专业的国际竞争力，即"弱—强"联合型的合作模式。从企业开展国际科技合作看，主要是通过引进先进技术或引进外国专家或专家团队，进行项目合作，也是一种"弱—强"型合作模式。和海丝沿线国家的科技合作中，"强—弱"型国际科技合作模式占据主流，主要表现在：广州将不具备竞争优势、产能过剩的非核心科技输往科技较弱的国家和地区，获取技术出口收入。因为和海丝沿线国家相比较，广州具备有一定的科技条件优势，具备一定的"强"势地位。

3. 政府支持下平台创新的建设模式

平台的建设为企业开展技术交流和参与国际科技合作提供了现实的基础。当前广州市国际科技合作平台主要是以政府为主体建设的。除了政府间科技科研平台的构建外，企业与高校之间也在政府的政策引导下，通过各种不同的项目，引进外资和技术，对企业而言应进行新产品开发、技术研发和推广应用，实现科技成果的产业化。对高校而言应实现科学技术的联合攻关和科学研究，继而带动相关产业、上下游产业的国际科技合作，实现示范效应。最终实现可独立运行的国际科技合作载体，独立进行国际科技合作。

如广州市增城区在创新载体建设上，目前现有的孵化器业态较为低端，以传统产业转型发展电子商务为主，拥有科技创新项目或高新技术专利项目较少，成长性较差。为此，增城区推出创新驱动"1＋4"系列政策，涵盖了企业创新能力、科技成果转化、源头创新、创新创业环境四大板块，对高新企业培育、创新平台建设、孵化器发展、科技金融结合、专利资助等多方面给予扶持奖励。

同时，大力引进珠江国际智能科技产业园项目，项目计划获得总投资53亿元，用地635亩，涵盖了科创金融、工业研发、生命健康、品牌服装研发等综合产业，打造以科技研发为核心，成果转化为目的，产业升级为使命的广州东部首席智能科技产业成果转化园区。项目建成后，计划可引进国内外高端科技研发企业、国际贸易企业、配套服务企业500家以上，对加快工业转型升级、推动高新技术产业发展、培养新兴产业和新业态起到积极作用。

4. 选择性逆向外包合作模式

根据技术差距理论，如果落后地区具有追赶先进地区的两个条件：社会能力和技术一致性，最终落后区域可以通过模仿领先区域的技术等赶上先进区域。根据罗默和卢卡斯的"以内生技术变化"为核心的长期增长模型，通过开展国际贸易（在此将研发外包看成技术进口），可以节约一大部分研发费用，促进产业结构升级。针对广州市已经积聚一定的国内外科技人才和积累了一定知识存量，但缺少高层次人才和国际科技合作载体不够多及国际科技合作知识和技术的软投入不足的现状，可充分发挥广州市部分大中型企业和规模以上企业科技研发能力较弱但资金实力雄厚的优势，选择性地将缺乏关键领域的高层次人才、自主研发风险较大或研发过程中失败可能性较大的科技领域直接外包给国外科技研发机构，通过直接收购国外的科技研发机构、投资建立国外研究院等方式，直接利用国外科技资源、高层次人力资源和国外创新环境在境外开展国际科技合作，从而提升自主创新能力和获取创新产品。采用选择性逆向外包合作模式开展国际科技合作，在获得研发外包的科技成果后，可以对国外科研成果实现产业化，利用产业化的收益为研发外包提供资金保障。同时，在外国研发成果的基础上进行二次开发，开发新产品等，最终提升自身的国际竞争力。

目前，广州市已认定了天河软件园、黄花岗科技园、广州开发区、南沙开发区、番禺区以及白云区国际单位六大服务外包示范园区，其中：天河软件园重点发展通信信息、数字内容创意、软件外包、金融创新服务及电子商务；黄花岗科技园则以信息技术的综合应用为核心，形成了以现代信息服务业、健康医药产业、创意产业为主导的产业集群；广州开发区则重点鼓励发展软件开发、生物医药等行业；南沙开发区作为粤港合作重点区域，重点引进 ITO、KPO 类企业；番禺区形成了以技术研发、工业设计等技术型知识流程外包为主，信息技术外包加速发展的产业格局；白云区国际单位定位为设计、研发、高科技等 ITO 企业园区和工业设计、网游、动漫等 KPO 企业园区。①

5. 混合模式

从广州市开展国际科技合作的主体看，大部分的国际科技合作都是在政府的主导下完成的，即政府主导型国际科技合作模式。但政府主导的国际科技合作模式在一定程度上并不是最有效率的，存在着由非政府主导的企业和科研院所进行的国际合作与交流。这些模式和政府主导的模式一起，在实际运用和操作中，称为混合国际科技合作模式。目前主要表现有以下：

（1）科技企业孵化器的国际化，科技企业孵化器集合了资源配置、风险投资、技术转化、成果交易等多个环节，是培育科技企业的重要平台，目前一些国外的技术也通过国内的企业孵化器来招商引资。

（2）近年来，广州孵化器不仅数量节节攀升，持有者的身份也发生了巨大的变化。据了解，在 2010 年左右，孵化器仍以国资为主，而现在，民营孵化器无论在数量还是体量上，均已超过国有孵化器。从孵化器自身的收入及培育成果来看，市场始终是最大动力。

（3）坐落在天河区的宏太智慧谷·云产业基地拥有一个 5 万平方米的产业园区，园区内有完整的云计算、大数据产业链，其建设的众创空间"伯乐咖啡"有较为严格的准入门槛，必须为互联网相关行业。这里的众创空间除

① 张赛飞、邓强、隆宏贤：《广州研发外包发展现状分析与对策研究》，《科技管理研究》2015年第 14 期，第 11—15 页。

了提供基础服务外，最大的优势是可以提供行业交流平台、技术支撑平台、专业的科技服务及融资对接服务。入驻该众创空间的团队或企业，享受以上服务，付出的不是租金是股份。入孵企业可以选择给予众创空间3—5个点的股份。设办孵化器成为一种长期的"风险投资"。

（4）备受瞩目的琶洲互联网创新集聚区是广州建设国际科技创新枢纽的重要引擎之一。近年来，琶洲互联网创新集聚区引入腾讯、阿里巴巴、复星、国美、小米、YY、唯品会、环球市场、康美药业、粤科金融、粤传媒、科大讯飞等14家行业龙头企业，拟建或在建项目总投资逾550亿元。2016年1—6月，这批企业合计贡献地方税收约4.2亿元。复星、阿里巴巴、唯品会和环球市场的地块已经动工建设，其余地块绝大部分将在2016年内动工，成为广州市新的增长极。

6. 虚拟企业模式

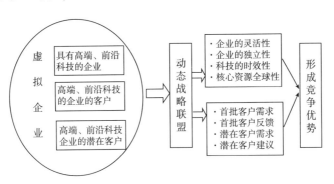

图4-1 虚拟企业模式

根据熊彼特的创新理论和波特的竞争理论，为了适应国际竞争，企业可以将活动延伸到不同地点，通过引进新技术、控制前沿科技的来源、借着全球性网络协调、实现企业的新组织，从而让一个国家或地区建立起自己的竞争优势。开展战略联盟、利用优势资源互补是目前广州市开展国际科技合作的主要途径之一。为了在全球范围内充分利用和协调全球核心科技资源，提升广州市的竞争优势，充分发挥企业参与国际科技合作的灵活性，可采取虚拟企业模式，将目前静态的国际科技合作联盟转变为动态国际科技合作联盟来开展国际科技合作。所谓虚拟企业，就是在参与国际科技合作的企业拥有较高独立性的前提下，通过联合和协调世界核心科技资源，联合世界范围内具有高端、前沿科技知识和知识产权的企业以及这些企业产品的客户和潜在客户，共同进行研发和生产活动的企业。通过虚拟企业模式，充分发挥企业的灵活性、独立性、核心资源的全球性和科技的时效性，综合客户的需求、反馈和建议，进行生产和研发活动，最终形成广州市的国际竞争优势。

（五）广东和海丝沿线国家科技合作的运行机制

1. 联合共赢机制

国际科技合作从合作的角度来说就是一个共赢原则和机制的体现，主要体现在三个方面：第一，合作各方应该本着互利互惠原则进行交流。第二，深挖双方的科技合作优势进行互补，充分考虑双方的科技潜力和资源产业能力。第三，以坦诚、平等、务实为基础，充分理解其利益所在。最终实现合作双方合作共赢，促进各方经济发展，形成国际科技合作的良性循环。

2. 辐射带动机制

以科技型企业为主，政府引导为辅共建国际科技载体，发挥联合科技型企业的辐射和示范效应。知识可分为编码化知识和未编码知识，充分发挥辐射型科技企业不同类型知识的可传递性。加强编码知识尤其是因为人们编写编码具有时间的滞后性和编码能力的有限性而导致未编码知识在辐射型企业的互补性企业、支持性企业和上下游企业之间的传递作用。提升辐射型企业的知识溢出效应。通过辐射型科技企业对相关企业知识与信息的熏陶，增强相关企业各自的学习能力，提高收集与接收、分析与处理知识与信息的能力。协调辐射型科技企业相关企业的竞争，加强辐射型科技企业相关企业之间的合作，促进辐射型科技企业和相关企业共同学习和创造知识，提升辐射型科技企业和相关企业的核心专长和国际竞争力。

3. 借梯登高机制

将一些缺乏高层次人才和研究开发风险较大的领域直接外包给国外高校、科技研发部门等，借梯登高，对外包成果进行模仿和二次开发，缩短与先进国家之间的差距。扬长避短，选择性地逆向外包。对于一些不涉及安全性和战略性等领域、缺乏相关知识存量和人才以及开发过程中失败可能性较大的领域进行研发外包，直接获得先进科技成果。实现外包成果的产业化，为开展逆向外包提供融资保障。在政府的政策框架下，调整企业的制度，增强现有相关领域人才的学习和接受能力，通过模仿等方式对获得的外包成果进行二次开发，创新研发外包的科技成果，实现区域内该领域的区域人力资源快速积累效应。实现创新研发外包科技成果的产业化，以广州市内生技术变化，促进产业结构升级和经济长期增长，提升国际科技合作的综合竞争力。采取跨国并购、收购、与具有先进知识的对象在国外合作建立联合实验室等方式，开展长期稳定的国际科技合作。

4. 分领域主导机制

提高国际科技合作效率，对不同国际科技合作领域和行业实行不同的政府主导机制和自由行业主导机制。确定广州市重点开展国际科技合作的领域和产业。经过多年的发展，广州市经过发展布局和有一定科技基础的产业有电子信息、生物、新材料、先进制造、新能源和节能环保等。将产业分类，适合广州市政府主导的国际科技合作领域有节能环保和环境保护领域、新材料、基础性研究，适合自由发展型主导的产业有生物和生物医药、新能源、先进制造等产业。在政府的引导下，充分发挥市场机制对适合自由主导型产业的调节作用，达到政府主导和自由发展主导协调并用，共同促进广州市企业生产技术的革新和生产方法的变革，通过开展国际科技合作提升广州市综合竞争力。

5. 多边合作机制

协调全球科技核心资源，开展多边国际科技合作。在互利共赢、相互尊重知识产权和共享合作研究成果的基础上，建设虚拟企业形成动态战略联盟，鼓励科研机构和企业与世界一流科研机构开展高水平、实质性国际科技合作，集成和统筹全球科技核心资源，实现人才、技术等创新要素的高效集成。把握科技的时效性。充分利用高端和前沿科技，综合前沿科技的首批客户需求和反馈、潜在客户的需求和建议等各方面信息，对所收集信息进行创新和组合，提升自主创新能力，形成广州市的综合竞争优势。发挥网络传递信息的便捷性，组织合作对象之间开展网络创新联盟等活动，促进虚拟企业内具有高端、前沿科技企业和企业的用户以及潜在用户共同开展国际科技合作，形成区域性的竞争优势。

（六）对广东省与海丝沿线国家科技合作建设模式的启示

1. 开发新的国际科技合作平台作为核心节点

开发并培育新的国际科技合作载体即国际科技合作交流中心，使新的载体成为广东省开展国际科技合作的核心和节点。研究制定促进广东国际科技合作和交流的扶持政策，创造良好的国际创新创业环境，大力引进国际科技服务机构、国际研发机构以及重大国际科技成果引入市场机制提高效率，实现广东省以更低的成本、更高的效率获得更强大的竞争力。

2. 充分发挥政府的引导作用

从兄弟省市开展国际科技合作的经验看，政府在国际科技合作工作的开展中扮演着重要的角色。发挥政府对开展国际科技合作重点领域的引导作用，利用自己的优势产业开展国际科技合作；发挥政府对引进技术和外包获得技术的二次开发引导作用，提升广东省科技创新能力。

3. 强化政策支撑体系

加强政府政策对广东省开展国际科技合作的支撑作用，形成多角度、宽领域和深层次的政策支撑体系。强化政府的人才支撑体系。针对广东省人才总量不够大、高层次人才不够多的现状，针对自身有特色、有条件、有基础的学科及机构采用长短期结合、兼职等选择性的柔性引进科技成果产业化方面的人才和完善科技成果产业化方面的政策。强化企业开展"强—弱"型国际科技合作的支撑体系。构建企业开展"强—弱"型国际科技合作的网络平台，在合作对象的寻找、市场开拓、信息查询等方面提供便捷的网络服务，为企业"走出去"开展"强—弱"型国际科技合作提供全方位的信息服务。优化和完善广东省投融资环境，加强资金对科技型企业和战略性如新一代移动通信等新兴产业开展国际科技合作的支撑作用，实现新的具有辐射功能和带动功能的企业，可持续地开展国际科技合作。

4. 拓展和健全国际科技合作平台功能

在原有国际科技合作载体功能的基础上拓展新的功能。拓展载体平台对企业开展"强—弱"型国际科技合作的服务功能。对企业开展"强—弱"型国际科技合作提供合作机会、项目评估、预期收益和风险等信息，减少企业

"走出去"开展国际科技合作的不确定性和风险。拓展载体平台对企业开展选择性逆向研发外包的服务功能。增加企业开展逆向研发外包提供国外科研机构的信息、研究能力、研发外包费用等功能,降低企业进行逆向研发外包的成本。

5. 提高国际科技合作成果的产业化率

国际科技合作的产业化是创造技术溢出效果、提升广东省经济发展的重要方式。提高广东省开展国际科技合作成果的产业化率,以成果产业化的收益支撑企业国际科技合作工作的开展。加大引进和培养成果转化,成果产业化激励机制与强制性的监督机制共同发挥作用。提高企业承接科技能力。最终形成以政府服务为引导的国际科技合作成果转化体系,提高引进技术、研发外包技术和二次开发技术的产业化率。

五、广东省在推进与海丝沿线国家 科技合作中存在的问题

(一) 国际科技合作的自主性不强

2007 年,广东省外商投资企业技术引进合同额占合同总额的 87%,国有及民营企业的技术引进规模小、层次低、增长慢,国际科技合作的主导权掌握在外商手中。从国际科技合作的组织管理看,民间组织的国际科技合作相对较弱,地方政府组织的国际科技合作以参与国家项目为主,自设项目较少,主导性不强。

(二) 国际科技合作的范围不广

目前,广东与海丝沿线国家的国际科技合作主要集中在新加坡、以色列、英国等少数国家和地区,与其他国家的国际科技合作极为有限。国际科技合作领域主要集中在产业技术层面,而对于严重制约地方经济社会发展的能源、资源、环境、卫生等领域的国际合作及参与重大国际科学工程、重要基础研究合作还非常薄弱。在产业技术国际合作方面,工业科技的合作比较活跃,

但农业和现代服务业的合作比较落后。在工业科技合作当中，电子信息产业是国际科技合作的主体，但在广东工业经济中占有重要地位的石化技术和广东亟须实现跨越发展的装备制造业的技术合作较少。[①]

（三）国际科技合作的平台建设严重滞后

广东与海丝沿线国家的国际科技合作平台较少，目前已经建设成的平台不多，层次不高，沟通交流渠道狭窄，合作内容不具备前瞻性等问题比较突出。受限于国内科技实力所限，广东的科技对外合作与交流受到一定限制，缺乏与国际高水平科研机构的合作基础。国际科技合作中介服务组织较少，信息平台建设滞后。

（四）国外新科技资源利用不足和对外科技援助比较落后

目前，广东企业在海丝沿线国家设立研发机构、并购科技型中小企业、开展研究的数量少、规模小、收益低，技术出口主要集中在非洲、东南亚等发展中国家，对外科技援助规模小、影响弱，难以形成气候。

六、深化与海丝沿线国家科技合作，推动 海上丝绸之路核心区建设的若干建议

"21世纪海上丝绸之路"战略构想，就是通过我国和周边国家实现政策沟通、道路联通、贸易畅通、货币流通、民心相通，构建区域利益共同体和命运共同体，为亚洲国家探寻区域一体化和区域治理机制绘制蓝图，符合各方根本利益，蕴藏着巨大的发展机遇和潜力。这对广东省来说是难得的发展机遇。作为历史上海上丝绸之路的起点，广东应抓住机遇，进一步深化与海丝沿线国家，尤其是东盟在各个层面的科技合作，争取在国家海上丝绸之路建设中凸显广东省的地位和作用。

---

① 朱文博浩、孙波：《广东与海丝沿线国家科技合作与交流研究》，《广东科技》2016年第6期，第47—49页。

（一）促进广东国际科技合作、政策层面的建议

1. 加强组织协调政策

（1）加强宏观管理，建立跨部门的国际科技合作工作联席会议制度，协调对外科技合作；在省级政府或者市级政府主管层面设立领导机构，负责国际科技合作与国际人才的业务对接；

（2）建立相应的行业或地区的国际科技合作统筹协调机制，通过整合资源，协调一致开展国际科技合作；

（3）建立跨部门、跨地区的国际科技合作信息资源共享平台和沟通机制；

（4）鼓励培育高校和科研机构大力开展国际科技合作与交流。

2. 落实计划管理的执行

（1）加强与中央和国务院部委以及中科院、社科院等国家级科研机构及行业协会的沟通协调，积极参与落实各类双边、多边政府间科技合作协议和重点国际合作项目；

（2）加强国际科技合作计划与省内其他科技计划的衔接和配合，促进有关经费整合；

（3）在省内和市内设立国际科技合作专项计划（其中包括国际科技人才引进专项、国际科技援助专项、国际科技合作基地专项、粤港澳科技合作专项）。

3. 积极扩大财政投入

（1）加大财政投入，成立专项基金，在省市两级设立国际科技合作计划项目和国际科技人才交流基金；

（2）探索在各类财政性科技项目中按一定比例编列国际科技合作预算或将国际科技合作投入情况、知识产权情况，列入评审条件；

（3）对科研院所和企业争取到国外资金入及参与境外资助的科技合作计划和项目研究，财政给予配套资金支持；

（4）筹建公益性国际科技合作基金，用于国际科技合作交流。

4. 大力实施人才引进政策

实施海外留学人员来粤创业服务计划。办好广州留交会、深圳高交会和

国际人才交流大会以及各类留学创业园，拓宽引才引智渠道；在珠三角地区打造若干个国际高端服务中心，吸引国外高层次人才来粤创业，拿出一批重大科技项目面向海外公开招标，依托项目引进先进制造业和高新技术产业的高层次人才；完善引才引智机制，鼓励国外高层次人才来粤从事科研活动，开展技术合作、技术入股、投资办企业或从事其他专业工作；加强对海外高层次人才的服务保障。

5. 基地保障建设政策

根据产业升级和科技创新的需要，按行业和学科依托地区和单位组建国际科技合作基地建设。通过各种类别的国际科技合作项目引导建设国际科技合作基地；同时组建广东国际科技合作研究中心办公室，实施基地负责人联席会议制度，负责有关科研基地政策解读、业绩评估和国际交流。

6. 完善国际科技合作的平台服务机构建设

大力扶持一批具备高水平的国际科技合作中介机构，大力推进广东创新知识城、科学城等，选择或建设一批有较强综合实力和丰富业务经验的科技服务中介机构进行国际科技合作业务指导，逐步形成全方位、多层次、高水平的国际科技合作中介服务体系；建设广东国际科技合作大数据平台，实现国际科技合作服务共享机制。使提供国际科技合作的项目、会议、人才交流、资金、政策等方面的权威信息得到大数据平台的支持。

（二）大力推进海丝沿线国家构建友好城市和科技交流圈

通过以友好城市为依托，加快构建友好城市和科技合作交流圈；举办"海上丝绸之路科技文化节""海博会"等交流促进活动，争取联合海丝沿线城市召开海上丝绸之路沿线城市的科技合作与交流会议，开展国际招商、投资、贸易的跨海合作，密切经贸、科技、人员往来；提升海上丝绸之路的科技学术研究水平，推动建设一批经济效益高、社会影响大的科技合作项目；加强广东与海丝沿线国家之间的交流合作，提高合作向心力。

（三）高度重视东盟市场

推进与海丝沿线国家的科技合作与交流，广东省应进一步加强对东南亚国家的研究，从广东省的实际情况出发，找准切入点，争取在国家海上丝绸之路建设中找准位置和发挥作用。随着东盟经济一体化的快速推进，广东与东盟在科技领域的合作空间会进一步加大。广东省政府和有关企业应抓住中国和东盟合作迈向"钻石十年"以及实施海上丝绸之路战略的重大机遇，适时启动东盟战略，重新定位广东与东盟的科技合作，充分利用好广东作为海上丝绸之路起点以及在东南亚拥有众多海外华人华侨两大优势，及时调整战略布局，创新合作模式，高度重视东盟市场，以便在亚洲区域一体化的趋势中获益更多。

（四）积极拓展与南亚、非洲的科技交流合作

作为我国面向亚太地区的主要开放窗口之一，广东省与东南亚、南亚、中东、非洲等国家和地区有着深厚的渊源和久远的往来历史。考虑到人缘文化、市场结构与容量，广东的对外科技合作需进一步着眼印度次大陆。对此广东省应提前布局，协助企业开拓南亚市场，在基础设施、制造业、农业等领域加强与印度、巴基斯坦等南亚国家的科技合作，扩大贸易与投资规模；同时进一步放眼中东和北非，中东、非洲是重要的新型市场，应积极开拓非洲广阔市场，积极引导企业在参与海上丝绸之路建设时走进非洲，积极支持商家前往非洲投资兴业。

（五）继续发展广东独联体国际科技合作联盟，打造科技合作领域的生力军

2009 年 11 月 21 日，在"政府引导，搭建平台、企业运作，面向产业化市场，大规模的国际科技合作"的原则指导下，我国首个跨国国际科技合作社会组织——广东独联体国际科技合作联盟诞生。

经过 6 年的运行，联盟通过整合资源，构建了由"广东独联体国际科技合作联盟网""独联体科技资讯"、独联体国际科技资源数据库和广东独联体国际科技需求数据库等为组成内容的国际科技合作信息化公共服务平台，为政府科技部门、研究院所和高科技企业提供了常态化的国际科技合作资讯；联盟的另一端国外秘书处，高效地打造了"乌克兰国家科学院""白俄罗斯国立技术大学""白俄罗斯戈梅利大学""俄罗斯远东科学院分院""俄罗斯乌

拉尔科学院分院""乌克兰乌—俄科技园"等设在国外的六个国际科技合作平台,它们与国内联盟秘书处高效对接,实施国际技术转移,真正地带动和整合国内外的"两种资源、两个市场",在新材料、新能源、节能环保、生物医药、制造装备、信息电子等领域开展互利共赢的国际科技合作。

六年来,联盟品牌效应突显。卓有成效的工作成绩表明,与独联体国家科技"两边一体"的合作模式已成为广东对外科技合作模式的成功典范,有效地促进了广东与独联体国家科技合作的快速发展。联盟的建设、发展凝聚了各级领导的心血和期望。未来,联盟将继续努力当好广东省国际科技合作的排头兵,更好地服务于科技创新和区域经济的转型升级。

七、总　　结

进入 21 世纪,重建海上丝绸之路已经成为我国构建全方位开放新格局的大战略。广东凭海而立,因海而兴,在众多优先领域有自己的优势,包括能源、水资源和环境保护技术、生物技术、信息技术、重大设备制造技术、绿色制造技术与先进制造关键技术等方面。

广东省与海丝沿线国家的科技合作与交流应围绕国际科技合作总体战略的实施,形成双边、多边及区域合作的新格局,充分利用国际智力资源,培养和引进一批顶尖科技人才和技术。

在区域合作方面,广东省应重新定位与东盟的科技合作,高度重视东盟市场;在突出与东盟国家合作基础上,积极拓展与南亚、非洲的科技交流合作;继续发展与海丝沿线国家的国际科技合作,打造科技合作领域的生力军。

第五章　广东与海丝沿线国家
会展业合作研究

陈　和　张兴华[*]

一、广东与海丝沿线国家会展业合作原因分析

(一) 国际因素

当今世界正发生复杂深刻的变化，国际金融危机深层次影响继续显现，世界经济缓慢复苏、发展分化，国际投资贸易格局和多边投资贸易规则酝酿深刻调整，各国面临的发展问题依然严峻[①]。主要国家间的贸易额下降很多，以我国为主的新兴国家和其他国家间的贸易下降趋势更为明显，世界上北美、欧盟、东亚三大经济圈已经形成。

最近两年，国际会展企业进入我国的步伐加快，会展业的国际合作显著加强。由于我国会展市场大，会展业起步慢，因此，我国会展业发达的城市如北京、上海和广州只是位于全球大型活动举办地层次的第四梯队 (见表 5-1)。

---

*　陈和：广东外语外贸大学国际服务经济研究院副院长、副教授；

张兴华：广东外语外贸大学经济贸易学院硕士研究生。

①　国家发展改革委、外交部、商务部：《推动共建丝绸之路经济带和 21 世纪海上丝绸之路的愿景与行动》，见 http://news.hexun.com/2015-12-13/181533723.html。

表 5 – 1　全球大型活动举办地层级划分及其代表城市

全球大型活动 举办地层次	主要代表城市
第一梯队	汉诺威、法兰克福、慕尼黑、拉斯维加斯和芝加哥等
第二梯队	柏林、巴黎、米兰、伦敦、汉堡、科隆、杜赛尔多夫、纽约和旧金山等
第三梯队	新加坡、中国香港、东京、横滨、莱比锡、纽伦堡、斯图加特、奥兰多、伯明翰、格拉斯哥、爱丁堡和悉尼等
第四梯队	墨西哥城、开普敦、布隆方丹、开罗、亚历山大、迪拜、圣保罗、里约热内卢、罗萨里奥、北京、上海和广州等

资料来源：广州社科院：《会展城市的测度体系与发展路径研究：国际比较与广州实证》。

（二）国内因素

宏观经济方面，我国面对来自 TPP 和 TTIP 的战略挤压[1]，未来需扩大与主要贸易伙伴和新兴经济体的经贸往来，增进政治互信，促进双边或多边自由贸易协定签订。目前我国正在大力推进"21 世纪海上丝绸之路"战略，"21 世纪海上丝绸之路"将成为连通东盟、南亚、西亚、北非、欧洲等各大经济板块的市场链，发展面向南海、太平洋和印度洋的战略合作经济带，以亚欧非经济贸易一体化为发展的长期目标。共建"一带一路"旨在促进经济要素有序自由流动、资源高效配置和市场深度融合，推动沿线各国实现经济政策协调，开展更大范围、更高水平、更深层次的区域合作，共同打造开放、包容、均衡、普惠的区域经济合作架构[2]。

"21 世纪海上丝绸之路"沿线任何国家、地区或国际组织都可以参与，目前对于海丝沿线国家的界定仍有一定分歧。陈万灵和何传添（2014）通过

---

① 跨太平洋伙伴关系协定（Trans – Pacific Partnership Agreement，以下简称 TPP），是目前重要的国际多边经济谈判组织之一，前身是跨太平洋战略经济伙伴关系协定。跨大西洋贸易与投资伙伴协定（Transatlantic Trade and Investment Partnership，以下简称 TTIP），是指美国和欧盟双方通过削减关税、消除双方贸易壁垒等来发展经济、应对金融危机的贸易协定。

② 国家发展改革委、外交部、商务部：《推动共建丝绸之路经济带和 21 世纪海上丝绸之路的愿景与行动》，见 http://news.hexun.com/2015 – 12 – 31/181533723.html。

分析认为"21世纪海上丝绸之路"航线大体上分为三段：东南亚航线、南亚及波斯湾航线、红海湾及印度洋西岸航线。广东国际战略研究院一份研究报告指出海上丝绸之路沿线目前主要有越南、菲律宾、马来西亚、文莱、印度尼西亚、泰国、新加坡、柬埔寨、缅甸、老挝、东帝汶、孟加拉国、斯里兰卡、马尔代夫、印度、巴基斯坦、伊朗、伊拉克、科威特、卡塔尔、阿联酋、阿曼、沙特阿拉伯、巴林、也门、埃及、苏丹、厄立特里亚、吉布提、索马里、肯尼亚、坦桑尼亚、莫桑比克、马达加斯加、南非等35个国家[①]。另外鉴于官方把欧洲作为海上丝绸之路的终点，虽然沿线具体国家尚未确定，但其会展业较为发达，与广东经贸往来较多，会展业合作基础和前景广阔，这里特选取上述海丝沿线国家和希腊等部分欧洲国家作为研究对象。

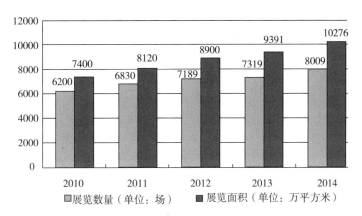

图5-1　2010—2014年我国展览面积及数量对比

资料来源：根据中国展览数据统计报告（2015）整理而成。

　　与国际会展业发达国家相比，我国会展业起步晚、起点低。但是，我国已经成为全球发展最快的展览市场，形成了"环渤海、长三角、珠三角、东北、中西部"五个会展经济产业带（张颖，2015）。目前，我国会展服务场馆仍以中小型为主，国内大多数会展企业的特点是规模小、专业性不强。随着国家"21世纪海上丝绸之路"战略的推进，我国会展行业的国际化进程将进一步加快，国内会展市场也会进一步开放。因此，加强与海丝沿线国家会展

---

　　①　广东国际战略研究院：《世界石油需求变化及石油危机对我国"一带一路"建设的影响与对策》，见 http：//giis. gdufs. edu. cn/。

业的国际合作，引进先进的管理经验、会展技术、会展人才，对促进广东乃至我国会展业的整体发展有重要的意义。会展企业也可以借助国家的"21世纪海上丝绸之路"战略，采取多样化的资本、项目运营战略，树立品牌和形象，实现快速扩张，跳出我国市场，努力发展成为国际会展名企。

表 5 - 2　2009—2014 年中国出展统计表

年度	项目数（个）	年增长率（%）	出展净面积（万平方米）	年增长率（%）	参展企业数（家）	年增长率（%）
2009	1183	7.3	42.64	16.5	30185	4.7
2010	1316	11.2	51.75	21.4	36007	19.3
2011	1375	4.5	60.50	17.0	40190	12.0
2012	1528	11.1	69.73	15.3	47376	17.9
2013	1391	-9.0	61.80	-11.4	47494	0.2
2014	1447	4.0	70.70	14.4	47787	4.0

资料来源：由中国展览数据统计报告（2014）整理而成。

（三）广东背景

改革开放以来，广东对东盟、南亚、南太国家等海丝沿线国家和地区贸易实现跨越式发展，并逐步发展成为国内与东盟、南亚、南太国家经贸合作量最大的省份之一①。近年来，广东与海丝沿线国家经贸往来更加密切，相互投资增多，民间交流频繁。为积极响应并参与国家"21世纪海上丝绸之路"战略，增进广东与海丝沿线国家的经贸往来，广东省发布了《广东省参与丝绸之路经济带和21世纪海上丝绸之路建设实施方案》。

会展业方面，广州和深圳的会展业在全国的发展水平相对较高，但在办展质量、办展规模、品牌效应等方面与国际会展强市相比，还有极大的提升空间。近年来，广东省组织开展一系列境内外会展活动，鼓励和支持外贸企业积极参与国际贸易竞争和交流。以2014年为例，广东省组织或参与的境外

① 广东省发展和改革委员会：《广东省参与丝绸之路经济带和21世纪海上丝绸之路建设实施方案》，见 http://www.gddrc.gov.cn/zwgk/zcfg/gfxwj/201512/t20151231_344107.html。

会展累计达到 195 场，覆盖美国、德国、俄罗斯、巴西、阿联酋、意大利、土耳其、法国等 40 个国家和地区。

表 5-3　2014 年我国城市展览业发展综合指数列表

排名	城市	展览数量(场)	展览面积(平方米)	专业展馆数量(个)	专业展馆室内面积(平方米)	展览管理机构	UFI[①]认证项目	Top100 展览项目数	城市展览业发展指数
1	上海市	769	1279.00	12	83.48	3	22	20	335.65
2	广州市	392	858.57	6	53.48	2	8	8	189.21
3	北京市	431	608.19	9	44.79	1	27	17	184.40
4	重庆市	662	601.30	4	32.5	2	2	1	141.18
5	南京市	394	398.00	4	19.5	3	1	1	87.85
6	深圳市	79	256.23	1	10.5	2	11	11	69.87
7	沈阳市	300	290.00	3	13.26	4	1	0	69.03
8	成都市	214	325.00	3	14.2	5	1	0	68.12
9	武汉市	2	280.00	2	7.5	2	0	0	67.05
10	杭州市	5	246.55	5	12.4	14	1	0	57.79

资料来源：中国会展经济研究会统计工作专业委员会：《2014 年中国展览数据统计报告》，2015 年 4 月 1 日，第 75 页。

二、会展业国际合作的现实动因和理论基础

随着经济全球化程度的日益加深，会展业已发展成为新兴的现代服务型产业，成为衡量一个城市国际化程度和经济发展水平的重要标准之一。会展业国际合作是指国家间会展业主体为满足各方利益和需求，进行联系沟通、寻求共同点，进而相互调整策略和行为的过程（朱鑫龙，2013）。它将会展产业要素在国际间进行重新配置、整合与优化，形成规模更大、结构更佳、品牌影响力更大的会展产品，以便获取最大的经济效益、社会效益。

---

①　全球展览业协会(The Global Association of the Exhibition Industry,以下简称 UFI)：总部设在法国巴黎，是迄今为止世界展览业最重要的国际性组织。

（一）会展业国际合作的现实动因

1. 宏观经济层面的动因

当前，世界正在兴起第三次经济全球化浪潮，进入经济全球化 3.0 时代，世界各类经济体的利益处于相互渗透、绞合和混血的状态，虽然矛盾难以避免，但更具包容性和均势性的全球发展，符合大多数国家的利益（金碚，2016）。会展业作为带动性很强的服务业，经济全球化的趋势为其发展提供了广阔的空间。经济全球化趋势促进了会展资本、管理、项目、人才的国际化，会展业运作的要素突破国界的限制，在全球范围内配置资源。会展业面临的世界市场扩大了，这为会展业在世界范围内的分工与合作提供了基础，全球范围内的会展业分工与合作也反过来促进了会展业的快速发展。

2. 企业自身层面的动因

国际会展企业进入他国市场后，可能就会由于渠道、文化、政府政策等方面的因素缺乏竞争力，而通过与其他国家的会展企业合作，将会获得互补性的经验、资源、渠道，形成会展业协同效应和资源组合优势，提升会展企业核心竞争力，分散风险，实现合作会展项目的规模经济效应。会展企业进行国际合作，同时也能够有效、便捷地获取国际会展机构的庞大资源，用引入外资的方式解决资金不足等问题。会展企业通过项目运作等进行联合，也可以引入先进的管理技术与理念、会展业高端人才等，来增强企业本身竞争力，从而在国际市场中谋求更大的发展空间。

（二）会展业国际合作的理论基础

1. 会展业国际分工

国际分工指世界上各国之间的劳动分工，是各国生产者通过世界市场形成的劳动联系，是国际贸易和各国经济联系的基础。国际分工是社会生产力发展到一定阶段的产物，是社会分工从一国国内向国际延伸的结果，是生产社会化向国际化发展的趋势。广东要充分发挥劳动力相对低廉的比较优势，并将比较优势转化为竞争优势。从自身已有的会展业要素出发、以市场的需求为导向、寻求优势产业的支撑。政府要在保证会展业发展的良好外部政治经济环境下，同时制定相关的法规、政策和行业规范，保障市场的公平、公正的竞争秩序，使得会展业良性发展。

2. 会展业产业转移

国际产业转移是指某些产业从一个国家和地区通过国际贸易和国际投资等多种方式转移到另一个国家和地区的过程（潘文波，2008）。随着经济全球化的发展和科学技术的不断进步，国际产业转移使得国家与国家之间在一种新的国际分工基础上，形成一种新的国家间的资源配置和利益分配格局。随着不同经济体的联系日益密切，会展产业在国际范围内相互转移，广东要以正确的理念参与分工协作，要以培养会展品牌提高广东会展产业的国际竞争力为核心，充分结合广东的产业优势和本地会展业的政策优势，通过学习与吸收外国先进的管理经验、营销策略和会展技术，增强自身实力，从而促进广东会展产业结构的升级和经济发展。

3. 会展业区际经济合作

区域经济一体化是指一些地缘临近的国家或地区，在平等互利的基础上，为了谋求本地区的共同利益联合起来，在彼此自愿地约束自己的部分经济主权甚至相互对等地分享或让渡部分国家主权的条件下，通过签订协议、规章组建国际调解组织和实体，使部分或全部生产要素在成员国间自由流动，使资源在成员国内得以优化配置，实现产业互补和共同经济繁荣的过程（赵颖，2010）。会展业区际经济合作，是会展主体在不同区域间围绕会展产业运行和发展而展开的区际之间的交流互动，通过一定合约建立起联系的经济关系，其目的是为了利用规模优势，获得高于独自发展的利益。海丝沿线国家或地区可以通过发挥各自在会展业发展方面的特色，形成区际合作，促进优势互补，尽快做大会展业经济规模。

三、广东与海丝沿线国家会展业合作效应分析

（一）促进海丝沿线国家贸易往来，推动经济增长

近年来，广东与海丝沿线国家贸易往来频繁，增速高于全省平均水平，

已成为外贸下滑的"防滑梯",通过会展业合作有利于强化这一作用,促进广东与海丝沿线国家贸易往来、经济增长。从国际上来说,会展经济的利润高于一般贸易的利润,其收益和投资比率大约为20%,专家估计,会展业带动系数为1:9(黄玉妹,2011)。根据商务部统计,2012年,全国会展业直接产值约3500亿元人民币,拉动相关产业收入3.15万亿元人民币,拉动系数约为1:9①。另外,香港展览会议业协会2016年8月发布的《2014香港展览业对香港经济的整体贡献研究报告》显示,2014年展览业直接或间接为本港经济带来529亿港元可观的消费开支,相等于2014年香港本地生产总值的2.3%。除消费带来的直接经济效益外,展览业亦为业界和其他服务及支持行业,包括酒店、饮食、零售、展摊设计及搭建、物流及货运等行业创造约相当于83500个全职职位②。

表5-4 2012年及2014年香港展览业对香港的经济贡献

范畴	2012年收益	2014年收益	复合年增长(%)
消费开支	408亿港元	529亿港元	13.9
政府税收	14亿港元	21亿港元	20
就业机会	69600个全职职位	83500个全职职位	9.6

资料来源:香港展览会议业协会:《2014年香港展览业对香港经济的整体贡献研究报告》,见http://www.exhibitions.org.hk/en/。

(二)促进广东与海丝沿线国家产业结构优化

会展经济作为服务经济的一种新兴形式,在服务业发达的城市迅速发展起来,它不仅能够推动服务业发展,还能够影响市场需求、资源要素配置、科学技术进步以及国际贸易等诸多方面、从而直接或间接地推进城市产业结构优化(王颖,2011)。通过会展业合作,广东与海丝沿线国家能够在更短时间内、更大范围内汇集人流和物流、促进市场信息传播、配置商品资源,引

---

① 商务部服务贸易和商贸服务业司:《2012年我国会展业发展报告》,2013年7月13日,见http://fms.mofcom.gov.cn/article/tongjiziliao/201307/20130700198063.shtml.
② 香港展览会议业协会:《2014年香港展览业对香港经济的整体贡献研究报告》,见http://www.exhibitions.org.hk/en/。

导消费潮流，直接推进和间接带动广东和海丝沿线国家相关行业发展，促进产业结构优化（见图5-2）。

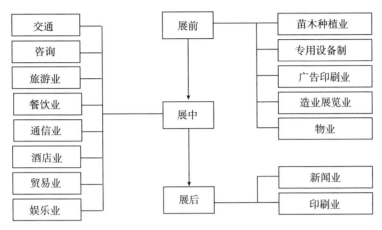

图5-2　会展的产业关联示意图

资料来源：赵驹：《重庆市建设"长江上游会展之都"研究》，重庆市哲学社会科学规划项目，2009年。

（三）推动沿线国家对外开放，提高国际化水平

国际会展强国发展经验表明，会展业发达程度和该地区的国际化程度高度相关。一方面，广东与海丝沿线国家会展业合作，将有力推动沿线城市开放程度提高，通过联合举办国际性会展提升所在地区的知名度和影响力。另一方面，国际性会展活动的举办，也是加快城市国际化、提升城市能级的有效路径，有助于增强相关国家或地区会展业在资源整合、国际合作、全球营销、品牌打造、信息交流、人才引育等方面的能力。

（四）有利于带动我国会展业发展和参与国际合作与竞争

在全球产业大变革、大转移的历史背景下，会展业必然随着全球产业转移而向亚太地区转移。广东作为我国改革开放的桥头堡、前沿阵地和我国"21世纪海上丝绸之路"战略的关键节点，已经步入服务导向型经济时代。如果广东能够率先抓住机遇推进与海丝沿线国家会展业合作步伐，吸引、整合全国会展资源形成以广州、深圳为中心，辐射珠三角的新兴国际会展中心，

将有助于增强我国会展业在资源整合、国际合作、全球营销、品牌打造、信息交流、人才引育等方面的能力，带动我国会展业快速发展，参与世界会展业的竞争与合作。

四、广东与海丝沿线国家会展业的发展情况分析

（一）广东会展业的发展情况

1. 基本情况

广东会展业已经形成了以广州为中心，以广交会为助推器，以深圳、珠海、汕头、东莞、顺德等为次中心的展览城市群，形成了国际化和现代化程度高、产业结构特色突出、展览地域及产业分布密集的展览经济带（赵井满，2007）。广东会展行业发展迅速，展览会规模逐年扩大，外商参展人数稳步增加，专业人士比例大幅度提升。据不完全统计，广东地区每年举办各种会展活动超千场，大型展览已超过 350 个，且在逐年增加。继北京、上海之后，广州成为国内第三大会展城市，会展硬件设施处于国内外领先水平。

表 5－5　2014 年全国部分省区市办展数量、面积统计表

序号	省份	展览数量（场）	展览面积（万平方米）
1	江苏省	887	894.89
2	上海市	769	1279.00
3	重庆市	662	601.30
4	山东省	631	997.13
5	广东省	617	1385.60
6	辽宁省	574	521.50
7	浙江省	565	666.27
8	北京市	431	608.19
9	河北省	298	283.64
10	河南省	262	248.53

资料来源：中国会展经济研究会统计工作专业委员会：《2014 年中国展览数据统计报告》，2015 年 4 月 1 日，第 9 页。

在此基础上，和产业转型升级相关的专业展比例不断上升，规模也在不断扩大。但是，目前广东多数展会活动的国际化程度很低，世界百强展商拥有量较少，国外参展商达到国际标准（20%）的会展较少，除广交会、高交会外，绝大多数的国际活动只能吸引少量国外活动参与者。广东地区国际性会议的举办水平和频率远远落后于北京和上海，出现会议和展览冷热不均的情况。

表5-6 世界百强商展拥有量城市比较

排名	城市	展会数量（个）	展出面积（平方米）
1	法兰克福	10	2204600
2	汉诺威	10	2092700
3	科隆	11	1856900
4	杜塞尔多夫	9	1829800
5	慕尼黑	7	1519600
6	巴黎	7	1412000
7	米兰	4	920600
8	拉斯维加斯	5	836500
9	上海	5	796000
10	柏林	5	749100
11	北京	5	666000
14	广州	2	305000
22	香港	1	120000
24	深圳	1	110000

资料来源：上海会展研究院（SMI）：《2012中外会展业动态评估年度报告》，2013年6月22日。

2. 主要特点

（1）会展业发展迅速，积极培育品牌会展

近年来，广东会展业无论是市场总量、发展速度、盈利能力还是水平提升等各项指标均令人瞩目，与2012年相比，2015年会展数量增长20%，会展总面积增长24%。广东培育了一大批国内外有很大影响力、带动性强的会展品牌。广交会、高交会作为广东的龙头品牌会展，带动了一大批展会的发展，尤其是广交会已经成为了中国外贸的"晴雨表"。广东的品牌展会继续做大做强，并且在会展规模、参展企业数量、影响力及号召力等方面都还在不断的提升。

（2）会展场馆设施逐步完善，展出专业化程度高

2014 年，广东省专业展览场馆总面积已达到 97.1358 万平方米，居全国首位，专业展览场馆的数量为 18 个，居全国第二。另外从展馆的单体面积来看，有亚洲第一展馆之称的广州国际会展中心首期总建筑面积 39 万平方米，设有国际标准展位超过 1 万个，配套设施完善，服务项目一应俱全。其次，广东各类展会的专业化程度也相对较高，专业展会涉及众多行业。例如，2014 年下半年的 116 届广交会，出口展区展位总数达到 59271 个，品牌展位占到两成，同类题材展品分布集中，专业性突出（黄颖川，2014）。

表 5-7　2014 年全国部分省区市专业展览场馆统计表

序号	省份	数量（个）	合计可供展览面积（平方米）
1	山东省	21	876450
2	广东省	18	971358
3	上海市	15	869481
4	浙江省	14	538170
5	北京市	10	329244
6	辽宁省	10	219976
7	江苏省	9	385969
8	安徽市	8	211109
9	河北省	8	107300
10	黑龙江省	6	152700

资料来源：中国会展经济研究会统计工作专业委员会：《2014 年中国展览数据统计报告》，2015 年 4 月 1 日，第 32 页。

（3）逐步完善行业规范，市场机制初步形成

市场的主体只有共同遵守规则，才能在有序的竞争中共同发展。基于此，广东政府明确规定会展业的市场准入条件、会展的审核要求和展览市场的管

理条例等。广东的会展业行业协会也积极发挥作用，协助政府从事行业管理，建立行业自律机制，规范行业市场秩序。为进一步完善行业规范和自律机制，2016 年 4 月，广东省制定并实施了《广东省进一步促进展览业改革发展的实施方案》，坚持深化改革、科学发展、市场导向的原则，全面深化展览业管理体制改革，稳步有序放开展览业市场准入，建立公开公平、开放透明的市场规则。

3. 存在的问题

从会展业的发展现状来看，广东在会展的布局体系、管理体系、服务体系等方面仍存在一些问题，主要表现如下：

（1）会展业布局有待完善，场馆利用不足

第一，主题雷同，分布不均。广东会展业面临的一大顽症，就是重复办展现象严重，由于体制弊端造成了目前同一主题展会频频撞车，会展市场政出多门，秩序混乱。例如，广东家具业重复办展现象严重，整个珠三角，有广州、东莞、深圳、顺德四个家具展，虽各有优势，但无论是通过行业力量还是行政力量都无法整合。更为极端的是，东莞甚至出现过 1 年举办 15 个服装展的局面，就连茶业展每年都有 4 个，并在多个镇街举办[①]。重复办展只能吸引少数买家，无法保证质量，要避免和减少区域内过度竞争的情况，对于目前已经存在的同类会展，则需要进行资源整合，以形成合力，节省会展资源（蔡礼彬、李颖，2012）。另一方面，广州、深圳等大型城市过度集中办展会增加城市管理的压力，使区域会展发展不均衡，不利于区域整体发展。

第二，会展场馆总量过剩，利用不足。广东会展场馆由于建设缺少整体规划和存在功能设计和技术上的缺陷，展馆出现"总量过剩而结构相对不足"的问题，除广州、深圳展馆利用率能达到 50% 外，中山等市的展馆利用率不足 20%。2015 年 11 月国内首个展览展示产业链集群基地"珠三角城市会展产业合作基地"在深圳挂牌成立[②]。该合作基地的职能就是促进

---

① 资料来源：陈明、阮元元等：《广州日报》2013 年 11 月 30 日。

② 资料来源：人民网，见 http://sz. people. com. cn/n/2015/1120/c202846 - 27145337. html。

珠三角城市会展产业协调发展，避免区域内的过度竞争，促进场馆的合理建设和利用。

表5-8　2014年广东省大型展会分布

城市	展会数量（个）	比重（%）	展会面积（万平方米）	比重（%）	平均展出面积（万平方米）
广州	20	52.63	137	53.10	6.85
深圳	12	34.21	87	33.72	6.69
东莞	3	7.89	20	7.75	6.67
佛山	1	2.63	5	1.94	5.00
云浮	1	2.63	9	3.49	9.00
总计	38	100.00	258	100.00	6.79

资料来源：中国会展经济研究会统计工作专业委员会：《2014年中国展览数据统计报告》，2015年4月1日。

（2）管理欠佳，市场秩序稍乱

第一，会展业知识产权纠纷频发。广东知识产权工作起步较晚，基础较弱，不能满足国际经济一体化形势发展的需要，又由于利益驱动，监管不严等原因，知识产权侵权，假冒和盗用的现象时有发生。广东会展业的知识产权保护力度与会展业发达的国家或地区相比还有很大的差距。

第二，缺乏统一的管理与协调部门。目前广东会展业中没有一个统一的协调和管理部门，组展部门多，监管部门多，组织协调困难，有时发生宣传不到位，信息渠道不畅通，对各个环节的监督力度不够等现象。广东的行业协会的力量相比于北京和上海也较弱，协调和管理的能力较差。

（3）发展失衡，国际化程度不高

第一，会议业发展相对滞后。广东会议业发展相对滞后，国际性会议的数量较少，而且缺少高级别、旗舰型国际会议。会议业发展不仅明显落后于国际知名会展中心城市，在国内与北京、上海相比也存在较大的差距，会议的数量与级别亟待提升。

表5-9　2014年海丝沿线主要城市 ICCA① 国际会议数量

城　市	ICCA 国际会议数量（场）	国际排名（位）
新加坡	142	7
香港	98	16
吉隆坡	79	28
曼谷	73	29
迪拜	56	44
巴厘岛	38	66
新德里	35	69
科伦坡	28	86
古晋	23	101
阿布扎比	22	108
多哈	22	108
马尼拉	22	108
河内	19	125
雅加达	19	125
海德拉巴	18	134
胡志明市	17	141
宿务	12	198
清迈	12	198
普吉岛	12	198
达卡	11	208
班加罗尔	10	222
孟买	10	222
马斯喀特	10	222
日惹	10	222
金奈	9	240
广州	9	240
芭提雅	9	240

资料来源：国际大会与会议协会（ICCA）：《2014年度国际会议市场年度报告》。

---

① 国际大会及会议协会，简称 ICCA，创建于1963年，是全球国际会议最主要的机构组织之一，是会务业最为全球化的组织，ICCA 国际会议是指至少3个国家轮流举行且与会人数至少50人的固定性会议。

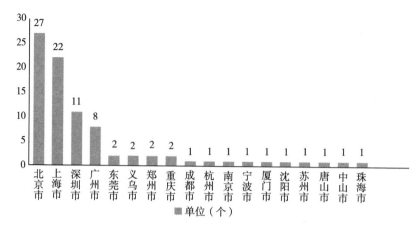

图 5 - 3　2014 年各城市 UFI 中国会员数量

资料来源：中国会展经济研究会统计工作专业委员会：《2014 年中国展览数据统计报告》，2015 年 4 月 1 日，第 50 页。

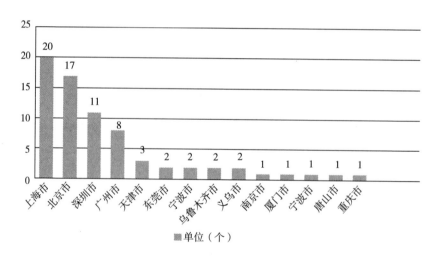

图 5 - 4　2014 年各城市 UFI 中国认证项目数量

资料来源：中国会展经济研究会统计工作专业委员会：《2014 年中国展览数据统计报告》，2015 年 4 月 1 日，第 57 页。

　　第二，展览业层次参差不齐，国际化水平较低。广东的展会层次参差不齐，中小型会展较多，国际性、与战略性新兴产业关联的专业展会数量还有继续提升的空间。UFI 认证的我国会员和项目主要分布在北京市、上海市。广东省的深圳市、广州市、东莞市、中山市、珠海市 UFI 会员数量之和为 23

个，明显落后于北京（27 个），和上海（22 个）相差不大。广东省的深圳市、广州市、东莞市 UFI 认证的项目数量之和为 21 个，与北京和上海两个市相差不大。考虑面积、人口、经济总量等因素，广东省展览业的国际化程度落后于北京市和上海市。

（二）海丝沿线国家会展业的发展情况

1. 基本情况

（1）亚洲海丝沿线国家的基本情况

亚洲海丝沿线国家主要分布东南亚、南亚和西亚，南亚、西亚海丝沿线国家会展行业规模较小。东南亚国家中，除新加坡、泰国、马来西亚等会展强国外，其他国家的会展业还是比较单一、规模尚小、档次较低。泰国依靠处于东盟中心的区位优势，依靠国内会议展览局的建立、一站式服务和完善的海陆空交通网络，已经形成了高质量的会展服务产业链。而老挝、越南、柬埔寨和缅甸则因为经济体制落后、产业结构传统、对外开放水平低等多种因素发展落后，没有完善的产业链（降雪棉，2015）。新加坡具有发达的交通、通信等基础设施、较高的服务业水准、较高的国际开放度以及较高的英语普及率，所以新加坡会展业发展迅速，并连续 17 年成为亚洲首选会展举办地城市，每年举办的展览会和会议等大型活动达 3200 个。新加坡会展业的发展不仅注重于规模，还注重于会展的品质和服务，并且服务设施一流。

（2）非洲海丝沿线国家的基本情况

因为南非和埃及的经济发展水平相比非洲的其他国家较高，所以非洲的会展业主要集中于经济较发达的南非和埃及。南非的会展业因其雄厚的经济实力及对周边国家的辐射能力，遥遥领先于整个非洲南部地区，每年举办 300 多个会展活动。非洲北部的会展业以埃及为代表，埃及凭借其有利地理位置，近年来会展业突飞猛进，展会的规模和国际性大大提高，每年举办的大型展览会已达 30 多个，首都开罗成了举办大型展览会好地方。除南非和埃及外，非洲其他地区的展会规模都很小，一个国家一年只能举办一两个展会，一时还成不了气候。

（3）欧洲国家的基本情况

欧洲作为世界会展业的发源地点，通过一百多年的发展，欧洲的会展经济已经形成专业化、市场化与国际化的大格局，会展场所固定，会展人员职业化，且运行市场化，形成了独具一格的会展经济（吉振航，2014）。欧洲会展经济在国际上整体实力最强，规模最大，全球几乎超过50%的会展经济及市场在欧洲。德国、意大利、法国、英国都已经成为世界级的会展业大国。欧洲人利用展会开拓市场、扩大贸易的成功经验，正在被世界各国所效仿。由于欧洲会展专业性强、效益高、影响力大等特点，一直处在世界展览业的最顶端，欧洲会展业的发展对世界其他地区的国家会展业的发展起到了巨大的推动作用。

2. 主要特点

（1）发展水平不均衡

亚洲、非洲和欧洲地区的海丝沿线国家的会展发展水平差别很大。我国香港、东南亚的新加坡，会展产业已发展为一个较为成熟的产业，资本和金融资本投入，已经使这些国家和地区进入了国际性商业化运作阶段，并在此基础上全球形成了欧洲、美洲、亚洲三大会展板块。近年来，泰国会展业风头更劲。据UFI报告，泰国每年举办大型国际展览项目约75个，居东盟国家前列，被国际会展业誉为"东南亚的会展先锋"。而东南亚的其他国家的会展业相对落后，会展基础实施较差。非洲地区，除了南非和埃及，其他国家的会展业都处于较低水平，办展、参展较少。

表5-10 2014年海丝沿线国家ICCA国际会议举办数量

城　　市	ICCA国际会议数量（场）	国际排名（位）
新加坡	142	29
马来西亚	133	133
泰国	118	33
印度	116	35
阿拉伯联合酋长国	80	41
印度尼西亚	76	42

城　市	ICCA 国际会议数量（场）	国际排名（位）
菲律宾	46	50
越南	46	50
斯里兰卡	31	61
卡塔尔	22	70
孟加拉国	11	78
阿曼	10	10
柬埔寨	9	83
缅甸	8	86
科威特	5	99

资料来源：国际大会及会议协会：《国际会议业统计报告（2014）》，2015 年 5 月 11 日，第 6 页。

（2）总体规模尚小，发展空间很大

东南亚国家中，除新加坡、泰国、马来西亚等会展强国外，其他国家的会展业还是比较单一、规模尚小、档次较低。缅甸、柬埔寨、老挝等国家的展会以较小规模的边境贸易展会居多，但也有稍具规模和特色的展会，如缅甸珠宝展、柬埔寨农业展、老挝手工艺品展等，在东南亚展会中也颇有名气。由于东南亚和东非地区的很多国家的经济落后，服务业占比比较低，会展业落后也就不足为怪。非洲的会展业主要集中于经济较发达的南非和埃及，除南非和埃及外，非洲其他地区的展会规模都很小。相比于海丝沿线国家的经济总量和贸易额来看，海丝沿线国家的会展业的总体规模尚小，发展空间很大。

表 5 - 11　海丝沿线主要展览国 UFI 认证展览数量和面积

国家	认证展览数量（2011 年）	增长率（与 2006 年相比）	展览面积（万平方米）	增长率（与 2006 年相比）
印度	55	+142%	29	+92%
泰国	23	+7%	16	-6%
新加坡	21	+40%	12	+8%
伊朗	68	+21%	46	+34%
阿拉伯联合酋长国	40	+21%	32	+25%
南非	20	-2%	7	-9%

资料来源：全球展览协会：《全球展览业统计报告（2014）》。

3. 存在的问题

（1）亚洲和非洲海丝沿线会展业存在的问题

第一，服务水平低下。东南亚和东非地区的发展中国家会展业的服务水平难以满足高层次发展需求，会展场馆的管理运营服务未能完全实现市场化、专业化。由于会展基础设施建设落后和相关产业的落后，在为参展商和参观者提供旅行、住宿、购物、展览参观引导等专业服务方面的服务能力有限，很多地区仅能为会展组织者提供少量的会展咨询和协助服务。

第二，会展专业人才缺乏。会展涉及金融、管理、外语、市场营销等多领域的专业知识，需要相应的高素质会展人才队伍来支撑。海丝沿线的发展中国家会展教育和专业培训体系不完备，人才培训行业标准建设滞后，导致会展人才培养与会展的迅速发展没有完全匹配。这些国家侧重于策划、营销和设计等方面的会展人才严重缺乏。这些问题造成会展的服务质量不高，不利于区域会展合作竞争力的提高。一个高层次、高标准的国际化展会，需要高素质会展人才队伍来支撑。

第三，会展业配套设施落后。由于大部分发展中国家的经济总量小，主要产业以第一产业和第二产业为主，服务业相对落后，会展业资源相对较少，尤其是和会展业相关的配套产业如酒店、餐饮、交通、广告、通信等相对落后，不能为会展活动提供高质量的支撑服务。

（2）欧洲国家会展业存在的问题

第一，区域内会展发展不平衡。欧洲发达国家会展业发展水平较高，影响力较大，但是由于经济发展水平、区位因素、技术人才、配套设施等方面的差异，各国内部各区域间会展业发展水平参差不齐。会展活动主要集中在德国，在全球影响较大的210个专业展览会中近三分之二的展会在德国举办。另外存在区域内同主题会展的情况，国内外参展商会对同主题、同年多场会展兴奋度降低，参加频率降低。有些国家在会展合作上会出现偏重某些国家，可能会加剧不平衡、不协调的现象，制约区域整体会展业的发展，影响区域会展业合作的开展。

第二，会展业发展缓慢。欧洲会展业发展速度缓慢，为3%—4%（吉振航，2014）。相比于广东会展业的发展速度，显得很慢。原因主要有：会展业比较成熟和经济发展速度较慢。

五、广东与海丝沿线国家会展业合作的基础

（一）广东与海丝沿线国家会展业合作的经贸基础

海关总署广东分署的数据显示，随着广东外贸规模不断扩大、外贸质量不断提升，广东与海路国家的经贸保持着快速增长态势，2001—2014 年的 13 年间，年均增速高达 15.3%，广东占同期全国对海丝沿线国家和地区贸易总值的 20% 左右。2015 年上半年，广东对海上丝绸之路沿线重点 14 国的进出口增长 8.6%，远好于全国进出口的平均水平①。广东的产业结构与海丝沿线经济体的产业结构有极强的互补性。广东巨大的需求为东盟、南亚、欧盟和印度洋西岸国家的产品提供了广阔的市场，同时广东的制造业产品也大量供给这些国家，频繁而丰富的贸易极大地提高了双方的国民福利。近年来，广东与海丝沿线国家的双边和多边贸易关系不断升级，连续多年保持正的增长态势。海丝沿线国家或地区间的双边或多边很高的贸易额为海丝沿线国家或地区间的会展业合作提供了基础。

表 5-12　2014 年广东与海丝沿线主要国家经贸合作情况

国家和地区	进出口总额 （亿美元）	合同利用外资 （万美元）	实际利用外商 直接投资（万美元）	实际对外投资 （万美元）
孟加拉国	22.71	50	13	136
文莱	6.99	3390	3748	180
柬埔寨	7.75	0	0	9978
缅甸	73.47	0	183	380
越南	145.78	62	5	404

---

①　资料来源：广东统计信息网，见 http://www.gdstats.gov.cn/tjzl/tjfx/201510/t20151010_315943.html。

续表

国家和地区	进出口总额 （亿美元）	合同利用外资 （万美元）	实际利用外商 直接投资（万美元）	实际对外投资 （万美元）
印度	125.29	6622	125	216
印度尼西亚	113.00	-151	4420	2518
伊朗	156.65	48	5	0
伊拉克	12.17	66	16	0
约旦	6.43	73	41	0
老挝	4.24	0	0	2656
马来西亚	251.63	5927	1452	860
巴基斯坦	31.15	60	11	17
菲律宾	115.97	203	30	39
新加坡	192.13	159427	127119	8984
泰国	211.93	3269	626	2356
卡塔尔	11.47	6	0	700
沙特阿拉伯	69.82	239	36	2446
阿联酋	126.92	182	5	291
也门	4.35	86	44	0
埃及	18.29	127	39	0

资料来源：进出口数据来自广州海关，其余数据来自广东省商务厅，均为快报数统计而成。

1. 广东与亚洲海丝沿线国家的经贸基础

从国际经验看，大国崛起的对外经济外交的战略重点无不聚焦于周边地区（全毅、汪洁、刘婉婷，2014），广东作为我国一个开放程度较高的省份，也是如此。2014年，广东对亚洲海丝沿线国家的出口总额为3887.16亿美元，所占总出口额的比例为60.2%；进口为3249.21亿美元，所占总进口额的比例为75.5%。

（1）广东与东南亚国家的经贸基础

我国至东南亚航线节点国家包含了越南、菲律宾、马来西亚、文莱、印度尼西亚、泰国、新加坡、柬埔寨、缅甸（陈万灵、何传添，2014）。广东作为我国的南大门，与东盟成员国地缘相近，人缘相亲，东盟对于"21世纪海上丝绸之路"具有独特的区位和战略意义。"加强同东盟的国际经济区域合作"是《珠江三角洲地区改革发展规划纲要（2008—2020）》的既定策略。2014年，广东对东盟地区的出口为512.87亿美元，所占总出口额的比例为7.9%；进口为 609.99 亿美元，所占总进口额的比例为 14.2%。目前东盟是广东的第三大投资来源地、第二大投资市场、第三大贸易伙伴（徐德友，2014）。

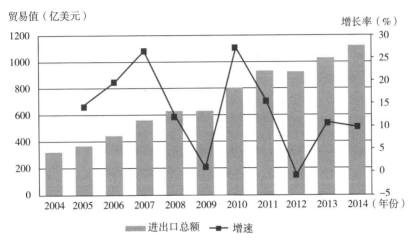

图 5 - 5　2004—2014 年广东省对东盟贸易增长情况

资料来源：《广东统计年鉴》（2005—2014 年）。

（2）广东与南亚国家的经贸基础

南亚海丝沿线国家主要有印度、巴基斯坦、斯里兰卡、孟加拉国、马尔代夫等国。南亚国家人口众多，土地广袤，市场潜力大，广东与南亚经贸合作有广阔的空间。以印度为例，广东与印度之间有不同的产业优势，印度信息产业较为发达，而广东的制造业规模较大，因此可以优势互补。2014 年广东对印度、巴基斯坦、孟加拉国的进出口总额为 179.15 亿美元，合同利用外资之和为 6732 万美元，说明经贸合作空间巨大。

表 5 - 13　2014 年广东与南亚海丝沿线主要国家经贸合作情况

国家和地区	进出口总额 （亿美元）	合同利用外资 （万美元）	实际利用外商 直接投资（万美元）	实际对外投资 （万美元）
印度	125.29	6622	125	216
巴基斯坦	31.15	60	11	17
孟加拉国	22.71	50	13	136

资料来源：广东统计信息网，见 http://www.gdstats.gov.cn/tjzl/tjfx/201510/t20151010_ 315943.html。

（3）广东与西亚国家的经贸基础

西亚地区国家主要有沙特阿拉伯、阿联酋、阿曼、科威特、巴林、卡塔尔、伊朗、伊拉克、也门等国。该区域能源资源丰富，是我国能源进口的主要来源地。该区域人口约 7000 万，区域面积近 400 万平方公里，人均消费水平高、市场潜力巨大。2014 年广东与西亚海丝沿线国家的进出口总额突破 380 亿美元，广东实际对西亚地区的投资超过 3400 万美元。

表 5－14　2014 年广东与西亚海丝沿线国家经贸合作情况

国家和地区	进出口总额 （亿美元）	合同利用外资 （万美元）	实际利用外商 直接投资（万美元）	实际对外投资 （万美元）
沙特阿拉伯	69.82	239	36	2446
阿联酋	126.92	182	5	291
卡塔尔	11.47	6	0	700
伊朗	156.65	48	5	0
伊拉克	12.17	66	16	0
也门	4.35	86	44	0

资料来源：广东统计信息网，见 http：//www.gdstats.gov.cn/tjzl/tjfx/201510/t20151010_315943.html。

2. 广东与非洲海丝沿线国家的经贸基础

非洲是中国未来长远战略的重点，如何进一步提升中国与该航段区域国家的经贸合作水平，打造中非经贸合作升级版，是中国共建"21 世纪海上丝绸之路"中的重点环节（陈龙江，2014）。非洲海丝沿线国家主要集中在东非、北非地区，主要有埃及、南非等国。2014 年，广东对非洲地区的出口额为 276.09 亿美元，进口额为 291.27 亿美元。目前广东与非洲的贸易量居全国各省之首，分别占全国的 20% 和 12%（徐德友，2014）。海丝沿线的埃及和南非是广东在非洲地区的主要贸易国，占广东对非洲贸易总量的比例超过 90%。埃及在非洲和中东地区的影响力很大，地理位置优越，经济多元化，是非洲第三大经济体。南非财经、通信、能源业相对发达，钻石、黄金产量居世界首位，是非洲的第二大经济体。由于南非和埃及是非洲地区的会展强国，因此广东和南非、埃及的会展业合作有广阔的空间。

表 5 - 15　广东同非洲海丝沿线国家进出口额

（单位：亿美元）

国别（地区）	2013			2014		
	进出口	出口	进口	进出口	出口	进口
非洲	447.94	156.67	291.27	493.31	217.21	276.09
埃及	12.73	12.21	0.52	18.29	17.75	0.54
南非	296.82	31.21	265.61	264.99	35.73	229.27

资料来源：《广东统计年鉴（2015）》。

3. 广东与欧洲国家的经贸基础

欧盟是世界上最大区域经济组织和经济最发达与规模最大经济体，是海上丝绸之路和陆上丝绸之路的终点。欧盟已成为我国最大的出口市场、进口来源地和最重要的经济伙伴。2014 年，广东对欧洲地区的出口额为 903.49 亿美元，所占总出口额的比例为 14.0%，进口为 346.56 亿美元，所占总进口额的比例为 8.1%。

表 5 - 16　广东同欧洲主要国家进出口额

（单位：亿美元）

国别（地区）	2013			2014		
	进出口	出口	进口	进出口	出口	进口
欧洲合计	1157.11	813.01	344.10	1250.06	903.49	346.56
比利时	47.58	33.84	13.74	48.45	37.69	10.76
丹麦	19.31	12.82	6.48	20.88	14.32	6.56
英国	143.77	123.46	20.31	163.87	142.65	21.22
德国	228.68	141.15	87.53	236.26	152.02	84.24
法国	96.69	67.20	29.49	110.98	73.33	37.66
意大利	78.51	49.40	29.11	88.31	58.13	30.18
荷兰	126.49	107.85	18.64	139.79	125.19	14.60
西班牙	47.78	37.78	10.00	54.08	45.94	8.14
奥地利	10.92	5.18	5.74	12.70	5.51	7.19
芬兰	14.64	10.31	4.33	13.35	9.07	4.28
瑞士	82.94	8.91	74.03	87.05	8.08	78.97
波兰	29.21	26.90	2.31	34.20	31.68	2.52
俄罗斯	80.14	70.03	10.12	80.30	72.92	7.38
欧盟	966.02	711.63	254.39	1056.31	803.89	252.42

资料来源：《广东统计年鉴（2015）》。

（二）广东与海丝沿线国家会展业合作的政治基础

总体上说，广东在对外交流方面占有经济优势、华侨优势、地缘优势和政治优势。很多海丝沿线国家在广州设立了总领事馆，广东已与海丝沿线国家设立了很多对友好省州或城市。截至 2016 年 8 月，据不完全统计，广东省目前与海丝沿线国家正式缔结友城关系 25 对，其中省级 8 对，地级市 17 对，大部分友好城市集中在东南亚地区①。

表 5 - 17　广东省与亚洲、非洲海丝沿线国家友好城市一览表

国别（地区）		友好省（州/县/区）	对应省（市、区）	时间
东南亚海丝沿线国家	越南	胡志明市	广东省	2009
		芹苴市	汕头市	2005
	菲律宾	宿务省	广东省	2009
		马尼拉市	广州市	1982
	马来西亚	马六甲州	广东省	2015
		广宁县	肇庆市	2000
		诗巫市	肇庆市	2005
	印度尼西亚	北苏门答腊省	广东省	2002
		泗水市	广州市	2005
		日里昔利冷县	汕尾市	2009
	泰国	曼谷市	广州市	2009
		曼谷市	潮州市	2005
		南邦市	揭阳市	2006
	老挝	万象市	广东省	2015
南亚海丝沿线国家	印度	古吉拉特邦	广东省	2014
		艾哈迈达巴德市	广州市	2014
	巴基斯坦	瓜达尔地区	珠海市	2015
	斯里兰卡	汉班托塔区	广州市	2007
	科威特	科威特城	广州市	2012
	阿联酋	迪拜市	广州市	2012

---

① 广东省人民政府外事办公室，见 http：//www.gdfao.gov.cn/Item/17101.aspx。

续表

国别（地区）		友好省（州/县/区）	对应省（市、区）	时间
非洲海丝沿线国家	埃及	亚历山大省	广东省	2010
		卢克索市	深圳市	2007
	南非	夸纳省	广东省	2016
		伊莱姆比地区	湛江市	2009
		德班市	广州市	2000

注：数据截至 2016 年 2 月，由广东省人民政府外事办公室统计的广东省友好城市资料整理而得，见 http：//www. gdfao. gov. cn/Item/17101. aspx。

1. 广东与亚洲海丝沿线国家的政治基础

我国与东盟国家同属于发展中国家，双方在发展等一系列问题上具有共同的发展理念，双方就建立互相促进、联系紧密、共同发展的区域性经济联合体等诸多方面达成共识。因为经贸往来密切、地理位置相距不远，广东和亚洲众多国家高层、商界互访频繁。为促进广东经济又好又快发展，同时加大广东和东盟的经贸合作，广东省委、省政府已经把广东对东盟的经贸合作提升到"东盟战略"的高度，直接提出了建立双边合作对话机制的议案。

2. 广东与非洲海丝沿线国家政治基础

大多数的发展中国家都遭受到帝国主义和殖民主义的统治压迫，我国和非洲地区由于历史的相似性，有很强的政治互信。非洲国家是我国成为联合国安理会常任理事国的主要支持者，同时，我国对非洲地区也有很多的经济援助和基础设施活动。我国的维和部队常年在非洲地区维护当地的政治稳定、打击恐怖主义。得益于此，广东与非洲地区的国家有良好的政治基础。以广州为例，广州是开放度很高的城市，也是我国开放最早的城市之一。广州是海上丝绸之路的主要起源地，根据出入境部门的统计，截至 2014 年 10 月，居住在广州的非洲国家人士为 1.6 万人①。

3. 广东与欧洲国家的政治基础

2003 年中欧关系就已经由"全面伙伴关系"提升为"全面战略伙伴关

---

① 资料来源：国际在线，见 http：//gb. cri. cn/42071/2014/10/31/6891s4749624. htm。

系"。回顾十几年来双方关系的发展,中欧之间合作领域不断扩大和深化,特别是各方面关系发展迅猛。在政界方面,得益于中欧政治互信加强,广东和欧洲众多国家高层、商界互访频繁。广东已经与希腊、荷兰、法国、波兰、德国、英国、丹麦、阿根廷、瑞士、意大利、比利时等国家的众多州或市缔结了友好关系①。

(三) 广东在海丝沿线国家会展业已有的布局基础

1. 广东在亚洲海丝沿线国家已有的布局基础

亚洲海丝沿线国家主要有越南、菲律宾、马来西亚、文莱、印度尼西亚、泰国、新加坡、柬埔寨、缅甸、孟加拉国、斯里兰卡、印度、巴基斯坦、伊朗、伊拉克、科威特、沙特阿拉伯、卡塔尔、巴林、阿拉伯联合酋长国、阿曼等国家(陈万灵、何传添,2014)。广东省的货物贸易会展平台布局在东南亚国家主要集中在印度尼西亚和泰国,在南亚地区主要集中在印度,在西亚地区主要集中在阿联酋。服务贸易会展平台主要集中在经济较发达的新加坡和阿联酋地区。广东省货物贸易和服务贸易在亚洲海丝沿线国家或地区的会展平台布局详细信息如表5-18所示:

表5-18 广东省货物贸易亚洲海丝沿线国家会展平台布局体系一览表

展会地点		展会名称	举办单位
东南亚海丝沿线国家	印尼	印度国际纺织及服装机械展览会	Peraga Nusantara Jaya Sakti
		广东产品东盟(印尼)展览会	广东省贸促会
		印尼国际塑料橡胶展览会	奥伟展览集团、PT PamerindoBuanaAbadi
	泰国	泰国亚洲世界食品博览会	德国科隆国际展览有限公司
		泰国国际包装行业展览会	奥伟展览集团、Bangkok Exhibition Services Ltd
		泰国国际塑料、橡胶机械展览会	励展博览集团
		广东(泰国)商品展览会	广东省商务厅

---

① 广东省人民政府外事办公室,见 http://www.gdfao.gov.cn/Item/17101.aspx。

续表

展会地点		展会名称	举办单位
越南		越南国际橡塑胶工业展览会	越南政府贸易部、展昭国际股份有限公司
		中国五金商品 （越南胡志明）展览会	广东省贸促会、国家贸促会通用行业分会、 广东省五金磨具行业协会
		越南国际纺织及 制衣工业展览会	越南纺织制衣有限公司
缅甸		中国—东盟（缅甸）商品展览会	中国对外贸易中心（集团）
		缅甸国际包装、橡塑展览会	奥伟展览集团、Bangkok Exhibition Services Ltd
菲律宾		菲律宾中国机械与 电子产品贸易博览会	国家机电商会
柬埔寨		柬埔寨国际橡塑胶 工业展览会	Garment Manufacturers Association in Cambodia（GMAC）
新加坡		新加坡国际医疗展	亚洲杜塞尔多夫有限公司
马来西亚		马来西亚吉隆坡国际安防展	英国博闻有限公司
南亚海丝沿线国家	印度	印度国际机床展览会	印度 Triune 国际展览公司
		印度国际通讯技术暨 广播电视设备博览会	印度展览集团
		印度新德里国际汽车、 摩托车及零配件博览会	Confederation of Indian Industry（CII）
		印度国际医疗展	亚洲杜塞尔多夫有限公司
		中国商品（印度孟买）展览会	国家贸促会、广东省贸促会、香港贸发局、 澳门贸易投资促进局、广东省商务厅等
		印度照明展	法兰克福展览有限公司

续表

展会地点		展会名称	举办单位
西亚海丝沿线国家	阿联酋	迪拜五大行业展	迪拜世界贸易中心
		第十六届中东能源及 环保产品博览会	迪拜国家水利与电力部
		阿联酋迪拜国际美容用品展览会	法兰克福展览（香港）有限公司
		中东迪拜五大行业展	英国 DMG 集团
		2014 年中东（迪拜）国际城市、 建筑和商业照明展览会	国家机电商会
		中东与非洲海鲜展	迪拜世贸中心
		中东（迪拜）中国家电及 电子消费品博览会	米奥兰特国际会展公司
		迪拜秋季国际贸易博览会	Al Fajer Information Service
		沙迦中国商品交易会 暨中国农业产品展	国家商务部
	沙特 阿拉伯	中国（沙特）商品智造展	上海凯宸国际会展公司

资料来源：广东省商务厅贸易促进处、广东外语外贸大学国际服务经济研究院：《构建和完善广东进出口贸易会展平台体系研究》，2015 年 12 月。

表 5-19　广东省服务贸易亚洲海丝沿线国家会展平台布局体系一览表

展会地点		展会名称	主办单位
东南亚	印尼、 马来西亚	广东（印尼、马来西亚） 中医药服务贸易推介会	广东省商务厅
	新加坡	国际通讯与咨询 科技展览及研讨会	新加坡资讯通信发展管理局、 新加坡媒体发展管理局
南亚	印度	印度国际通讯技术暨 广播电视设备博览会	印度展览集团
西亚	阿联酋	中范围国际 IT 信息技术及视听通讯展	迪拜世界贸易中心
	阿联酋	IT 外包博览会	Gartner
	阿联酋	中东电脑及网络信息展	阿联酋迪拜商业协会

资料来源：广东省商务厅贸易促进处、广东外语外贸大学国际服务经济研究院：《构建和完善广东进出口贸易会展平台体系研究》，2015 年 12 月。

2. 广东在非洲海丝沿线国家已有的布局基础

非洲海丝沿线国家包括南非、埃及等国。广东省非洲地区会展平台布局主要集中在南非和肯尼亚，归属广东的主办单位只有一个，如表5－20所示：

表5－20　广东省进出口贸易非洲会展平台布局体系一览表

展会地点	展会名称	主办单位
南非	南非国际医疗展	英富曼展览公司
	南非国际贸易博览会	南非国家展览中心
	南非国际服装纺织及鞋类展览会	LTE SOUTH AFRICA
	南非国际贸易博览会	南非卡基索展览公司
	广东（约翰内斯堡）商品展览会	广东省商务厅
	南非约翰内斯堡国际建材展览会	Specialised Exhibitions（Pty）Ltd.
肯尼亚	肯尼亚中国商品交易会	MIE 展览公司
	肯尼亚国际医疗展	英富曼展览公司
	肯尼亚安全与救援展	ITE 集团
坦桑尼亚	中国品牌商品非洲展	国家商务部

资料来源：广东省商务厅贸易促进处、广东外语外贸大学国际服务经济研究院：《构建和完善广东进出口贸易会展平台体系研究》，2015年12月。

3. 广东与欧洲国家已有的布局基础

"21世纪海上丝绸之路"战略在北线特别是在欧洲地区推行的比较缓慢，目前欧洲地区还没有明确地区分出海丝沿线国家和非海丝沿线国家。广东在欧洲国家的会展平台布局相对完善一些，主要集中在英、法、德、俄、意等国，如表5－21所示：

表5－21　广东省进出口货物贸易欧洲会展平台布局体系一览表

展会地点	展会名称	主办单位
德国	国科隆国际婴幼儿、青少年服装及用品展	科隆国际展览公司
	德国柏林亚洲服装及配饰博览会	香港建发展览
	德国慕尼黑国际太阳能展	京慕国际展览公司
	法兰克福春季日用消费品展	德国法兰克福展览有限公司
	德国纽伦堡玩具展	SPielwarenmesseG
	德国法兰克福春季国际消费品展览会	法兰克福展览公司
	科隆国际五金博览会	德国科隆国际五金工具展览会
	德国杜塞尔多夫春季国际鞋业展览会	Messe Dusseldorf GmbH

续表

展会地点	展会名称	主办单位
德国	德国国际乐器、舞台灯光及音响展览会	德国法兰克福展览公司
	德国纽伦堡国际玩具博览会	
	德国汉诺威国际工业博览会	汉诺威米兰展览（上海）有限公司
	法兰克福国际照明及建筑设备博览会	德国法兰克福展览公司
	德国科隆国际游戏展中国文化贸易展区	国家商务部
	德国法兰克福礼品展	法兰克福展览公司
	法兰克福秋季消费品展	德国法兰克福展览公司
	科隆户外用品及花园生活展	德国科隆展览公司
	德国法兰克福国际文具及办公用品展览会	
	德国法兰克福国际圣诞礼品展览会	
	德国柏林国际电子消费品展览会（IFA）	德国柏林国际展览有限公司
	德国汉堡国际海事展览会	德国汉堡展览公司
	德国杜塞尔多夫国际医院设备展览会	杜塞尔多夫国际展览有限公司
	德国科隆儿童用品展	科隆展览集团
	法国巴黎第一视觉面料展	法国巴黎第一视觉面料展
	德国法兰克福书展	德国书业协会
	德国纽伦堡制冷空调通风展览会	纽伦堡展览公司
俄罗斯	俄罗斯国际汽车及配件展览会	IEC展览中心及俄罗斯汽车制造商协会
	俄罗斯灯光音响展	ADMT Expo
	俄罗斯家用电器与家庭用品博览会	俄罗斯家用电器与家庭用品博览会
	俄罗斯莫斯科国际食品展览会	英国ITE展览公司
	俄罗斯莫斯科国际家居及消费品展览会	意大利米兰展览公司
	法兰克福（莫斯科）国际照明展	法兰克福展览公司
	俄罗斯国际五金工具展览会	EUROEXPO
	俄罗斯国际家具、配件及室内装潢展览会	Expocentre
	俄罗斯莫斯科国际鞋类展览会	俄罗斯皮革协会
	俄罗斯信息产品展览会	美国克劳斯展览有限公司
	俄罗斯莫斯科国际书展	国际书籍展览总局
	俄罗斯国际建材展	英国ITE展览公司
	俄罗斯莫斯科国际汽车配件、售后服务及设备展览会	Crocus EXPO

展会地点	展会名称	主办单位
意大利	意大利维罗纳石材展	意大利维罗纳石材展
	意大利加答国际鞋类展览会	
	意大利米兰国际摩托车（EICMA）	意大利两轮车工业协会（ANCMA）
英国	中国品牌商品欧洲展	国家商务部
	伦敦百分百设计展	伦敦市政府
西班牙	西班牙巴塞罗那第一视觉面料展	PRENIERE OESION SA
法国	法国巴黎智能卡暨身份识别工业展览会	法国高美爱博展览集团
比利时	欧洲水产品博览会（比利时布鲁塞尔）	美国 DBC 集团
荷兰	荷兰阿姆斯特丹牛仔精华秀	OLOHLNC

资料来源：广东省商务厅贸易促进处、广东外语外贸大学国际服务经济研究院：《构建和完善广东进出口贸易会展平台体系研究》，2015 年 12 月。

表5－22　广东省进出口服务贸易欧洲会展平台布局体系一览表

展会地点	展会名称	主办单位
德国	欧洲光纤通讯展	Nexus Media
	汉诺威信息技术展	汉诺威展览公司
	德国汉诺威国际信息及通信技术博览会（CeBIT）	汉诺威展览有限公司
法国	欧洲国际运输及物流周	励展博览集团
	法国昂西国际动漫展	CITIA
	法国戛纳国际动漫展览会	法国 Reed MIDEM
爱尔兰	欧洲共享服务暨外包峰会	SSON 组委会
瑞典	欧洲服务外包大会	国际质量和生产中心
英国	英国伦敦创意设计展及爱尔兰都柏林文化周活动	英国 MEDIA 10 公司
俄罗斯	圣彼得堡世界健康论坛及展览之"中国广东中医药文化产业专题展"	广东省服务贸易协会
西班牙	高交会海外分会活动	高交会组委会办公室、西班牙巴塞罗那市政府
比利时	高交会海外分会活动	高交会组委会办公室、比利时布鲁塞尔首都大区政府

资料来源：广东省商务厅贸易促进处、广东外语外贸大学国际服务经济研究院：《构建和完善广东进出口贸易会展平台体系研究》，2015 年 12 月。

六、广东与海丝沿线国家会展业合作的可选模式和具体思路

（一）广东与海丝沿线国家会展业合作可选模式

适宜的国际合作与运营管理模式能够促进会展业的快速、持续、健康发展，相反，没有考虑实际情况的合作与运营管理模式会阻碍会展业的发展。国际合作与运营管理模式对于广东会展业做大做强、走向国际化影响巨大，广东应该结合自身会展业发展现状和特点，结合海丝沿线其他国家的战略和利益诉求作出合理选择。会展业的国际合作可从合作主体、合作形式和合作内容三个维度来探讨，如图 5 - 6 所示：

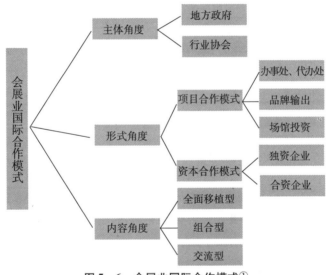

图 5 - 6　会展业国际合作模式①

1. 主体角度

第一，地方政府主导的合作。地方政府国际合作的灵活性和地方政府利

---

① 该图据徐丹《城市会展业合作模式研究》，中国社会科学院研究生院博士学位论文，2012 年和邱治国、戴伟《会展业合作模式浅析》，《商场现代化》2006 年第 1 期及其他资料整理分析而绘制得到。

益的特定化决定了地方政府在国际议题领域有着展开合作交流的冲动（王立军，2012）。我国大型的会展活动大部分都是政府主导的，地方政府主导的会展业国际合作模式，是会展欠发达地区促进本地会展业发展的重要手段。地方政府主导的合作优点是能够及时迅速地调动当地的各种会展资源；缺点是合作举办会展的灵活性和适应性较差，有时不能够及时、准确地反映、满足市场的需求。目前广东省的地方政府主导的会展活动较多，此合作方式是一个很好的选择。

第二，行业协会主导的合作。行业协会主导的合作主要是指国际与区域性的会展业行业协会信息交流、互换资源、项目合作、人才培养、标准制定等方面的合作。行业协会主导的合作优点是合作举办会展更加专业，灵活度高，市场化程度较高；缺点是没有政府扶持的情况下，会展资源的调动能力弱。广东省的会展业行业协会作用有限、影响力很小，目前还没有 UFI 认证的会展业行业协会。结合现状，应该首先加强行业协会的自身建设。

2. 形式角度

（1）项目合作模式

第一，设代表处、办事处的模式。在合作国设立代表处或者办事处，目的是为了全面深入地了解合作国的各方面情况，以便在合作国寻求市场和商机，为大规模的合作奠定基础，提供可能。这种合作模式的好处是资金投入少、适应性强、信息获取能力强；缺点就是规模较小、力量不足。建议广东地区有实力的会展企业可以在海丝沿线会展发达地区采取这种模式，及时获取信息，了解世界市场动态。

第二，品牌输出。品牌输出是会展业项目国际合作的主要方式。会展业的生命力在于品牌会展项目（邱治国、戴伟，2006）。国际知名的会展业组织机构、大型国际会展企业等都非常注重高品质会展活动品牌的培育和推广。会展品牌的直接移植，优点是为所在地会展业提供了一个平台，增强母国会展品牌的国际影响力，可以直接创造价值；缺点是可能会对当地同类型会展造成冲击，从而遭遇抵制。广东的广交会、高交会等影响力大的会展品牌可以走出国门，结合广东的外贸结构和主要贸易国，在海丝沿线国家开设分会场进行品牌输出。

第三，场馆投资。场馆投资指的是国际会展业组织机构、企业等投资参与会展业场馆的建设或者运营。场馆投资对场馆所在地优点主要是引进建设资金、会展技术、场馆运营经验等。对于投资方来说主要优点是提高资金的收益，增加对场馆的控制力；缺点是容易产生利益纠纷。广东的地方政府可以结合广东企业的外国工程建设的经验，结合国家"一带一路"的基础设施建设的号召，鼓励广东企业在海丝沿线国家的重要的港口、节点城市和区域中心城市进行会展场馆的投资和建设。

（2）资本合作模式

第一，独资企业。独资企业是外国企业在另一国境内设立外商投资的独立会展公司。对投资国的好处是有大量外资进入，同时也带来先进的管理和经营理念。对于投资者的好处是直接进入当地市场，对投资企业有完全的掌控能力。其缺点就是国际会展公司的实力都比较强，容易对投资国的会展业造成冲击，从而受到投资国的抵制，有些国家对外商独资企业有法律限制。从其他行业的经验来看，这种情况容易发生在和中国有领土争端国家和政局不稳定的国家。广东的会展公司和海丝沿线国家进行合作前应详细了解当地的法律法规和进行市场调研，研究其他中国企业在当地的发展情况，减少投资的不确定性。

第二，合资企业。合资企业是指两个或两个以上不同国家或城市的资金合作，共同出资筹建会展企业的合作模式。这种合作模式的好处是合资的会展企业可以风险共担，利益共享。但是合资模式对于当地其他企业来说，在短期内是不利的，会淘汰一批规模小、实力弱的会展企业。

3. 内容角度

第一，全面移植型。全面移植型将一个国家的会展品牌完全引入到另外一个国，在其他国家创造一个和本国一样的会展活动。全面移植型由于没有当地的渠道资源、公共关系资源等其他的会展资源，如果对当地的文化和社会制度不够熟悉，可能出现水土不服的情况。广东的会展企业在进行全面移植时，要结合当地的文化、制度特点和风俗习惯。

第二，组合型。组合型是将不同国家的会展品牌特色或资源进行优化组合，以求适应当地情况，提高移植效果的会展活动的国际化类型。组合型的优点是结合当地特质，保留本国优势，激发会展新活力。缺点是需要会展公司有良好的鉴别取舍能力，优化组合能力。广东会展企业可以与海丝沿线国家发展较好的会展公司合作，进行跨国运作，从而促进自身建设。

第三，交流型。交流型的会展业国际合作模式主要是信息沟通、相互到对方国家办展。交流型的好处是可以通过寻求对方的帮助，达到会展的输入输出的目的。这种模式的优点是人力、物力、财力的投入比较小，风险比较小；缺点是需要双方有良好的合作，才能发挥最大的效果。广东目前在海丝沿线国家独自办展较少，一般都是参与其他公司或政府举办的展会，这种交流型的模式还处在浅层次。应该加强与海丝沿线国家深层次的政府间和民间的交流合作，增加互信，减少摩擦，相互协助办展，通过交流型的模式达到合作共赢的目的。

（二）广东与海丝沿线国家会展业合作思路

1. 突出重点地域，以点带面

第一，优先考虑海丝沿线港口城市、节点城市、区域中心城市、友好城市。广东与海丝沿线国家会展业合作，应该以这些国家或者地区为重点进行国际会展业的合作，避免没有成效和计划的混乱办展的情况，建立合作的典型区域，引领发展，把握重点方向，抓好重点项目，充分发挥在沿线国家重大建设项目和标准化示范区的引领带动效应，形成可复制推广的经验，逐步推进与海丝沿线国家更加全面的合作。

第二，结合广东产品主要出口市场和新兴出口市场。2014年，按经营单位所在地分，我国的货物进出口总额为43015.27亿美元，广东进出口总额为10765.84亿美元，广东外贸总额占全国比重为25.02%，约占全国的1/4①。另外就广东自身而言，贸易依存度很高。目前，分布在海丝沿线的广东主要出口市场有中国香港、欧盟、东盟等，分布在海丝沿线的广东新兴市场有新加坡、印度、马来西亚、印度尼西亚等国。广东和海丝沿线国家会展业合作结合广东产品的主要出口市场和新兴的出口市场，可以更好地促进广东的外

---

① 由《广东统计年鉴（2015）》与《中国统计年鉴（2016）》计算得到。

贸额的增长，从而促进整个广州地区的经济发展和会展业的国际化进程。同时，由于一些国家或地区，比如欧盟、中国香港、新加坡，经济比较发达，开放程度很高，有很强的辐射能力和带动作用，对周边国家的经济影响很大。因此，加强与经济发达、经贸往来密切国家或地区间的合作所产生的引领、示范、带动的效果更显著。

2. 强调重点行业，有的放矢

第一，突出外贸占比较大的行业，以贸兴展。广东与海丝沿线国家会展业合作，应着重考虑广东地区的外贸结构。广东生产和出口的产品主要包括农产品、机电产品和高新技术产品等。2015 年，广东对外贸易中农产品占比较低，只占 2.3%；高新技术产品占 37.4%；机电产品是广东对外贸易出口的主要产品类型，占 60.3%。机电产品有金属制品、机械及设备、电器及电子产品、运输工具、仪器仪表和其他；高新技术产品有生物技术、生命科学技术、光电技术、计算机与通信技术、电子技术、计算机集成制造技术、材料技术、航空航天技术和其他。广东会展业前期应该依托产业优势以大型制造业、出口贸易类专业展会为主，并使会展业向专业化发展。

表 5－23　广东省按产品类型分的进出口额

（单位：亿美元）

进出口	项目	2005	2010	2012	2013	2014	2015
出口	出口总额	2381.71	4531.91	5740.59	6363.64	6460.87	6434.68
	农产品	24.04	56.71	75.04	81.31	84.32	86.44
	机电产品	1644.17	3156.84	3894.54	4395.69	4285.59	4380.34
	高新技术产品	835.70	1753.39	2213.70	2564.07	2310.17	2325.46
进口	进口总额	1898.31	3317.05	4098.88	4554.58	4304.97	3793.28
	农产品	35.38	97.93	138.21	148.82	168.19	178.47
	机电产品	1146.46	2055.00	2453.31	2836.64	2543.12	2489.03
	高新技术产品	704.66	1489.79	1860.68	2186.64	1932.83	1932.84

资料来源：《广东统计年鉴（2016）》。

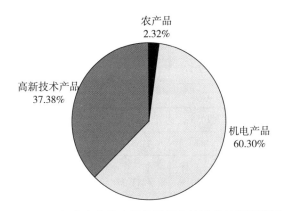

图 5 - 7　2014 年广东省按产品类型划分的进出口总额贸易结构

资料来源:《广东统计年鉴（2016）》。

　　第二，结合广东的优势产业和新兴行业，寻求产业支撑。世界会展业发展的经验表明，工业经济的发展是会展业崛起的产业基础，会展业反过来促进工业的发展，如德国"博览会城"汉诺威（张娟，2005）。在加强广东地区与海丝沿线国家会展业合作时，应结合广东地区的优势产业和新兴行业，这样有利于发挥广东地区的产业优势，为会展业合作提供产业基础，同时也可以引导、促进广东地区的产业结构的优化升级。政府应积极鼓励会展公司、工厂企业、贸易公司等主体在国外积极合作或独立办展或参展的同时，也应该考虑广东地区未来各行业的发展。广东正处在产业结构转型期，先进制造业和现代服务业是正逐渐成为广东地区产业未来发展的主要方向，为有效支持和培育这些产业的发展，在与海丝沿线会展国家合作时，应加强在先进制造业、服务业方面的会展合作，促进该类型展会的专业化发展。

表 5 - 24　2014 年广东"一带一路"相关制造行业主要指标情况

行业分类	企业单位数（个）	工业销售产值（亿元）	销售产值占全国比重（%）	出口交货值（亿元）	出口比例（%）
纺织业	1574	2459.67	6.5	498.57	20.3
纺织服装、服饰业	2977	3693.98	17.5	1011.04	27.4
皮革、毛皮、羽毛及其制品和制鞋业	1751	2229.03	16.1	973.32	43.7

续表

行业分类	企业单位数 （个）	工业销售产值 （亿元）	销售产值占 全国比重（%）	出口交货值 （亿元）	出口比例 （%）
家具制造业	1206	1668.23	22.7	539.09	32.3
造纸和纸制品业	1056	1802.32	13.1	193.98	10.8
印刷和记录媒介复制业	866	1157.76	16.8	233.61	20.2
文教、工美、体育和娱乐用品制造业	1590	4211.37	28.5	2097.08	49.8
化学原料和化学制品制造业	2141	5876.45	7.1	490.35	8.3
橡胶和塑料制品业	3299	4478.32	14.9	1110.36	24.8
非金属矿物制品业	2642	4575.27	7.9	482.77	10.6
金属制品业	3270	5333.35	14.6	1397.78	26.2
通用设备制造业	1515	3398.54	7.2	1218.79	35.9
专用设备制造业	1349	2098.02	6.0	518.32	24.7
汽车制造业	676	5361.33	8.1	460.47	8.6
铁路、船舶、航空航天和其他运输设备制造业	405	1145.46	6.1	437.08	38.2
电气机械和器材制造业	4116	11540.88	17.3	3747.34	32.5
计算机、通信和其他电子设备制造业	4671	27356.42	32.1	15988.76	58.4
仪器仪表制造业	459	794.29	9.6	380.98	48.0
其他制造业	234	228.9	8.8	101.34	44.3

资料来源：广东省统计局网站，见 http：//www.gdstats.gov.cn/tjzl/tjfx/201510/t20151010_315943.html。

3. 制定针对策略，承上启下

海丝沿线各国会展业的发展程度、会展规模、影响力、服务能力都有很大的差异。所以，广东应综合考虑合作主体的具体情况，制定不同的针对性策略，坚持"引进来"和"走出去"并重，提高广东会展业的国际化水平。

第一，承接会展业发达地区产业转移、扩张。欧洲和东南亚地区的泰国、新加坡、马来西亚、中国香港、中国台湾的会展业较为发达。这些国家（地区）的会展业有着高素质会展人才、管理经验、完善的渠道、雄厚的资金实力。广东应通过企业跨国并购、行业内交流、项目合作等措施与这些国家或地区的优势会展企业或会展平台合作，比如德国的机械工业类展会、新加坡的服务业相关展会、缅甸的珠宝展、柬埔寨的农业展、老挝的手工艺品展等。积极承接会展业发达地区的会展资源转移、扩张，引进先进的管理经验、运营理念和会展技术，达到共赢目的。

第二，对会展业落后地区进行品牌、劳务等输出。东南亚的越南、印度尼西亚、老挝、柬埔寨、南亚和东非、北非海丝沿线国家的会展业相对落后，会展规模较小，发展空间很大。对于广东地区发展情况较好的会展公司，政府应该设立激励措施，鼓励会展企业去国外办展，从而扩大广东地区会展业的影响力，加快国际化进程。广东与海丝沿线这些国家合作时，要利用已有优势，积极进行会展品牌和劳务的输出，如广交会、广州国际照明展、广州国际建筑装饰博览会等国际知名展会等品牌输出，展览场馆承接建设等劳务输出。

4. 构建合作机制，互利共赢

随着经济全球化，各国的信息、技术、人才等要素在全世界间自由流动和优化配置，各个国家之间的依赖性增强，会展业的发展不仅仅局限于国内，国际市场具有更大的发展空间，国际化是会展业走向成熟的重要标志。在世界会展业向专业化、国际化和集团化发展的过程中，欧美发达国家的跨国展览公司很早就将目标对准了海外，开始把自己举办成功的品牌展览会逐渐移植到其他国家。海丝沿线国家的会展业合作可以是多层次、多方面的，不论是多边合作还是双边合作，良好的合作都能利用各自相对优势，最有效利用资源，最大化利润。海丝沿线国家可以就以下的一些内容或机制展开合作：

第一，错位办展，联合推介，减少或避免区域内过度竞争。海丝沿线国家会展业可以通过错位办展，联合推介以达到减少区域内过度竞争的目的。错位办展要协调主题相同、性质相似的展览时间，保障参展商与会展组织者的利益，避免冲突，打造相似会展的不同品牌。

第二，加强人才、管理交流与合作，共同发展。海丝沿线国家可以加强不同地区会展人才的跨国相互委托培养、培训，管理与运作模式定期的相互学习交流，专业资格相互认证与促进会展人才流动跨区域流动，举办相应论坛。在这方面广东应着重加强与欧美发达国家展览业界的交流合作。

第三，商讨制定海丝沿线国家会展行业国际标准。各国应该商讨制定海丝沿线国家会展行业国际标准，共同的标准有利于加强国际会展业的跨国协同监管、共同维护行业信誉和利益，为海丝沿线会展业的国际间合作提供准则和便利，避免不必要的纠纷和麻烦，提高效率。

第四，加强与海丝沿线权威机构之间的联系。与海丝沿线国家的商会、区域性组织及行业协会、友好城市的贸易机构、著名的会展协会等加强联系，借鉴先进管理经验，组织开展会议设施、人员培训、信息咨询、秘书服务等方面的合作，引进会展业的运作规范，从整体上提高广东会展业的层次和水平。

七、促进广东与海丝沿线国家
会展业合作的对策和措施

当前，广东正在进行产业转型，市场扩大、产业发展与政府推动三大因素是广东会展业迅速发展的基础。鉴于此，广东与海丝沿线国家会展业合作时，政府、协会、企业要找准自己的位置，发挥自身作用，从这三个方面寻求发展，促进广东与海丝沿线国家会展业合作。

（一）政府层面

会展业的发展得益于政府的高度重视和强力推进，要实现可持续发展，必须坚持完善政府职能，做实会展业发展的政策保障，制定和完善会展业稳定、持续发展的政策体系、法律法规制度、监管机制，优化会展业发展的环境，加大对会展业基础设施和相关配套服务的投入（寿怡君，2015）。广东的会展业开始时期就是以政府主导为主，比如引领中国会展发展的"中国进出口商品交易会""中国国际高新技术成果交易会"。但是，随着市场制度的健全，市场失灵的减少，政府过多的干预反而对会展业的发展造成不利的影响。如政府的介入会影响会展市场竞争行为，造成市场扭曲，由于缺乏科学评估机制导致定位不当并威胁到展会的持续发展和有效性，缺乏专业队伍监管导致展会运作效率较低等负面影响（张颖，2015）。

1. 改革管理体制，增强服务能力

第一，加快简政放权，增加企业自主性。会展业发展过程中，政府应当积极促进其角色转化，明确其职能定位。政府在会展业发展中的职能主要体现在：提供公共服务、实施管理和协调功能；建立行业市场竞争机制和培育行业市场主体两个方面（林英华，2010）。政府简政放权，简化审批流程，将给办展企业和参展企业带来更多的便利和增加企业的自主性。政府也可以通过专项补贴、税收优惠、简化审批程序等方法增加企业的自主性。减少财政出资和行政参与办展，逐步加大政府向社会购买服务的力度，鼓励企业承接党政机关举办的各类展会活动。可以通过加大财政支持力度，落实税收优惠政策，拓展金融服务渠道的方式提升政府的服务水平和对市场的引导能力。同时，政府要做好展览业的事前事中事后的监督工作，完善展会信息采集和统计监测体系。

第二，推进会展业市场化进程，释放市场活力。随着改革开放的不断深入，广东的市场不断完善，法制不断健全，市场的信息更加充分，市场失灵情况减少。因此，政府应该构建良好的市场环境，发挥好"守夜人"的职能，应该降低政府在会展经济发展中所起的支配作用。广东各级政府各部门要深入理解和践行《推动共建丝绸之路经济带和21世纪海上丝绸之路的愿景与行动》中的共建原则，坚持市场运作，遵循市场规律和国际通行规则，充分发挥市场在资源配置中的决定性作用和各类企业的主体作用，同时发挥好政府的服务、监管作用。让市场这个"无形的手"为广东的会展经济的发展提供源源不断的动力。促进广东的会展企业自由竞争，通过市场淘汰管理落后、技术落后的会展企业，引导会展企业的集团化、标准化、国际化发展，从而使广东的会展企业更好地参与国际市场竞争。

2. 增进政府间合作，构建合作机制

广东与海丝沿线国家或地区会展业合作需要政府层面的大力支持。《推动共建丝绸之路经济带和21世纪海上丝绸之路的愿景与行动》中提到加强政府间合作，积极构建政府间宏观政策沟通交流机制，深化利益融合，促进政治互信，达成合作新共识，可以就经济发展战略和对策进行充分交流对接，共同制定推进区域合作的规划和措施，协商解决合作中的问题，共同为务实合作及大型项目实施提供政策支持①。政府间的沟通交流及协商可以有效地减少贸易摩擦，促进国家或地区间的经贸往来。在推进地方政府合作的同时，广东省政府也要积极地寻求中央政府的政策和资金支持。

海丝沿线国家或地区可以相互认可展会，在关联的展览领域进行联合推介，也可以通过区域联合、资产联合和项目联合等多种方式，成立海丝沿线会展业联盟。政府和民间可以开展城市交流合作，积极和海丝沿线重要城市或地区之间结成"友好省州""好城市""姊妹港口"等，围绕港口、会展等主题深入发展。新类型城市间经济伙伴关系也旨在贸易、创新和教育等领域共同发起一系列倡议，以增加就业、扩张高端产业进而增强自身在全球范围内的竞争力，有效推动不同市场之间的思想、投资、人才、商品和服务流动（罗小龙、沈建法，2008）。政府间的合作主要作用是增加互信、政策衔接和促进经贸往来；民间的交流以人文交流为重点，突出务实合作。

3. 加强外资监管，扶植本地企业

国际化是会展业成熟的重要标志，广东会展业可以通过加强与海丝沿线国家的会展业合作，吸引海丝沿线国家企业在广东设立地区总部和办事机构，引进专业会展服务公司、管理公司、国际活动组织、设计和策划公司等，促使更多的国际活动机构集聚广州，促进本地会展业国际化程度的提高。

---

① 资料来源：国家发展改革委、外交部、商务部：《推动共建丝绸之路经济带和21世纪海上丝绸之路的愿景与行动》，见 http://www.sdpc.gov.cn/gzdt/201503/t20150328_ 669091. html。

表 5 - 25　广东实际利用外资情况

（单位：万美元）

国家（地区）		2000 年	2005 年	2010 年	2013 年	2014 年
亚洲海丝沿线国家（地区）	亚洲	882319	688252	1414315	1785963	1911419
	中国香港	744826	582361	1291738	1619922	1713978
	新加坡	49115	29207	46482	101174	127119
	中国台湾	49746	33370	24543	12324	22927
	中国澳门	26137	28579	30189	38446	36989
	文莱	—	6911	8825	4000	3748
	马来西亚	4993	3761	5133	1501	1452
	泰国	2895	1044	998	970	626
	印度尼西亚	3352	473	877	7419	4420
	阿联酋	100	2070	5370	28	5
	菲律宾	191	69	91	3	30
	印度	964	407	69	176	125
非洲国家	非洲	4272	11283	16972	19526	15895
	毛里求斯	4576	10776	14738	11549	8512
	塞舌尔	—	—	7401	7853	6918
欧洲国家	欧洲	38643	83276	78713	161543	145539
	荷兰	7886	38768	9646	43630	38015
	英国	8258	12096	1859	27787	17353
	法国	4551	14148	52008	37039	25058
	德国	10057	8041	3657	22963	35841
	瑞士	3349	2385	2839	11725	4369
	意大利	—	4991	1736	5385	2240
	西班牙	44	1052	2089	1669	1318
	芬兰	2302	150	18	4150	2935
	奥地利	101	178	1000	422	1427
	卢森堡	90	—	660	312	5262
	丹麦	—	235	201	202	398
	瑞典	360	257	500	1666	349
	爱尔兰	—	286	2010	914	7906
	比利时	499	73	60	420	2928

注：亚洲数据为海丝沿线国家（地区），非洲和欧洲数据为所有该区域外资来源国。

资料来源：《广东统计年鉴（2015）》。

伊人（2002）提出中国会展业需要安全意识，从此引起了人们对会展业安全的重视。随着我国与世界经济联系的日益紧密，国际知名的会展企业纷纷将眼光瞄准了我国市场。外资资金和经验的引入虽然会成为广东会展业快速成长的助推器，但是也带来了潜在的风险。拥有丰富的办展经验和国际网络的国际展览业巨头，不可避免地与广东现有展览企业展开了竞争。国外一些展览企业挑战广东地区现有的品牌展览会或展览项目，并投资于展览场馆，垄断展览场地。有些与广东本地的行业组织合作，比如，法兰克福会展公司与广东玩具协会合作举办广州国际玩具及模型展览会和广州童车及婴童用品展览会①。面对会展发达国家在我国积极开拓会展市场，我国的会展企业可以运用兼并、收购或联合等手段进行资源横、纵向整合，提高企业运作的质量和层次（李瑶亭，2009）。政府必须加强会展产业规划，拓展会展要素体系，打破传统产业边界，延伸产业领域，推动产业融合，只有打造出产业配套、运行高效的本土会展集团，才能真正地进军国际市场，参与国际竞争，适应会展业国际化的发展趋势（张晶晶，2014）。广东地区的各级政府和行业协会要加强外资会展公司的监管，通过会展企业的联合协作和品牌培育的方式增强广东本地会展企业的竞争力，政府在正确处理好对外开放和对内保护的关系时，通过国际会展产业转移，实现会展产业结构的优化升级。

4. 优化会展平台布局体系，提高境外办展数量和质量

海丝沿线的会展平台布局体系要与广东省进出口贸易发展的现状需要紧密结合。广东省生产和出口的产品主要包括机电产品、高新技术产品和劳动密集型产品等，劳动密集型产品又包括纺织服装、家具及其零件、玩具、鞋类、塑料制品、箱包及类似容器、陶瓷、灯具照明装置及类似品等八大类；同时，广东省进口的主要产品包括能源类产品、资源类产品和高新技术类产品等。目前，广东政府或企业在外办展的数量还比较少，应提高境外办展的数量和质量。在利用现有的会展平台，积极构建和完善海丝沿线的会展平台布局体系时，协调广东所属的政府各部门、行业协会、企业和办展所在地已

---

① 资料来源：《中国展览数据统计报告（2015年）》，见 http：//www.gdstats.gov.cn/tjnj/2015/directory.html。

有的相似主题和类型展会的冲突，避免过度竞争，合理布局，根据沿线各地的产业基础和资源禀赋，科学确定展览业发展规划。

表 5-26　国内会展城市境外办展览数量与面积比较

序号	城市	办展数量（场）	办展面积（平方米）
1	北京	40	114430
2	杭州	18	73094
3	乌鲁木齐	7	27000
4	广州	4	30800
5	上海	4	3260
6—7	福州、南宁	3	—
8	南昌	2	—
9—11	哈尔滨、南京、武汉	1	—

资料来源：根据《2014 年中国展览数据统计报告》整理所得。

（二）行业协会层面

会展业行业协会是会展业的"第三股力量"，能够加强行业自律、进行行业协调和规划，以及开展行业统计工作，并积极开展国内外经济技术交流与合作等工作，建立健全会展业发展的正常秩序，推动会展业走上健康的发展道路（王颖，2011）。目前，广东会展业行业协会发展比较落后，以广州为例，广州会展业行业协会没有一个成为 UFI 会员，北京、上海均有会展业行业协会成为 UFI 的会员（胡泓媛，2014）。

1. 优化体系建设，增强管理能力

会展业的发展离不开行业协会以及各个行业之间的配合默契。在成熟的市场经济中，会展产业更多地通过非政府的行业管理协会来实现政府管理企业的职能。行业协会应当在法律法规或者政策的指导下管理会展业，对于展会的举办地、主题、频率、知识产权保护等问题制定一系列行之有效的规范，同时对会展业的实践进行实时监控，收集会展业的相关数据以为政府制定相关的法规政策提供参考依据。政府部门要支持会展行业协会加强行业自律和行业整合，维护会员利益。例如，德国行业协会给企业施加压力，使其必须对行业劳动力提供培训（丁忆、皮特·马亚、蓝星，2015）。广东的会展业行业协会要结合会展行业特点和市场需求，增强自身建设，构建会展业行业标准体系，规范服务流程，助力会展业发展。

2. 加强信息化建设，提高服务能力

新的信息技术、网络技术的出现使会展业在内容和形式上都发生了很大的变化。广东会展业行业协会要加强信息化建设，提高服务能力，向会展企业提供经济信息、市场预测、法律咨询、人员培训等服务，提高行业自律水平。开展展览业发展规律和趋势研究，建立会展宣传推广、信息交流、行业培训等公共平台，承担起行业统计、信息发布、沟通协调、行业自律、咨询服务等职能。积极掌握国内外城市会展行业的发展动向，为有合作意向的外资会展企业在投资办展、项目合作等方面提供有价值的参考资料，加强海丝沿线国家会展企业的信息沟通，引领广东会展业朝着绿色化、法制化、市场化、产业化、国际化的方向发展。

3. 规范市场秩序，对接国际标准

会展业涉及面广，部门众多，层次复杂，需要政府部门能够营造规范的市场秩序（蒋露娟、张河清，2010）。加强广东会展业发展的规划、指导和管理，建立与海丝沿线国家接轨的公平、公正、公开的竞争秩序，是促进会展业健康发展的客观要求。

第一，加强知识产权保护。知识产权是广东地区会展业与海丝沿线国家合作的软肋，规范的市场秩序是广东会展业良好发展的基础。《广州市展会知识产权保护法》《广州市会展业行业规范》虽然起到了一定的效果，但是会展业的知识产权保护和市场秩序的规范依旧任重而道远。鉴于展会期间展品知识产权纠纷频发的状况，应当构建一个系统的保护展品知识产权的体系，从展前、展中、展后形成一个完善的杜绝展品知识产权侵权的系统（马亚楠，2010）。另外，广东企业到海丝沿线国家举办会展或参展的时候，可以依托广东贸易代表处设立知识产权服务站，为广东企业提供知识产权服务，保护广东企业的利益。

第二，加强诚信体系建设。由于会展业本身的特殊性，参展签约时间与展会实际举办时间的不一致性、办展者和参展者信息不对称，因此存在很多虚假信息、欺骗行为（刘丹、肖春飞，2005）。不诚信行为的屡屡发生会使得参展商、专业观众及普通观众对会展活动失去信心，参加展会的积极性不高，因此对展会活动的相关产业的带动性变差，同时也对会展业的信用和品牌构成威胁（郭慧萍，张迪，2012）。建立会展企业的诚信经营体系的保障制度，建立企业信用数据库，推动会展信用信息在海丝沿线国家跨国界共享，打造广东会展诚信品牌。

第三，推进统一行业标准建设。海丝沿线国家会展统一同行业标准的建设将有利于企业加强与海丝沿线国家会展业的合作，也有利于发生纠纷时保护企业自身的利益。比如，会展业合作中的项目合作、场馆投资等需要国际统一的标准。政府和行业协会应该组织翻译、学习、引进外国会展业的先进标准或和海丝沿线的国家或地区一起制定国际或区域标准，促进会展合作的便利化。

4. 发挥桥梁纽带作用，促进国际合作

广东的会展行业协会应充分发挥政府与企业之间的桥梁与纽带作用，促进与海丝沿线国家的合作。在与海丝沿线不同国家的会展企业合作的过程中，不可避免地会出现诸多的如中外企业间、中资企业和外资企业间的争端和摩擦，会展行业协会可以以协调机构的身份出面解决内外矛盾和纠纷，制裁违反行业规范的行为。作为问题矛盾的协调者，会展业行业协会还应加强会展市场监督，做好各种应急协调工作。

（三）企业层面

1. 利用已有优势，奠定竞争基础

海外强势的会展机构从场馆建设、合作办展、展台搭建、展品运输、展会认证以及教育培训等多种层面都有先进的管理经验和技术优势，但是广东地区的会展企业在与国际会展机构合作或者竞争的时候也有本身的独特优势。

第一，营销渠道优势。由于会展营销网络有很强的时空性，广东企业可以充分依赖所特有的国内网络渠道资源和东南亚等地的华侨华人，靠着这网络联系参展商、采购商和观众，开展与海丝沿线其他国家的会展公司的竞争与合作。

第二，人脉资源和公共关系优势。丰富的本国人脉资源和良好的公共关系，使广东会展企业比海丝沿线国家会展企业占有更多的优势。广东会展活动的举办，或得到当地政府、权威机构的支持，或有相关行业协会协助。广东政府政策倾斜，大力扶持会展业发展，广州等地还拿出专项资金扶持会展业的发展（胡泓媛，2014）。

2. 加强自身建设，提升竞争实力

广东会展企业面对来自国际、不断升级的会展业的同业竞争和日益开放的市场，自身的实力已经成为了影响企业发展的关键因素。只有不断加强自身的建设，才能保持企业的持续发展。

第一，加强企业的信息化建设。目前国外的展览会在网上信息化方面的投入比较大，国外展览会60%的展位销售是通过互联网完成的，资讯的发布和专业观众的注册也是通过数字平台以及电子信息化进行的（张海燕，2012）。会展是一项系统工程，涉及很多方面和诸多环节，为切实提高会展效率，适应经济发展要求，广东会展企业有必要加强自身的信息化建设，充分利用现代信息技术发展基于互联网的展览业态，在会展领域开展云计算、大数据、物联网等技术应用，发展网上展会等线上线下结合的展览商业模式，在网络建设较为发达的海丝沿线地区推广网上会展。

第二，加强人才培育和引进。就目前广东的民营展会而言，会展专业性的人才匮乏，是由于很大比例的会展项目人员没有足够的战略性管理意识、行业经验以及专业知识与技能。会展人才国际化是影响会展企业国际化的关键因素，要从战略全局的高度重视会展人才的问题，自我培养与引进人才相结合（张晶晶，2014）。会展公司应该培养、储备一些了解海丝沿线国家的法律法规、精通会展的策划与组织、熟悉当地情况、富有实际操作经验的专业会展人才。

第三，加强企业品牌建设。品牌代表了规模、信誉和企业形象，一个展会如果只办一次，通常来说是很难赢利的，只有创出品牌，一届一届地办下去，才可能赢利。会展主办方和相关参与方要在海丝沿线国家大力宣传和推广广东的自主会展平台和会展品牌，充分发挥各种媒体在会展品牌培育和打造中的宣传作用。

3. 创新发展模式，彰显独特优势

会展企业应努力推动组展组团方式、展位分配、招商宣传等展览经营管理创新、服务创新和商业模式创新，充分利用现代信息技术发展网上会展，促进虚拟展览与实体展览的共同发展。构建企业内部门之间相互沟通、相互学习、共同协调发展的学习型组织，让企业的管理人员、技术人员和其他员工不断学习、不断接受新的培训，永葆企业的生机和活力。

4. 加强联合协作，融入国际潮流

广东世界百强商展拥有量相对较少，整体竞争力还比较弱。在与海丝沿线国家合作时，特别是与会展业较为发达的国家或地区合作时，应在立足广东的基础上，借助广东21世纪海上丝绸之路国际博览会、广交会、高交会等重要对外经贸交流平台，利用广东会展业行业协会加强联合协作，促进信息共享，推进与海丝沿线国家会展业合作的进程。

第六章　广东与有关海丝沿线国家和地区旅游业合作研究

王世豪　何　胜[*]

改革开放三十多年来，广东对外开放合作不断扩大，广东与海上丝绸之路沿线国家和地区的经济交流合作发展到了一个新阶段。广东作为全国最大的旅游客源地和集散地之一，是海丝旅游合作中的重要枢纽，为海丝合作的顺利开展提供了更加坚实的平台基础。2011 年以来，新加坡、马来西亚、印度尼西亚、泰国、韩国与广东的旅游合作交流活动开展频密。在建设"21 世纪海上丝绸之路"的形势和机遇下，与海丝沿线国家开展深层次合作，进而达成更多更广更全面的合作共识，是广东在推进与海丝沿线国家的合作中需要解决的重大战略问题，即借力新丝绸之路，携手海丝沿线国家共同抓住海丝旅游经济新增长点，进而逐步实现旅游业的转型与升级。

本章以广东为研究对象，通过文献分析、数据分析、国别比较、案例研究和实地调研，对广东与海丝沿线国家旅游业合作相关概念与理论进行梳理，对广东深化海丝旅游合作的优势与机遇进行挖掘，并结合广东旅游业发展现状及分析与海丝沿线国家的合作现状（以五国为例）提出存在的主要问题。在此基础上，借鉴国内主要城市开展海丝旅游合作的成功做法和经验，深入分析广东与海丝沿线国家旅游经济领域的互补性，掌握广东与海丝沿线国家旅游经济合作的主要领域，从而为推进广东与海丝沿线国家的旅游业合作提出对策和建议。

---

[*] 王世豪：广东外语外贸大学服务经济研究院教授，研究方向为区域经济、服务经济；
何胜：广东外语外贸大学 2015 级国际经济方向硕士研究生。

一、广东与海丝沿线国家和地区
旅游业合作研究概况

（一）广东与海丝沿线国家和地区旅游业合作前景

1. 广东与海丝沿线国家和地区旅游业合作背景

作为关乎民生幸福的朝阳产业，旅游业的高质量发展，是人们追求产业转型和消费升级的必然要求，是能有效提升人民物质文化需求满足度的现代服务业。旅游业能拓展就业，带来收入的递增，其对经济发展的推动力日益明显。我国正处于新型工业化、信息化、城镇化和农业现代化快速推进期，实现与新四化的融合发展成为旅游业重要的发展方针。历经改革开放三十多年，我国的旅游业经历了质的突变，产业规模扩大与产业体系完善的同时，旅游的全方位、宽领域、多层次日趋完备，旅游业正经历着空前的革命浪潮，创新型旅游进一步丰富了旅游业的大格局，这也使中国向世界旅游强国的目标更进一步。

2013 年 9 月和 10 月，"一带"（丝绸之路经济带）与"一路"（21 世纪海上丝绸之路）的核心概念被先后提出，国内外开始广泛关注"一带一路"战略的具体实施方案以及自身与该提议的战略性接轨。习近平在"一路"中圈定：5 省市（海南、浙江、广东、福建、上海）应各自发挥自身优势，在"一带一路"背景下，继续扩大经济辐射效应，以点带面，让经济实力强、开放程度高的沿海经济区作为经济高效发展的引擎，全面带动国内整体经济的协调发展。

2014 年 10 月 31 日，广东东莞 21 世纪海上丝绸之路国际博览会（简称"海博会"）正式拉开帷幕，标志着广东与海丝沿线国家的合作迈入新阶段，这将给双方带来更多合作机会与更大的投资空间。其间，广东省委书记在此次海博会发表了系列讲话，其中重点谈到：作为对外经贸大省，广东将以此为契机，以与海丝沿线国家广阔的合作前景为重要依托，积极投身于

"新海丝"的建设，立足广东与有关海丝沿线国家合作的新起点，进一步巩固和加强与沿线国家的战略合作，实现多方开放合作的利益共谋、共创与共享。

2015年10月17日，以"一带一路"为文化背景的旅游联盟在开封建立，参与者是中国三十多个"一带一路"沿线城市，旨在升华新背景下旅游合作内涵，深化区域旅游合作，包括旅游文化推广、旅游品牌打造、旅游市场拓展、旅游营销转型、多方旅游合作交流等方面，将有效地推动丝路沿线城市文化旅游交流和经济社会协调发展。

2. 广东与海丝沿线国家和地区旅游业合作前景

构建"21世纪海上丝绸之路"传承历史、面向未来、顺应时代潮流，是中央政府在经济新常态下提出的重大战略构想，符合中国与海丝沿线国家和地区的共同利益。早在2000年前，广东就与东南亚地区开展了贸易往来。广东地处中国南部沿海对外开放前沿，海陆空交通发达，是中国通往东南亚、南亚、中东、北非等海上丝绸之路沿线地区最便捷的交通枢纽，与沿线国家和地区互联互通互利，诸多经贸领域具备深化合作的优势与基础。改革开放三十多年来，广东对外开放合作不断扩大，广东与海上丝绸之路沿线国家和地区服务经济交流合作发展到了一个新阶段。

广东是对外经贸大省，是中国乃至世界重要的出口基地之一，在诸多经济领域上与海丝沿线国家和地区有着较强的合作需求与互补性。可以预见：在"十三五"期间，广东经济领域对外合作发展、"走出去、引进来"将是广东经济稳定增长的重要方向。

在面临建设"21世纪海上丝绸之路"的形势和机遇下，广东积极参与国家顶层战略的部署工作，全面筹划与新丝路的战略对接工作，对加强广东与海丝沿线国家的旅游合作有着极大促进作用。广东作为全国最大的旅游客源地和集散地之一，是海丝旅游合作中的重要枢纽，对于海丝合作的顺利开展提供了更加坚实的平台基础。自2011年以来，海丝沿线国家新加坡、马来西亚、印度尼西亚、泰国、韩国与广东的旅游合作交流活动开展频密。在新的时代背景下，与海丝沿线国家开展深层次合作，进而达成更多更广更全面的合作共识，这是广东在推进与海丝沿线国家的合作需要解决的重大战略问题，即借力新丝绸之路，携手海丝国家共同抓住海丝旅游经济新增长点，进而逐步实现旅游业的转型与升级。

（二）广东与海丝沿线国家和地区旅游业合作研究简述

1. 国内研究简述

"21 世纪海上丝绸之路"建设是一项以经济合作为主导，以人文交流为重要支撑的宏伟工程，其突出特征是多元化与开放性。旅游作为国家之间、文化之间、民众之间交流的重要方式，海丝旅游合作成为旅游发展的主线和趋势。

跨区域旅游合作：周义龙（2015）提出，全面提升琼粤"海上丝绸之路"旅游合作的水平，把琼粤"海上丝绸之路"旅游合作打造成为我国相邻省份区域旅游合作的典范。陈学璞（2015）认为，"一带一路"战略给粤桂琼旅游业发展带来多重机遇。厘清海上丝绸之路与粤桂琼旅游业的历史文化渊源和经济文化基础是粤桂琼联手发展旅游业的关键所在。

跨国界旅游合作：刘民坤等（2015）认为，"一带一路"战略为中越跨境旅游合作发展带来新契机，旅游合作开发过程中，应注重中越跨境旅游合作机构建设，加强中越跨境旅游共生发展。杨明（2014）认为，合作开发南海邮轮旅游及海岛旅游，共建海上丝绸之路，将加快珠三角先进装备制造业和现代服务业的建设步伐。赵倩（2016）通过 AHP – SWOT 法，对"一带一路"战略背景下中国与东盟旅游业合作进行了分析，认为我国在与东盟的旅游合作中应采用多元经营战略。黄美（2009）较早分析广西与海丝沿线区域之一东盟的旅游业合作现状，并阐明存在以下问题：基础设施建设不到位，交通不够便捷、客源结构及分布过于集中、旅游产品单一、出入境手续不够简化。赵明龙（2010）以建设南宁至新加坡旅游走廊的作用和意义为主题，阐述东盟与中国之间的旅游合作对于满足双方日益增长的旅游消费需求，激发中国与东盟国家之间双边贸易的投资活力，推动中国与东盟旅游业友好合作与可持续性发展，维护中国与东盟国家双边的长期和平发展等，都有着重要指导意义。

旅游的综合性和开放性，决定了在旅游发展过程中需要坚持合作的道路。

对旅游合作研究的视角从国内延伸到了国外，有利于加强中国同海丝沿线国家和地区的互联互通，为中国入境旅游市场带来机遇，也有利于中国旅游企业开拓国际市场。但现有研究的关注点主要倾注于跨国界的旅游合作，对于国内重点城市跨区域的旅游合作关注较少。此外，在跨国界合作的研究中，研究中国同东盟旅游合作的文献占了绝大多数，未来应将研究的对象不断扩展，涵盖沿线的其他国家。

中央提出"一带一路"建设指南后，对相关省市与"一带一路"沿线国家的旅游合作的研究不断增加。

广西——钟智全（2015）认为加强区域旅游合作，应坚持创新体制机制、优化旅游产业要素、加强旅游宣传促销、加大区域旅游相关人员的培训力度、拓展合作广度和深度、全面提升区域旅游核心竞争力等方面，借助广西与东盟旅游合作已有的坚实基础（便利的地缘条件、开放的旅游市场、旅游教育培训），打造高品质的"海上丝绸之路"国际旅游城市。

昆明——郭灿灿（2014）从打造昆明—东盟旅游城市联盟的战略意义入手，突出昆明作为中国面向东南亚国家的桥头堡中心城市的辐射作用，并进一步从经济全球化视角提出旅游服务水平国际化、增加旅游教育与科技建设投入、促进旅游产品的升级创新、促进相关合作机制的创立、拓展国际旅游市场的五大合作建议。

福建——陈钦（2015）以海丝核心区福建作为出发点，结合其战略定位的深层次内涵，提出强化福建"海丝旅游"品牌效应、建立福建"海丝旅游"品牌的精品线路、完善"海丝旅游"品牌的产品体系、提升福建海丝品牌的国内外影响力、用传承和保护"海丝旅游"品牌一系列举措帮助构建海丝旅游品牌，并最终形成"舆论先导—区域合作—资源整合—创意营销—联合申报"的旅游合作途径。

广东——广东省社会科学院旅游研究所所长庄伟光（2015）认为，在国内，广东海洋旅游业已大大落后于周边地区。如何打造广东的海洋旅游品牌，使之成为广东海洋产业的新发动机、广东旅游经济的新支柱？解决问题的答案是：海洋旅游业发展需要有新思路。最后，从重点突破、区域集聚、高端定位、特色发展、"三生"联动、交通优化、规划控制、招商引资、鼓励游艇和邮轮产业发展、加大市场营销力度十个方面给出发展海洋旅游业的建议。

2. 国外研究简述

国外关于旅游合作的研究主要集中于旅游合作空间模型的构建，从区域经济增长与合作理论对相关区域内生产力布局的形成、发展及未来的演变模式进行动态描述。

核心—边缘理论。基于空间地域划分为两大板块：核心区和边缘区，美国规划学家约翰·弗里德曼首次提出该理论，并认为经济发展在区域更替中呈现不连续性。

在具有集聚效应和辐射效应的核心区的基础上，首先，边缘区在一定程度上会受到核心区的积极引导和高效分配，从而有助于区域经济的全方位发展，摆脱边缘区发展瓶颈的困境。其次，核心区的强劲和活跃的创新能力也成为区域经济发展的重要源头，从而获得来自空间地域内边缘区的绝对服从。他认为，在不断吸纳核心市区的创新资源、致力于多元化的创新活动，诸多城市的边缘地带也在努力将自身打造为城市旅游的新型核心区域。区域城市旅游合作与发展是推动整体区域延伸拓展的源源动力，是将辐射效应扩散至郊区及偏远地带的核心。

"点—轴"开发理论。基于"点—轴"模式，区域旅游合作以分散在不同区域的点为重要依托，这些点源自于各区域之间要素的非集聚性分布，并通过要素之间的流通与配置，进而通过轴带的联动效应，带动区域旅游的整体发展。该理论的核心是中心地理论和生长轴理论，其代表人物是法国规划学家沃纳松巴特和地理学家克里斯特勒。中心地理论强调"点"的作用，即各个城市的等级分工源自于不同等级中心的市场存在一定差异；生长轴理论更注重"轴"的作用，阐释了区域间要素的有效流动与资源的合理配置取决于连接各个中心纽带的交通干线。

不平衡增长理论。区域旅游合作与发展过程中，"热点带冷点""热点促温点"的合作形式依然会出现在当今的旅游线路中。在区域旅游逐渐形成的过程中，这两种合作形式会呈现不同的发展特点，进而给区域带来差距较大的经济效应，但随着区域间的不断发展与密切合作，两者之间的差距将在一定程度上缩小。该理论揭示了经济发展中存在一种内生连锁演变过程，即欠发达地区与发达地区之间经济契合效应。代表性理论主要有"循环累积模型""联系效应理论",分别由瑞典经济学家缪尔达尔、美国发展经济学家赫希曼提出。

"增长极"理论。该理论得到世界的广泛认可,并已成功将其运用于旅游业的空间布局中,实现理论与区域实践的高效结合。这一理论由法国经济学家弗朗索瓦于 20 世纪 50 年代提出,其内涵是:一个国家或地区的区域经济发展具有分散性与时间的滞后性,即发展并不是全部集中在某个特定地区,而是以不同的增长点或增长极分布在不同地区。最终,形成以增长极为核心枢纽,通过空间渠道来扩散辐射效应的非均衡性经济综合体。后来各国经济学家的论证与演绎,研究视角转向地域空间而不是仅局限于经济单元,并提出核心概念:增长中心(包括吸引中心和扩散中心),从而使该理论的研究范围与空间格局的分析更加丰富与完备,并对于不断发展演绎的区域空间格局更具可操作性。

3. 研究现状评论

总而言之,随着 2013 年"一带一路"战略规划的初次提出及深度挖掘,我国学者对于海丝旅游的研究越来越多。研究的领域大多围绕以下主题:旅游城市的定位、城市品牌的构建、海丝文化与旅游城市的联系、不同省份海丝旅游合作路径等。对于与品牌形成相关的历史、文化、社会、经济等环境要素的系统分析和综合考量较为缺乏。国外的学者对于旅游合作的研究主要从不同理论或空间模型着手,分析旅游合作带来的区域经济集聚效应和辐射效应。对于海丝旅游合作建设的具体做法和实践方面的研究相对较少。

广东在与"21 世纪海上丝绸之路"沿线国家的旅游合作实践对于"一带一路"国家顶层战略有着极大的推动作用,以旅游经济带动双边投资合作。近年来,广东已经与海丝沿线国家在旅游业方面开展交流活动十分密切,如在东莞举行的海博会。广东省旅游局最新披露,广东与海丝沿线国家签订 59 项旅游项目协议,金额逾 137 亿元。本章以新视角对广东与有关海丝沿线国家的旅游业合作进行全方位分析,通过新丝绸之路的战略背景建立更为全面的旅游合作机制、与海丝沿线国家达成新的合作共识、发展更深层次的合作伙伴关系,从而全面推进广东旅游业的转型发展,同时这也是广东需要研究推进的问题。基于此,本章立足"一带一路"战略,以广东为研究对象,对广东的海丝特色进行梳理，将国家战略、"互联网＋"与广东本身所具备的优势相结合，在此基础上使广东与有关海丝沿线国家旅游业合作进行的研究与未来的实践参考更具有实用性和针对性。

本章从国家"一带一路"战略出发，结合广东"海丝起点"的特色，对海丝文化内涵和特质进行理性解读，将国家战略、"互联网＋"与广东所具备的优势相结合，在区域旅游合作的相关理论指导下，以海丝文化为主线对广东与有关海丝国家旅游业合作现状进行系统分析，提炼出广东所具备的优势与机遇，并针对广东如何借助新丝绸之路的作用与海丝沿线国家达成新的共识、建立更为全面的合作机制、发展更深层次的合作伙伴关系，进而为推进旅游业实现转型跨越式发展提出相应的建议。

二、广东与海丝沿线国家和地区旅游业合作相关概念

（一）21世纪海上丝绸之路概念

海上丝绸之路历史悠久，可追溯至汉唐时期。作为连接亚非欧大陆的古代商贸路线，海上丝绸之路使得国内外的贸易往来得到极大提升，各国借助这一线路，进口本国缺少的产品，满足国内多元化的消费需求，从而极大改善沿线国家人民的生活质量，并深化了沿线国家文化、贸易的互联互通。在时代的变迁中，"丝绸之路"被再次提上议程，旨在从国家战略层面重新审视丝路经济带来的国家间的持续合作，而不是延续古代海丝合作的传统模式。同时，它的提出与筹建，也是我国经济高效发展的象征。通过"21世纪海上丝绸之路"这一桥梁，以历史的合作为支撑，进一步促进沿线国家之间的经济贸易合作。

（二）21世纪海上丝绸之路范围及定位

2015年3月，在国家发布的《推动共建丝绸之路经济带和21世纪海上丝

绸之路的愿景与行动》中明确指出，"21 世纪海上丝绸之路"圈定上海、浙江、福建、海南、广东 5 省市。积极利用长三角、珠三角、海峡西岸、环渤海等经济区开放程度高、经济实力强、辐射带动作用大的优势，加快推进中国（上海）自由贸易试验区建设，支持福建建设"21 世纪海上丝绸之路"核心区。充分发挥深圳前海、广州南沙、珠海横琴、福建平潭等开放合作区作用，深化与港澳台合作，打造粤港澳大湾区。

推进浙江海洋经济发展示范区、福建海峡蓝色经济试验区和舟山群岛新区建设，加大海南国际旅游岛开发开放力度。加强上海、天津、宁波、舟山、广州、深圳、湛江、汕头、青岛、烟台、大连、福州、厦门、泉州、海口、三亚等沿海城市港口建设，强化上海、广州等国际枢纽机场功能。以扩大开放倒逼深层次改革，创新开放型经济体制机制，加大科技创新力度，形成参与和引领国际合作竞争新优势，成为"一带一路"特别是"21 世纪海上丝绸之路"建设的排头兵和主力军。发挥海外侨胞以及中国香港、澳门特别行政区独特优势作用，积极参与和助力"一带一路"建设，为中国台湾地区参与"一带一路"建设作出妥善安排。

对沿海诸市的定位是：加强沿海城市港口建设，强化国际枢纽机场功能。

广西的定位是："21 世纪海上丝绸之路"与"丝绸之路经济带"有机衔接的重要门户。

云南的定位是：面向南亚、东南亚的辐射中心。

（三）"21 世纪海上丝绸之路"战略的影响

1. 国际影响

建设海上新丝路给沿线国家的经济腾飞带来广泛的机遇，沿线国家多边合作已成为必然趋势。在具体的实施规划中，我国以当前的区域合作机制为重要抓手，依托国家新型战略平台，通过资源整合与广泛合作将沿线国家紧密串联在一起，与多国一起共同打造新时代海丝繁荣新格局，加大沿线国家间的优势互补、资源共享、投资共赢的实施力度。

其中，南海沿岸国家是中国全面搭建海上丝绸之路的首要目标。过去几十年发展中，东盟一直是中国践行多边外交、积极主导新安全观的友好国与重点试验区，并且双方成功达成具有标志性的中国—东盟自由贸易区。历史上东盟国家的枢纽地位极有可能重现在当前的时代发展中，新旧海上丝绸之路的更替与创新也使越来越多的国家重新审视本国的发展战略，从而更好地实现多边合作与海丝交流的战略对接。

2. 国内影响

随着中国改革的不断深化以及开始向深水区迈进，"21 世纪海上丝绸之路"是中国进行深层次改革的重要一环。基于此，中国国内重要资源的沟通渠道能够全方位地向海上丝绸之路沿线国家延伸，能有效弥补国家在某些领域中创新意识的短板，更大限度地实现资金融通、技术相通、人才流通，从而突破传统经济体制的局限，为以经济体制改革为主导的全面深化改革提供契机。

首先，"一带一路"战略的成功实践将惠及广泛海丝沿线国家和地区，真正带来全局性的成果。它的建设既能带动沿线国家与中国的深层次的经济互动，进一步推动海丝沿线国家的转型升级之路，又能有效改善当前中国体制改革的发展格局，推动资源高效配置与产业升级创新，并且在地缘潜力的重要依托下，国内的沿海口岸将会实现不同程度的重要提升。其中，基于上海自贸区在经济转型升级中的重要示范作用，自贸区以区域内体制创新为重要内核，将实际可深化推广的制度成果作为重要依托，并在后续发展中在更多城市逐步推行自贸区的设立。此外，若福建能够有效利用自身优势和综合条件优良的湄洲湾港区、福州港为主港，顺利加快对国际中转港的开发进程，并对其他港口进行资源整合与优化配置，那么在很大程度上能够加速解决福建省内区域发展的不协调，从而进一步提升福建的区位优势效应和综合竞争力。

其次，"一带一路"战略对于广东省的影响主要体现在以下方面：

促进国际物流产业的发展。参与"一带一路"建设，进行关键基础设施的建设是保证"一带一路"实现互联互通的重要前提。广东省依据其区位优势，不断深化对高速公路、港口、机场、高速铁路以及信息化等方面的国际合作，将自身打造成为重要的国际航运枢纽，其中包括深圳、湛江、广州、汕头等地区的重要港口建设，以期尽快实现海上丝绸之路的物流网络建设。

同时，广东省可以借此机会建设领先世界的粤港澳大湾区，进而将广东省打造成为国际金融中心、交通航运中心、科技文化创新交流中心，完善相关的货物物流枢纽建设。

以合作园区为平台，引领中外产业新交融。在"一带一路"背景下，广东省的对外贸易要积极从商品转向资本输出，要以南亚与东盟地区为首要的贸易对象，促使更多实力较强的企业走出国门进行投资和发展。对广东省而言，要想获得发展的新动力，应该将现有的"制造业"转变为"智造业"，实现"智"的提升，要以科学技术创新为产业发展的新引擎，将中新（广州）知识城、中德（揭阳）金融生态城、中德（佛山）工业服务区、中以（东莞）产业园等作为发展的典范，从国外引进先进的技术设备、优秀的人才、优质的资本以及高端产业等。以现有产业为依托，大力发展高新技术产业、金融及现代服务业，实现产业结构的进一步优化和升级。

促进国际旅游业的发展。广东将积极与沿线国家签订旅游合作框架等相关协议，促使更多的广东市民到周围国家旅游，创办广东驻海外旅游合作中心。在深圳、广州等建设游轮母港，在汕头、珠海等地开发游轮旅游。

对外投资项目进一步发展。广东已制定了《广东省参与"一带一路"建设重点工作方案（2015—2017年)》，主要有68个项目、40项工作，总投资额超过554亿美元，包括能源资源、基础设施建设、农林牧副渔等重要领域。截至2014年4月，广东经贸代表团访问了越南、马来西亚、新加坡，推动投资贸易合作，共签订合作项目168个，金额近124亿美元。2014年10月，广东成功举办21世纪海上丝绸之路国际博览会，签约金额超过1600亿元。

（四）海丝旅游业合作背景

丝绸之路是世界最精华旅游资源的汇集之路，云集了80%的世界文化遗产，也是世界最具活力和潜力的黄金旅游之路，涉及60多个国家，44亿人口。"一带一路"涉及国家和地区的国际旅游总量约21万亿美元，占全球70%以上。

2014年，我国接待沿线64个国家入境游客达1100多万人次，占我国入境旅游外国人数的44%；中国公民赴沿线国家的人数近1500万人次。据预测，"十三五"时期，中国将为"一带一路"沿线国家输送 1.5 亿人次中国游客，同时吸引沿线国家 8500 万人次游客来华旅游，拉动旅游消费约 1100 亿美元。由此可以看出，丝绸之路沿线国家的旅游合作潜力非常巨大。

（五）广东与有关海丝沿线国家和地区旅游业合作机遇

"一带一路"的规划与筹建，旨在构建"一带"与"一路"沿线国家（包括亚非欧大陆）之间的互联互通，建立多边互通有无的经贸伙伴关系，让沿线国家搭乘中国高速发展的快车，共谋与共享经济发展成果，实现沿线各国可持续性的协同发展。根据"一带一路"的具体线路布局：（1）"一路"：以重点城市港口为枢纽，打造海上高效安全的运输交通网络。其中，两个经济走廊（包括孟中印缅、中巴）对于该战略的推进与实施有着重大的关联度，应进一步加强多边战略合作，以谋长远发展。（2）"一带"：借助国际大通道，以沿线中心城市为重要支点，并依托多边贸易平台，精心打造国际经济合作走廊（如：中国—中南半岛）。

2015 年 5 月，广东省率先发布《广东省参与建设"一带一路"的实施方案》，积极完成与"一带一路"国家顶层战略设计与行动布局密切对接。旅游业作为"一带一路"战略的先导产业，在具体建设中占据相当大的分量，并且对于物流、人流、信息流和资金流（"四流"）的配置有着高效的牵动力，有利于消除壁垒和误解，从而全面带动相关产业的战略合作。

三、广东与有关海丝沿线国家
和地区旅游业合作分析

（一）广东旅游业发展现状

1. 广东旅游业发展概况

广东作为改革开放的前沿阵地，一直重视旅游发展。广东旅游发展保持稳定增速，并在入境过夜游客、旅游总收入等具体指标上保持较高比例增幅。广东旅游统计数据（见表6-1）表明，旅游收入从2000年的1149.95亿元增至2014年的7850.56亿元，增幅为583%，平均年增长率为39%，其中旅游外汇收入由340.08亿元稳步增长到2014年的1049.31亿元，增幅为209%。入境旅游人数从2000年的6729.18万人次至突破1亿人次大关，城市接待旅游中入境游客人数2014年达到3355.45万人次，相比于2000年增长了180%。

表6-1 广东省旅游主要指标

指　标	2000年	2005年	2010年	2012年	2013年	2014年
旅行社数（个）	504	884	1292	1624	1810	1984
入境旅游人数（万人次）	6729.18	9579.12	10485.82	10794.72	10110.60	9986.27
外国人	283.59	537.27	652.72	764.72	746.20	673.30
香港同胞	5202.98	6358.78	7328.39	7723.28	7108.70	7066.91
澳门同胞	1051.40	2467.90	2297.81	2109.97	2066.30	2064.29
台湾同胞	191.21	215.17	206.90	196.75	189.40	181.77
城市接待旅游人数（万人次）	7662.95	11566.61	21283.05	27412.20	30151.01	32761.25
入境游客	1198.94	1792.97	3141.09	3500.65	3397.88	3355.45
外国人	212.85	463.91	733.28	774.51	760.49	775.19
港澳同胞	813.84	1106.20	2091.07	2414.91	2352.15	2301.17
台湾同胞	172.25	222.86	316.74	311.23	285.24	279.09
国内游客	6464.01	9773.64	18141.96	23911.55	26753.13	29405.80
旅行社组织接待人数（万人）	653.41	1538.49	2409.36	2865.92	2604.98	2336.49
入境游客	264.22	368.79	448.74	481.81	406.84	348.46
国内游客	389.19	1169.70	1960.62	2384.11	2198.14	1988.03
团体出境旅游人数（万人）	116.20	196.28	426.52	663.20	774.18	860.54
港澳游	86.07	137.16	276.74	420.29	462.74	498.48
其他	30.13	59.12	149.78	242.91	311.44	362.06
旅游收入（亿元）	1149.95	1882.60	3809.44	5794.74	6716.69	7850.56
旅游外汇收入	340.08	529.06	844.85	986.88	1008.05	1049.31
国内旅游收入	809.87	1353.54	2964.59	4807.86	5708.64	6801.25

资料来源：《广东统计年鉴（2015）》。

从广东省国际旅游外汇收入的结构分析（见表6-2和图6-1）中可以看出，旅游外汇收入主要由两大部分构成：商品性收入和劳务性收入，其中劳务性收入占据外汇总收入的绝对份额。以2014年为例，全省外汇收入总计为1707588万元，劳务性收入为1239709万元，占比为72.6%。而劳务性收入中的长途旅游费用占整体最大比重，最高达到43.40%，接近全部外汇收入的一半，表明旅游的整体态势不再局限于小范围内的城市间旅游，跨国及跨洲旅行成为大众热点。

表6-2 广东省国际旅游外汇收入

（单位：万元）

指 标	2000 年	2005 年	2010 年	2011 年	2012 年	2013 年	2014 年
全省总计	411221	639739	1243154	1390619	1562257	1627808	1707588
商品性收入	87837	159295	300843	328186	373379	418347	467879
商品销售收入	40834	104917	203877	230843	226527	284866	326149
饮食销售收入	47003	54378	96966	97343	146852	133480	141730
劳务性收入	323384	480444	942311	1062433	1188877	1209461	1239709
景区游览费	14804	16633	44754	45890	62490	56973	81964
宿费	59216	78048	159124	175218	221840	208359	225402
长途交通费	173535	246939	493532	603529	640525	579499	628392
民航	113086	143302	361758	492279	499922	421602	461049
铁路	43589	67173	44754	40328	59366	61857	59766
轮船	6991	23031	45997	40328	34370	35812	34152
汽车	9869	13435	41024	30594	46868	60229	73426
市内交通费	7813	11515	26106	26422	28121	35812	30737
邮政电讯费	9458	21111	19890	20859	21872	29301	22199
文化娱乐费	37010	46701	94480	87609	112482	161153	136607
其他	21548	59496	104425	102906	101547	138364	114408

资料来源：《广东统计年鉴（2015）》。

截至2015年年底，广东省共有旅行社2128家，其中出境游组团社的数量为332家，占总旅行社数量的15.6%；全国A级旅游景区共有293家分散坐落于广东各城市，其中5A级景区占比3.8%，共有11家；国家星级旅游饭店938家，其中五星级占比12.4%，共有116家，五星级酒店数量全国第一。旅行社总数和出境游组团社数量、A级景区总数分别比"十一五"末期增长64.7%、120%和110.8%，5A级景区数量增长了4.5倍，五星级饭店数量增加了21家。

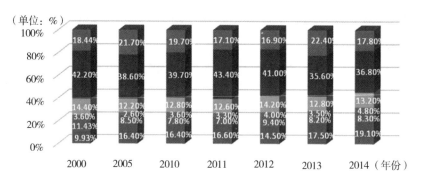

图6-1　国际外汇收入各成分占比

资料来源：《广东统计年鉴（2015）》。

2. 广东与海丝相关的旅游特色

广东是中国的南大门，具备无与伦比的地理优势——三面临海，领有全国最长大陆海岸线，约3368公里，区位优势明显；拥有到达海丝沿线国家最便捷的海上通道和众多优良海港临近港澳，隔海即是东南亚国家，在南海交通中占据重要地位；可跨越南海，经印度洋抵达非洲、中东、中亚等国家和地区，因而成为"21世纪海上丝绸之路"的重要港口和要塞。

表6-3　2013—2015年广东省旅游业发展态势

年份	广东省GDP（亿元）	旅游总收入（亿元）	旅游总收入增长率（%）	在当年GDP中占比（%）
2013	62474.79	8305	12.40	13.29
2014	67809.85	9227	11.90	13.61
2015	72812.55	10365	11.80	14.24

资料来源：根据广东省旅游局和广东统计局数据统计而得。

据官方统计（见表 6 - 3），2015 年广东旅游总收入共计 10365 亿元，同比 2014 年的 9227 亿元，增长幅度达到 11.8%，其中旅游外汇收入总额为 179 亿美元，增长 4.7%；全年旅游业具体增加值达到 4663 亿元，占全省 GDP 的比重为 6.8%，占第三产业比重达到 14.24%；全省接待过夜游客 3.6 亿人次，较 2014 年增长 8.8%，其中入境过夜游客 3447 万人次，增长 2.7%。

在文化、旅游等方面，广东多个地市具有宝贵的海丝资源，诸如十三行遗址、阳江"南海一号"博物馆、黄埔古港、徐闻大汉三墩遗址、广州南海神庙、澄海樟林港、汕尾白沙湖航段以及饶平柘林港等，这些资源构成了海上丝路旅游开发的核心资源。目前广州已经同其他省市多个城市开始推进海上丝路联合申报世界文化遗产，共同展开遗产保护工作。在未来，广东可以凭借资源优势，建立以海丝为主题的旅游线路，将分散的海丝资源一体化开发，建设以海上丝绸之路为内核的博物馆、风情街、文化展示体验区等，形成文化交流、旅游开发的新亮点；另外，广东积极践行沿线国家间互办旅游文化活动这一重要合作举措，如：（以广州为例）广州国际纪录片节、广州奖等蜚声国内外，具有"国际范"的活动为国际交流积累了不少经验，未来广州既可以将千年商都拍成纪录片对外宣传，也可以将海丝内涵嫁接到各个文化交流活动上，扩大影响力。

（二）广东与有关海丝沿线国家和地区旅游业合作简述

1. 广东与新加坡

作为新加坡外汇收入重要源头之一的旅游业，一直受到新加坡国家旅游局的高度重视。据新加坡旅游局统计，2013 年全年旅游业收入 235 亿新元，同比 2012 年增长幅度达到 2%；来新加坡旅游的入境游客人数共计 1556.8 万人次，同比增长 7.4%，其中中国作为新加坡前五大客源地之一，入境游客 227 万人次，增长 11.6%，占外国游客总数的 14.6%。

新加坡作为区域交通枢纽，航空航海交通便利，加上区域中心的国家战略定位和政府把旅游业作为支柱产业之一大力发展，社会发展水平高，经济繁荣，文化多元，基础设施完善，拥有本国特色的旅游资源（包括历史资源、地理资源、文化资源和社会活动），酒店业发达，旅游公司积累了长期经营的成功经验，在会议会展旅游、美食旅游、医疗旅游业、旅游营销策略及人力资源方面具有优势。例如，综合度假胜地（IR）是集会展中心、主题景点、娱乐表演场馆、休闲设施、酒店及购物中心为一体的大型地标性建筑，给游客全方位的享受。新加坡还创造出个人旅游服务（PTS）的旅游模式。进入21 世纪以来，新加坡旅游业以设计创新型旅游产品，推动旅游市场多元化，改变传统营销手段，促进旅游产业链走向国际为自身发展战略。知名旅游杂志《孤独星球》（*Lonely Planet*）于 2014 年 10 月 21 日公布了 2015 年最值得一游的全球十大最佳旅行国家，其中深受游客喜爱的新加坡光荣夺冠。环球影城、滨海湾金沙、大榴莲、鱼尾狮……丰富多彩的景点和活动，独特的多元文化和美食，使得新加坡成为旅游达人必去的一站。新加坡旅游局也希望继续沿用主题旅游模式，进一步推广新加坡品牌形象，让更多中国旅游爱好者认识和喜欢新加坡的美，全方位地让入境游客真正理解新加坡精神及当地的旅游特色文化。

从 2014 年开始，为深化广东与沿线国家的旅游合作，巩固和开拓潜在与增长强劲的旅游客源市场，进一步提升广东旅游国际知名度和海丝品牌影响力，广东省旅游局对传统旅游推广进行深层次的模式创新，积极加强与沿线国家的高层对话，建立不同区域的海外旅游合作推广中心。2014 年 11 月 18 日，广东省在新加坡举办广东新加坡旅游合作交流会，2013 年入境新加坡的广东旅客人数接近 24 万人次，同比增长 34%，截至 2014 年 8 月，单独游览新加坡的广东旅客人数增长了 23%，旅游消费持续增长。

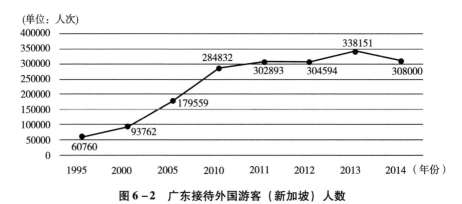

图 6-2　广东接待外国游客（新加坡）人数

资料来源：《广东统计年鉴（2015）》。

据相关统计，新加坡旅游业表现强劲，2013 年旅游收益增长 2% 至 56 亿新元。2013 年入境旅客人数达 770 万人次，同比增长 9%。同时，根据广东旅游数据（见图 6-2），中国广东省接待来自新加坡的游客人次由 1995 年的 60760 人次增至 2014 年的 308000 人次，增长比率达到 407%，最近几年的旅游人次均超过 30 万人次，并有广阔的上升空间。这也表明新加坡是广东重要的客源市场之一，旅游人数的激增也会给双方在旅游交流上带来更好的合作契机。

2. 广东与马来西亚

旅游业作为马来西亚的重要经济命脉，在马来西亚的外汇收入结构中占据重要地位。广东与马来西亚在地缘、人缘、文化中互联互通，交流甚广，因而在区域旅游市场中呈现明显的深度合作优势及较强的互补性。

根据相关数据（见图 6-3），广东省接待来自马来西亚的游客人次由 1995 年的 70639 人次增至 2014 年的 423202 人次，增长比率达到 499%，这表明广东被越来越多的马来西亚游客视为重要的旅游目的地之一，从而也为粤马双方的旅游合作提供了更好的基础。

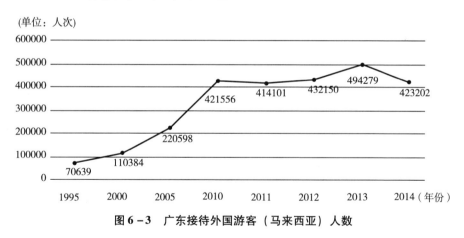

图 6-3　广东接待外国游客（马来西亚）人数

资料来源：《广东统计年鉴（2015）》。

3. 广东与印度尼西亚

中国和印尼是海上邻邦，从郑和下西洋开始到现在建立起全面战略合作伙伴关系，双方的真挚合作交流开始较早。其中，两国高层领导交流较为频繁，合作机制也日益完善，在政治安全、经济合作以及社会人文三大领域形成了统筹两国合作的"三驾马车"。目前，中国已成为印尼第二大出口海外市场和第一进口贸易国，并且是其在世界范围内的最大贸易伙伴国，双方的合作势头强劲，除经贸领域外，防务、海上、航天、科技、人文等领域的合作也在不断拓展，而雅加达至万隆高铁项目的开工，也成为双方战略对接的示范性工程。广东作为中国"南方大门"，在中国改革开放三十多年来，既是经济发展龙头，又是在当前战略背景下中国对东盟友好交流合作的重要前沿平台。作为东盟国家的核心成员国，印尼从古至今就与中国广东省经济贸易合作交流甚多，既是"21世纪海上丝绸之路"的重要枢纽，又是广东将贸易产品输送至东盟境内开放市场的重要转口基地。

印尼旅游与创意经济部发布的数据显示，在全球经济不景气情况下，2013年印尼共接待外国游客860万人次，实现外汇收入98亿美元，与2012年的800万人次（外汇收入91亿美元）相比，实现了较快增长。同时，印尼国内游客达到2.48亿人次，实现旅游收入144亿美元，与2012年2.45亿人次（旅游收入142亿美元）相比有所增长。根据印尼旅游局数据统计，在2015年上半年，印尼入境旅游的外国游客人数共计54.7万人次，较2014年同期增长2.7%，其中，赴印尼旅游的中国游客增长率接近20%，位于旅游国家增速首位。

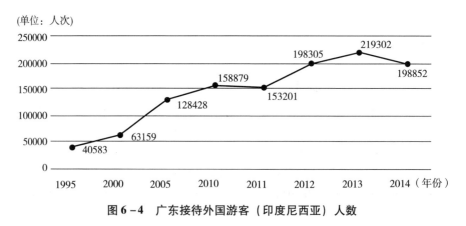

图6-4 广东接待外国游客（印度尼西亚）人数

资料来源：《广东统计年鉴（2015）》。

与此同时，据相关数据统计（见图6-4），中国广东省接待来自印尼的游客人次由1995年的40583人次增至2014年的198852人次，增长比率达到

390%，这表明广东对于印尼的吸引力逐年增强，双方的旅游合作具有重大意义。

4. 广东与泰国

在广东出境游市场，泰国一直位于东南亚旅游的"龙头"地位，是广东人选择最多的旅游目的地国家。据相关数据统计（见图6－5），广东省接待来自泰国的游客人次由1995年的51185人次增至2014年的169965人次，增长比率达到232%。

来自泰国国家旅游局的信息显示，中国客源市场一直高居泰国旅游业榜首，尤其是广东地区的客源市场，发展更成熟。因此，泰国旅游部门对广东旅游市场相当重视。

（单位：人次）

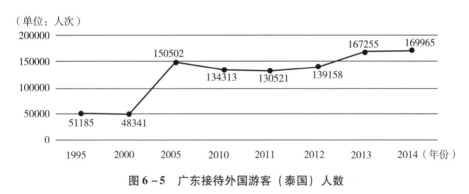

图6－5　广东接待外国游客（泰国）人数

资料来源：《广东统计年鉴（2015）》。

泰国的曼谷、清迈、芭堤雅一直是内地游客赴泰的首选目的地，为了进一步拓展客源市场，泰国目前正在与泰国当地的有关部门和旅游产品供应商沟通，加大对于普吉岛附近的董里、甲米岛等资源的开发。并针对广东等高端市场推出包括医疗旅游、婚礼蜜月旅游以及奢华旅游在内的多元化旅游产品。为了丰富中国游客的旅游体验，泰国国家旅游局将多方面提升酒店服务、餐饮配套、交通设施等的保障能力，并多渠道开发深度游主题活动。

5. 广东与韩国

近几年来，中韩两国之间旅游发展迅速。最近连续多年的数据表明，中国与韩国的双边旅游规模呈现不断扩大的趋势，并且两国已互为最大的入境旅游客源国和旅游目的地国。2015年6月1日，中韩自贸协定正式签署，标志着未来的经济发展合作中，中韩双方有了新突破与潜在增长点。该自贸协定囊括投资和规则、服务贸易、货物贸易等共 17 个领域，电子商务、竞争政策、政府采购、环境等具体层面涵盖在协定之内。其中，旅游业是其涵盖的重点内容之一。随着新签署的协定生效，中国的全部进口产品将在 20 年之内实现零关税，该类产品占据全部税收项目的 91%，其金额占据全部进口额的 85%，基本实现零关税目的。其中，来自韩国的进口产品将实现 92% 的零关税，其金额占据同期进口额的 91%，从而推动中韩进口的进一步便利化与双方的深度旅游贸易交往与合作。

作为中国的友好邻国，韩国与中国的交流合作历来甚广，双方的文化包容性也给两国的深度合作带来了极大的契机。根据韩国旅游局数据统计，2014 年赴韩旅游的中国游客人数创历史新高，全年接近 612.7 万人次，同比 2013 年的 432.7 万人次突增了 42%。其中，有将近半数的中国游客是为了购物而去，其中，食品、服饰以及化妆品受到中国游客的青睐。据相关数据统计（见图 6 - 6），中国广东省接待来自韩国的游客人次由 1995 年的 25172 人次增至 2014 年的 481319 人次，增长比率达到 1812%。

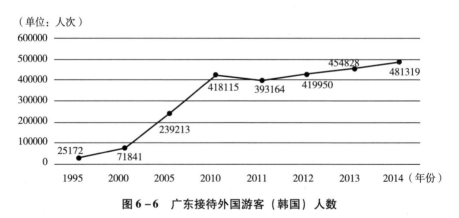

图 6 - 6 广东接待外国游客（韩国）人数

资料来源：《广东统计年鉴（2015）》。

(三) 广东与有关海丝沿线国家和地区旅游业合作中的关注点

1. 合作缺乏系统性

广东开展海丝旅游合作缺乏系统性。目前粤港澳旅游合作发展相对来说比较成熟，但是同东南亚、南亚、非洲、中东等国家的旅游合作机制相对还不健全，缺乏系统的合作平台和合作体系。海上旅游事关相关各方，容易出现因为地方政府各自为政、利益协调存在矛盾、协调期间管理不顺、各方合作层次不高及合作效果不明显等问题。旅游业已日益成为各国、各地区国民经济的支柱和朝阳产业，因此在区域旅游发展过程中势必出现各国、各地区、各行政区各自为政的现象，盲目开发、重复建设、恶性竞争等不利于可持续发展和系统发展的现象随时可能发生。同时，由于海丝沿线各地方的旅游发展战略、经济政治地位的不同，以及文化观念上的差异，各相关国家和地区的旅游资源共享、旅游基础设施共享和旅游客源共享意识和理念不一，很容易产生合作表象下的裂痕。因此，旅游发展协调机制的建立是广东顺利开展海丝旅游合作的重要前提。

2. 旅游产业要素

在旅游经济发展初期，旅行的要素是以满足游客的物质追求为主，从而吃、住、行、游、购、娱六大传统要素掀起旅游热潮。然而，经济的腾飞与人们物质追求向精神消费的转变，传统的旅游思路受到极大冲击。譬如：在2015年全国旅游工作会议上，国家旅游局局长李金早提出：如今，激发人们旅游的动机要素越来越多，需要拓展新的旅游要素。他提出新的六大旅游要素（商、养、学、闲、情、奇），并引起国内外的广泛关注。其中，"商"，即商务旅游，涵盖各种公司奖励旅游、会议展览等新型旅游要素与需求；"闲"，即休闲度假，具体有都市休闲、避暑度假等旅游休闲新产品，这也是未来旅游的发展重点；"养"，即养生旅游，主要将健康这一新要素纳入旅游行业，从而满足游客对绿色健康的新型追求；"情"，即情感旅游，将人类最熟悉的情感纳入旅游，让游客既陌生又熟悉，从而吸引游客的广泛关注，并引起他们的高度共鸣；"学"，即研学旅游，这种新型的旅游要素将打破传统思维，将过去两个独立的个体，即学习和旅行，看作一个整体，通过研学旅游，实现玩中学，劳逸结合，学游并举。其中包括夏令营、拓展、摄影等新要素；"奇"，即新奇旅游，通过新奇为口号，在传统旅行中增加惊险刺激的旅游产品，进一步满足游客的自我挑战与内在品质的升华。

广东在旅游业的快速发展过程中，同样也面临由传统的六大产业要素升级到新六大产业要素的旅游瓶颈问题。2011 年，广东省政府在《广东省旅游发展规划纲要（2011—2020）》中作出如下重点旅游规划：首先，应全面提高旅游业的联动效应，努力将旅游业打造成为省内现代服务业的重要引擎。其次，以广东省的旅游业优化升级作为发展核心，依托产业转型战略，培养更多优质的旅游新业态，挖掘更广的旅游新要素，从而吸引更多海外投资，为传统旅游资源注入新活力，全面提升广东旅游业的核心竞争力。但是，在实际的规划进程中，广东省旅游业在新业态的升级与转型中面临发展缓慢等一系列问题。

3. 旅游开发模式

（1）资源品位

广东省资源品位以中低档次为主，对于一些国际知名品牌类资源较为缺乏。虽然在广东省内四大名山各据一方（包括罗浮、丹霞、西樵、鼎湖），也有许多自然保护区以及国家森林公园，但没有一个像黄山、张家界那样壮观、奇丽、名扬中外的世界自然文化遗产。肇庆以七星岩而被熟知，虽然那里水似西湖，山如阳朔，令游客称赞不已，但充其量不外是享誉省港澳而已。各国政要访华时游览的首选地几乎都是杭州西湖和桂林阳朔，而不是星湖。省内古迹不少，国家级、省级的历史文化名城多处，但其知名度和旅游效益都不能与上述国内外名胜古迹相提并论。

（2）区域开发

广东省区域开发方向不明确。由于对区域旅游资源的市场需求缺乏深刻、正确的认识，某些地区的旅游主题和形象定位模糊，发展方向不明确，一些旅游资源开发项目未做全面、充分的论证即仓促上马，对外来投资项目更视如雪中之炭，基本上来者不拒，甚至曲意迁就。项目的随意上马，可能带来"建设性破坏"，而那些因为盲目建设而失败的项目，则会损害区域的旅游形象，影响投资者的积极性。

（3）景区规划

广东省景区规划建设缺乏特色，格调雷同。随着景区建设的发展和深入，旅游区的规划建设问题日益突出。不少旅游区，从构想到营造，从创意到内容形式，缺乏特色，格调雷同。一些旅游度假区，片面强调豪华别墅的建设，建筑物密度过大，缺乏园林、花卉、琴、棋、诗、画等度假文化的设计和营造，有的度假村，甚至与娱乐、饮食功能相混杂，缺乏度假旅游的情调和氛围。

（4）景点建设

广东省旅游区景点建设滞后，有待加强。省内一些旅游区建设，侧重于宾馆、餐厅、娱乐城、美食街、桑拿室、商场等住、食、娱、购建设，景点建设滞后，"游"味不足。基于基础设施规划的旅游区域，缺乏对游客心理以及未来旅游发展态势的深度剖析，从而在一定程度上会降低旅游区的吸引力，并难以形成强劲的旅游增长点与旅游生产力，无法满足日益变化的世界游客的多元化需求。

4. 旅游营销力度

"旅游逆差"问题首先应引起重视。在过去的几年里，国家旅游局倡导各省份积极发展境内、大力吸引入境游、适度发展出境游。连续几年的时间中，出境游的人数越来越多，入境游的人数逐年下降。原因就在于各级行政主管部门工作的力度用反了，颠倒了。

据相关统计数据显示，上海的入境游客停留时间为4—5天，北京停留6—7天，而广州多年来最高停留时间是1.9—2.3天。广东旅游业一直存在的问题就是：无法吸引客人来，客人来了留不住，住下来没东西消费。而根本原因在于旅游营销存在问题。"一带一路"相关政策出台后，广州从过境地转为目的地有了良好契机，过境的趋势越来越明显。南航近期连续开通了多个国际直达航班，每天有1500多位全世界各国公民从广州中转，前往丝绸之路沿线航班。若能留住1%的客人在广州多待一天，效果不可限量。因此，目前亟待针对不同的过境人群进行细分，开发出真正有吸引力的产品来留客。

四、国内其他省份海丝旅游合作经验借鉴

（一）福建

1. 福建省海丝旅游合作存在的问题

福建省旅游业发展也面临诸多困难和挑战。我国经济发展进入新常态，全省经济转型压力加大，区域竞争和市场竞争激烈，加之全省旅游业本身仍面临品牌影响力不足、产业规模不大、产品同质化严重、服务水平国际化程度不够、配套设施有待完善、市场监管仍需加强等发展难题。"十三五"时期，旅游业发展亟须站在全省经济社会发展的战略高度，放眼国际、国内经济发展大格局，抢抓发展机遇，积极应对挑战，勇于先行先试，推进旅游发展迈上新台阶。

2. 福建省海丝旅游合作取得的成效

随着"一带一路"逐步实施，近年来，福建省政府高度重视海丝旅游发展，将其融入福州市海洋旅游业发展布局。在快速发展的福建经济以及省会城市福州新区的推进，福州海洋旅游业结合开发海丝旅游发展迅速。据福州市旅游局统计，2013 年，福州旅游接待总人数 3536.67 万人次，同比增加 17.1%；旅游总收入 403.17 亿元，同比增加 16.8%。2014 年 1—10 月份旅游接待总人数 3320.94 万人次，同比增加 13.7%；旅游总收入 366.81 亿元，同比增加 14.7%。

3. 福建省海丝旅游合作的政策措施

推动"两廊一路"海丝旅游合作。与海丝沿线国家共建闽亚旅游合作走廊，与国内海丝城市共建东部沿海旅游合作走廊，与"武夷山—恰克图"沿线国家和省市共建万里茶道。积极建立旅游合作协作机制和协调机构，争取落地签证、邮轮过境免签、退税等方面的便利政策，逐步推进旅游交通互通便利化，实现产品对接，联合打造具有丝绸之路、万里茶道特色的跨境和跨省精品旅游线路。推进开通"21 世纪海上丝绸之路"国际邮轮游线。

推进"21 世纪海上丝绸之路"旅游推广联盟建设。发挥 21 世纪海丝旅游推广联盟作用，积极推进落实跨省、跨区域旅游合作，塑造"丝绸之路"国际共享品牌，开展"美丽中国—海上丝绸之路"旅游联合推广活动，组织推进国际形象品牌推广，国际旅游营销平台搭建，海上丝路驿站、酒店联盟建设等工作。

搭建海丝国际旅游投资平台。依托厦门投洽会，搭建"21 世纪海上丝绸之路"旅游投资平台，深化旅游投资合作。建立海丝旅游项目投资清单，吸引海丝沿线国家合作旅游基础设施建设、海丝文化遗产保护，吸引有实力的外资企业、台资企业、侨资企业，鼓励国有涉旅企业合作重点旅游项目建设。

搭建海丝国际旅游服务标准化平台。联合海丝沿线国家、地区、国内省区市共同成立海丝旅游服务标准委员会，制定国际化旅游服务标准体系。编制《21 世纪海上丝绸之路旅游可持续发展指标建设报告》，作为海丝国际旅游服务标准化的共同行动纲领。推动旅游服务设施建设、旅游从业人员资格认证标准化。

搭建海丝国际文化交流平台。推进泉州等海丝古港城申报"海上丝绸之路"世界文化遗产工作，共同探索建立文化遗产保护和管理的长效合作联动机制，逐步扩大联合申遗范围。鼓励缔结海丝友好城市，举办友好城市旅游推介会，促进旅游企业合作和文化旅游交流。鼓励设立海丝旅游公益基金、提供旅游优惠，积极吸引海丝沿线国家和地区低收入人群来福建旅游，进一步推进与沿线国家和地区的民间文化交流。

福建省旅游局于 2016 年 4 月 29 日发布五项举措，旨在推动省内旅游业转型升级与旅游质量的提升，以促进闽台旅游融合，加强与海丝沿线国家和地区的旅游合作。五项举措具体包括：以"快速赔付承诺"为支撑优化旅游消费环境；以旅游"6 个 100"工程为重点丰富旅游产品供给；以"月月有活动"为平台打响"清新福建"品牌；以"线路串联整合"为纽带促进区域旅游融合；以"旅游改革创新"为动力推动旅游加快发展。

促进区域旅游融合，福建首先将促进省内旅游融合，强化福州、厦门、武夷山三大旅游集散中心城市带动作用，以点串线，以线扩面，提升福建旅游整体竞争力；其次是促进跨省区域旅游合作，借助向莆、厦深、温福、合福线等高铁线路，持续深化与长三角、泛珠三角、京津冀等地区旅游合作。

在促进闽台旅游融合方面，福建将积极发挥自身的立体交通优势，以海空联运、海上直航、空中直航为支撑，进一步拓宽两地航空旅游线路，全面改善两岸来往游客的交通便利度；加快厦门国际邮轮母港建设，以高铁、高速、邮轮等为主题，深度开发特色旅游线路系列产品；有效利用赴台游异地办证、异地组团等政策优势，持续扩大闽台旅游双向交流规模，深化闽台乡村旅游、文创旅游、研学旅游合作。基于打造"清新福建"知名品牌，福建将在海外的旅游营销中进行模式创新、内容整合，加强与海丝沿线国家和地区的旅游合作，继续举办"海上丝绸之路国际旅游节"；借助厦航新航线开通和中美旅游年契机，组团赴东南亚、美国、澳新等新兴市场开展旅游主题推介，探索在海外的重点客源国家建立旅游推广中心，为福建进行深度的旅游推介提供空间与区域的便利化。

（二）广西

据广西旅游局资料统计，2015 年 1—11 月，广西累计接待入境游客约 429.19 万人次，比 2014 年增长 7.1%；国内游客人数约 3.05 亿人次，同比 2014 年增长 16%；国内旅游收入约 2898 亿元，比 2014 年增长 26%；旅游总人数约 3.09 亿人次，同比增长 16%；旅游总收入约 3011 亿元，同比增长 26%，其中，国际旅游（外汇）收入约 18.54 亿美元，同比增长 12.71%。

表 6-4　广西壮族自治区国际旅游

指　标	2016 年 3 月		2016 年 1—3 月累计	
	总量（万人次）	同比增长（%）	总量（万人次）	同比增长（%）
入境旅游者人数	39.15	9.7	92.55	7.9
台湾同胞	8.21	-0.1	20.27	4.5
澳门同胞	2.43	23.3	6.46	19.2
香港同胞	9.12	13.8	21.03	4.3
外国人	19.39	10.9	44.79	9.7
东盟国家	10.29	6.1	24.54	5.5

资料来源：广西壮族自治区统计局，见 http://www.gxtj.gov.cn/。

据广西统计局统计（见表 6-4），2016 年第一季度以来，广西入境旅游者人数同比增长 7.9%，其中来自东盟国家的游客达到 24.54 万人次，占入境旅游者人数的 26.52%，同比增长 5.5%，接近 1/4 的东盟游客对于广西的旅游经济增长有着较大的拉动作用。

广西在海丝旅游合作中也存在系列问题，如：旅游产品的质量和种类、旅游宣传促销力度不足等。针对上述问题，广西旅游委积极采取促进特色海丝旅游合作的政策与措施：

一是旅游重大项目建设引领产业转型升级。广西全年新增 4A 级旅游景区 12 个、自治区生态旅游示范区 11 个、自治区旅游度假区 4 个，四星级饭店 6 家。截至 2016 年 11 月，仅列入自治区重大项目协调机制内的重点旅游项目就完成 137.1 亿元的投资，已超出 2014 年投资额的 5.94%。桂林地中海俱乐部、罗山湖体育休闲项目一期、贺州南乡温泉、阳朔悦榕庄、田阳田州古城等一批高端度假产品和项目竣工，成为广西旅游转型升级的典范。

二是打造特色旅游名县工作的效果突出。阳朔、兴安、东兴三个县（市）成为首批广西特色旅游名县，龙州县、资源县、荔浦县 3 个县从 13 个备选县中递补成为创建县，马山、北流等 5 县（市、区）从 22 个申请县中递补成为备选县，2015 年 1—11 月，20 个创特县旅游总人数达 2722 万人次，同比增长 30%，旅游总收入达 511.87 亿元，同比增长 38%。

三是旅游品牌影响力显著提升。推出《中国国家地理—地道风物广西》和大型纪录片《长寿广西》，助推广西旅游影响力和知名度的提升。举办"乐游广西"推广季、"三月三"系列大型宣传推广活动。成功举办首届中国—东盟博览会旅游展，打造东博会和旅游发展新品牌。创新旅游推介载体，开行"广西旅游号"高铁动车组。"互联网＋旅游"成为旅游经营新模式，仅国庆黄金周通过广西旅游目的地营销平台订购广西旅游产品的有 13 万多人次，比 2015 年同期增长 196%。

四是旅游改革和产业融合全面深化。成功承办巴马论坛——2015 年中国—东盟传统医药健康旅游国际论坛，推动旅游与中医药的整合。与自治区质监局签署旅游标准化工作合作协议，加快旅游服务与国际接轨的步伐。2016 年工作计划主要是推进《广西乡村旅游发展"十三五"规划》《广西红色旅游发展"十三五"规划》等各专项规划的编制工作。做好重大项目跟踪、协调、服务工作，争取全年全区完成旅游重大项目投资 120 亿元。建立旅游重大项目动态管理和跟踪服务信息化系统；联合招商部门完成旅游招商引资项目到位资金 270 亿元。

（三）海南

据相关统计数据（见图 6－7），海南省从 2013—2016 年期间，旅游收入逐年递增，其中国内旅游收入占据绝大部分比例，并随着季节的变化而上下波动；入境旅游收入在 2013 年 5 月—2015 年 6 月期间，保持相对稳定，随后的 7 月份一直到 2016 年的第一季度，增幅较为明显，在旅游收入中占比增加，最高增加金额由 2015 年 9 月的 2.29 亿元变为 2015 年 10 月的 5.57 亿元，增幅达到 143%。

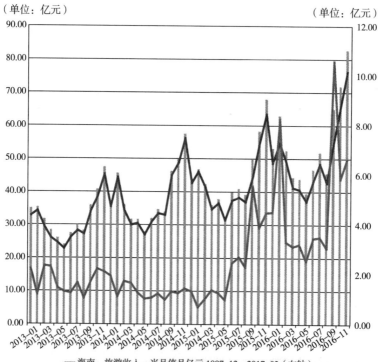

图 6－7　2013—2016 年海南旅游收入统计

资料来源：Wind 资讯。

一是从单一景点景区建设管理到综合目的地统筹发展转变，破除景点景区外的体制壁垒和管理围墙，实现多规合一，实行公共服务一体化，旅游监管全覆盖，实现产品营销与目的地推广的有效结合。旅游基础设施和公共服务建设从景点景区拓展到全域。

二是从门票经济向产业经济转变。实行分类改革，公益性景区要实行低价或免费开放，市场性投资开发的景区门票价格也要限高，坚决遏制景区门票上涨过快势头，打击乱涨价和价格欺诈行为，改变我国旅游过度依赖门票收入的局面。

三是从导游必须由旅行社委派的封闭式管理体制向导游自由有序流动的开放式管理转变，实现导游执业的自由化和法制化。

四是从粗放低效旅游向精细高效旅游转变，加大供给侧结构性改革，增加有效供给，引导旅游需求，实现旅游供求的积极平衡。

五是从封闭的旅游自循环向开放的"旅游＋"融合发展方式转变，加大旅游与各类产业的融合力度，形成综合新产能。

六是从旅游企业单打独享到社会共建共享转变，充分调动各方发展旅游的积极性，以旅游为导向整合资源，强化企业社会责任，推动建立旅游发展共建共享机制。

七是从部门行为向党政统筹推进转变，形成综合产业综合抓的局面。

八是从仅是景点景区接待国际游客和狭窄的国际合作向全城接待国际游客、全方位国际交流合作转变。最终实现从小旅游格局向大旅游格局转变。

2016 年 5 月 5 日下午，2016 全球旅游目的地盛典在海口完美落幕。这是由海口市政府、中国旅行社总社发起，海口市会展局、中旅国际会议展览有限公司承办，美国国家地理等二十多家战略合作伙伴共同支持的一次国际重大品牌会展活动。海口通过"旅游＋会展＋互联网＋时尚"的深度融合模式，首次实现了"四个第一"。

五、广东与有关海丝沿线国家
和地区旅游业合作的对策

（一）深化旅游企业之间深度合作与产业投资

加强沿线地区和国家间旅游企业的横向合作，鼓励星级酒店缔结业务合作关系，开展业务往来，互相学习促进服务水平和管理水平的提高；促进各旅行社之间加强合作，共同开发和推介跨区域旅游线路和产品；推动各景区建立业务合作关系，推动旅游资源整合。强化沿线国家和地区间旅游企业的纵向合作，推动以大景区为核心企业的旅游供应链的合作，鼓励通过企业个体之间的联合、合作协议、股权分享等方式，建立沿线国家和地区间包括旅行社、酒店和景区等在内的旅游企业的供应链战略联盟，形成优势互补、风险共担、各尽所能、各取所需的网络型联合体；建立旅游企业供应链之间的利益协调机制，促进旅游企业间的良性竞争和有序发展。

充分发挥沿线国家和地区旅游资源丰富的特点，按照资源整合、合理配置和联合开发的原则，积极推进旅游产业投资合作。合作各方要积极创造招商引资条件，对各方旅游企业给予同等的机会，实现与本地区旅游企业同等待遇。鼓励企业"走出去"，充分拓展广东旅游企业的良好口碑，鼓励海丝沿线国家和地区的旅游企业到广东通过收购、参股等资本形式合作开发旅游景点项目，构建旅游资源和产品开发的投融资平台。

（二）优化旅游产业要素

优化旅游产业要素，促进广东与海丝沿线国家旅游合作的转型升级。在整合和完善广东旅游资源上进行研究。广东旅游资源类型如下：（1）多元化的旅游景观。独揽三千多公里的特色海岸线，不乏优质的海滨浴场；极致体验的休闲度假中心，如南湖国家级旅游度假区、中山温泉等，以及高档休闲方式的国际标准的高尔夫球场可供高尔夫球爱好者一试身手；名胜古迹有南雄始与县的远古恐龙蛋化石、具有万年历史的曲江县"马坝人"遗址；广东的六座国家级历史文化名城，文物古迹不胜枚举，各地文化交融，特色鲜明。大自然的风光有游肇庆七星岩，以及广东的四大名山（鼎湖山、丹霞山、罗浮山和西樵山）。人造景观，有广州"世界大观""民俗文化村"，可以领略到中国各个民族风俗文化及异域风情。（2）颇具特色的文化景观。从地域来看，有珠三角的岭南水乡和侨乡文化、粤东潮汕文化和客家文化、粤西西江流域山水文化、粤北山水与少数民族风情文化。从种类来看，有自然生态与人文旅游文化资源，包括山水风光、建筑文化、饮食文化、历史文化、宗教文化、岭南园林文化、体育文化等。广东全省现有由国务院批准的历史文化名城6座，在全国的99座历史文化名城中占6.06%。

相应的广东旅游资源开发可以从以下几个方面展开：

以历史文化名城、海滨城市及其周围地区为开发重点。城市具有发展旅游业的先天优势，因为它拥有良好的区位优势、强大的经济实力、厚重的历史文化积淀、广阔的市场等。作为一个不朽创造，城市自身就是一个不错的旅游对象。在广东省的城市中，以历史文化名城、海滨城市发展旅游的条件为佳。通过广州、深圳、珠海、肇庆等城市为发展重点，把整个城市作为一个大景区来规划筹建，以舒适和谐的城市环境和和谐美好的城市品牌形象全方位打造精品旅游城市，从而吸引游客的眼球。滨海城市要充分利用海滨沙滩、岛屿、礁石和山海风光建设高质量的旅游景点。目前，省内各地不少文物古迹的开发利用不甚理想，一些古建筑、古塔、名人祠堂等年久欠修，门庭冷落。文物古迹，特别是重点文物保护单位，并不等于是很受游客欢迎的旅游资源；文物价值与旅游价值并不存在等价关系，但它有可能组合包装、设计出很好的旅游产品。因此可以在不破坏文物的前提下尝试引入新的开发经营理念和方式，锐意开发。

及时更新改造景点，不断提高吸引力。由于旅客"喜新厌旧"心理的存在，景点的吸引力会随着时间的推移而下降，因此需要不断的更新改造，以克服时间"阻力"，恢复、提高景点的吸引力。要保持旅游业的持续发展，不能吃旅游资源的老本，而应尽量使其"增殖"，根据社会经济发展趋势和市场需要，及时对景点进行调整、更新或重新策划。

适度容量，维护生态平衡。随着居民消费水平的不断提高，精神消费占据较大比重，其中旅游成为这类消费的首选，并随着游客人数暴涨，景区的管理力度难以维持，因而导致原始旅游资源和自然生态受到一定程度的破坏，进而引起旅游资源的质量下降，生态处于失衡状态。要实现旅游业的可持续发展，必须考虑生态环境对旅游业发展规模和档次的承受能力，根据旅游资源生态平衡的需求，适当控制旅游人数，保持环境的适度容量，使旅游业发展由单纯追求旅游人数的增长转到追求旅游质量的增长的轨道上来。根据可持续发展思想的要求和社会经济发展的客观趋势，广东省具有发展生态旅游的优越的地理位置和自然环境条件，近年来森林旅游、湖泊旅游、自然保护区旅游和城郊农业观光旅游迅速兴起，今后要加强对资源特性、资源结构、客源市场以及旅游相关产业等的分析研究，保持适度发展规模，维护生态平衡，使其真正成为可持续发展的生态旅游。

（三）建构联合开发模式

建构广东与海丝国家旅游合作的联合开发模式。在这种新型的联合开发模式的驱动力下，首先，广东与海丝沿线国家加强海上交通的密切合作，通过增设海陆交通工具，扩展旅游的客容量与提高出入境旅游的便利度，将沿线国家间的各海域及区域内陆景点有效连接，形成区域旅游空间体系。其次，在交通运输网络的轴心下，将广东与海丝国家周边或沿线的自然、人文景点进行有效连接，将城市、地区和国际旅游进行区域串联，并通过拓展延伸、深度整合、发掘盘活等形式，深度拓展区域旅游的合作内涵，同时游客可将沿海上丝绸之路的各种文化遗迹、民俗风情、乡村风光、自然风光、城市风光等一览而尽，并且广东与海丝沿线国家旅游合作旅游能高效形成自然风光、文物古迹、民族风情、休闲娱乐相得益彰的体系。

（四）制定分区落地方案

制定广东与海丝沿线国家旅游合作的分区落地方案。广东应抓住这个重要的发展机遇，立足区域，制定广东与海丝沿线国家旅游合作文化旅游品牌的分区落地方案，形成若干个各具特色的海上丝绸之路旅游区，充分发挥古代海上丝绸之路始发地的战略优势。

1. 西线旅游区方案

徐闻、阳江、合浦（现划归广西）等地是海上丝绸之路始发港口，海南是船舶从广东出发向西前往印度洋和阿拉伯海的必经之地。长远观之，海上丝绸之路西线旅游区可以包括粤西地区（湛江、阳江、茂名）、广西、海南以及越南、泰国、缅甸、印度、斯里兰卡、马尔代夫，甚至更远的阿拉伯海沿岸国家和非洲东海岸国家、欧洲地中海沿岸。短期而言，粤西地区作为海上丝绸之路西线旅游区的出发地，其旅游目标定位为世界著名的滨海度假旅游目的地。

产业发展：高起点规划，多元化投资。以广东海上丝绸之路博物馆（南海1号，又称"海上敦煌"）作为该旅游区的龙头，将海陵岛、放鸡岛、湛江五岛一湾、徐闻大汉三墩等粤西丰富的滨海旅游资源作为主打产品，结合粤西地区的乡村旅游（如大澳渔村古村落）及旅游产业园区的建设，将湛江打造成为粤西地区的中心旅游城市。同时，拓展西行路线，加强广东与广西、海南以及越南、泰国甚至印度洋沿海国家之间的旅游合作，打造"古代海上丝路之旅"（沿途体验粤西、广西、海南以及东南亚、印度、阿拉伯、非洲等地区的风土人情）。

2. 东线旅游区方案

按照古代海上丝绸之路从潮汕地区出发，向北通往福建和中国台湾、东亚、大西洋沿岸等地的线路，打造粤东地区（潮州、揭阳、汕头、汕尾、梅州）延伸至福建和台湾的海上丝绸之路东线旅游区。粤东地区作为海上丝绸之路东线旅游区的出发地，其旅游目标定位为世界级潮汕文化和客家文化旅游目的地。

产业发展：突出"21世纪海上丝绸之路"中的文化交流部分，深挖潮汕文化和客家文化的内涵，主打潮汕文化游、客家风情游两大旅游品牌。汕头、潮州、揭阳是潮汕文化的主要发源地，可辅以滨海旅游、侨乡文化和民俗文化，将其打造成世界潮汕文化之都。梅州有"世界客都"之称，结合乡村旅游、生态旅游和红色旅游，提升其知名度。加强与台湾的旅游合作，从粤东出发，可打造"文化迁徙与交融之旅"，再现潮汕、客家人迁徙台湾构成当地原住民的历史过程。同时，从台湾出发到广东打造"台胞寻亲之旅"。

3. 粤港澳旅游区方案

中国香港、澳门是古代船舶从广州出发向南前往东南亚地区、大洋洲各国的必经之地。香港是世界大都会旅游中心之一，有东方之珠之称；澳门的旅游业以博彩业为基础，东方文化色彩和欧陆风情兼备；广东历史文化悠久，名胜古迹众多，又得内地改革开放风气之先。三地旅游合作已于多年前开始，目标定位为世界知名旅游目的地，亚太旅游中心区。

产业发展：粤港澳旅游合作的重点是探索粤港、粤澳游艇出入境便利化措施，支持游艇行业开展进口游艇租赁业务，粤港澳三地邮轮旅游蓄势待发。三大区域间应积极加强具有核心竞争力的旅游要素的整合力度，构建不同主题、特色、档次的多元旅游产品体系，开发精品旅游项目，推出"一程多站"旅游线路，旅游线路可涵盖主题公园之旅、高端滨海度假之旅、休闲购物之旅、温泉之旅以及近代历史文化之旅等。

4. 东南亚旅游区方案

古代船舶从广东出发，向南可通往马来西亚、新加坡等国，是古代海上丝绸之路最著名的一条线路。这一旅游区域充满异国情调、异域风景，目前已经开通有一些邮轮航线，如新马泰邮轮游等。广东与东南亚各国可利用海上丝绸之路，共同打造面向国际游客的、更具东南亚文化内涵的旅游品牌。目标定位为世界知名旅游圈。

产业发展：依托海上丝绸之路，带领游客亲身经历汉代以来开辟的丝路之旅，体验多元化的异国风情，进一步加深中国与东南亚各国人民的相互认识和了解。打造"郑和下西洋之旅"，欣赏沿线海洋风光，了解航海知识，体验历史的沧桑巨变。

（五）探索营销推介模式

借助平台，联合推介。强化珠三角地区的整体旅游形象，扩大珠三角旅游的国际影响力和吸引力。利用国内外旅游展销会的平台：联合布展，将珠三角九市资源整合，互为推广，共同促销。建立境外旅游宣传推广中心：在主要客源市场地区建立珠三角（粤港澳或广东）旅游办事处（旅游推广中心），拓展旅游宣传渠道，加大区域旅游在境外的宣传促销力度。互为客源，互为市场。珠三角九市互设旅游接待与集散中心，互设旅游代办处或分支机构；互设旅游企业连锁店、专卖店；定期互办旅游交易市场、旅游推介会等，实现旅游客源地和目的地的互动。多层合作，合力营销。建立珠三角多层面合力营销机制，即推行"省＋市＋企业"联合营销模式，在营销战略选择和资金合作等方面由三方协商确定。

为了在"一带一路"战略背景下充分发挥广东在海丝旅游合作中的机遇与优势，广东应积极探索营销推介模式，增加赴海丝沿线国家开展旅游合作交流活动的机会，大力推动铂涛集团、粤旅集团、长隆集团、华侨城集团、岭南集团等重点旅游企业赴相关国家开展旅游投资合作；积极发挥广东作为海上丝绸之路重要发祥地的地理优势，充分利用"粤港澳一程多站""中国海上丝绸之路旅游宣传推广联盟""泛珠三角旅游合作""北部湾中国旅游推广联盟"等跨境、跨区域旅游合作机制，策划开展一系列丝绸之路文化旅游主题宣传推广活动；在海丝沿线国家宣传广东旅游和72小时过境免签政策，并配合有关部门制订和落实与东南亚等地旅游出入境的便利政策；邀请海丝沿线国家组团参加广东旅博会、海博会及广东国际旅游文化节，加快完善国际旅游服务网络。

（六）构建创新体制机制

旅游体制机制创新是一个系统工程，其中涉及旅游业管理体制、出入境管理政策、旅游新业态管理、休假制度、旅游要素保障机制、旅游开发经营机制等。

第一，以旅游购物免税和退税政策为核心调整出入境旅游。广东出入境旅游最核心的问题是旅游逆差，旅游逆差的核心问题是入境旅游增长停滞，出境旅游快速发展。导致这一结果的原因很多：中国居民可支配收入提高、主要客源国经济不景气、人民币汇率升值、中国国内旅游价格上涨等，这些都是旅游业发展的外部条件，对旅游业来说是外生变量。对旅游贸易逆差的治理，要从提高入境旅游和一定程度减少出境旅游消费两个方面入手，但不宜采纳征收出境旅游税的方式。目前来看，以旅游购物免税和退税政策为核心，既能提高入境旅游的积极性，也可在一定程度上抑制中国公民出境旅游的消费，尤其是购物消费，是比较可行的做法。

第二，以广东旅游集团为核心，重点拓展海外经营。在认识到旅游逆差成为中国旅游发展新常态的基础上，正确的态度不是想方设法去改变结果，而是利用机遇。事实上，中国公民出境旅游消费高速增长并非有害无利。一个出境旅游流达到 1 亿人次，出境旅游消费 1000 亿美元的市场，孕育着庞大的海外经营机遇。这是广东旅游企业走出国门，开展跨国经营的大好时机。

第三，设立国际旅游自由购物区，推动国内稳健的旅游购物发展。自改革开放以来，国家为了推动国内经济的稳定发展，在不同的发展阶段，针对社会经济发展的重点，先后设立了经济开发区、科技园区、自由贸易区，进而提升了我国的制造业、科技业和贸易的发展水平和竞争能力。随着我国消费对社会经济拉动作用的提升和积极谋划，通过国家层面在一些旅游发达地区设立国际旅游自由购物区，对于提升我国国际旅游地位，推动旅游国际化发展，增强旅游国际竞争能力都具有重要的作用。

六、结论与展望

（一）结论

本章通过对国内外旅游合作研究现状进行梳理，对"21 世纪海上丝绸之路"、海丝旅游的相关概念进行解读，先是对海丝广东进行宏观分析，包括广东旅游业发展现状和结构层次等，从中总结出广东旅游发展所呈现出的"海丝"特色，进而对广东与有关海丝沿线国家的旅游合作现状进行分析（以五国为例），提炼出广东所具备的优势和面临的机遇，并归纳出广东进一步深化海丝旅游合作建设存在的问题：一是目前广东在独具区域特色的旅游文化上挖掘力度不够，在具有岭南文化特色的旅游产品上的开发缺乏创新；二是广东政府及旅游局在旅游产业要素上的调整步伐有待进一步提高，高效利用"一带一路"重要抓手；三是广东的海丝旅游在资源品位、区域开发、景区规划、景点建设方面缺少对旅游区发展的深度和广度的思考，海丝文化的协同效应未充分发挥；四是广东在旅游营销力度上需进一步加大，针对不同的过境人群进行细分，开发出真正有吸引力的产品来留客，从而提高游客对广东的内在认同感，充分发挥口碑营销的效益。

针对上述问题，本章提出的初步建议为：制定广东与海丝沿线国家旅游合作的发展战略；优化旅游产业要素，促进广东与海丝沿线国家旅游合作的转型升级；建构广东与海丝沿线国家旅游合作的联合开发模式；制定广东与海丝沿线国家旅游合作的分区落地方案；探索广东与海丝沿线国家旅游合作的营销推介模式；构建广东与海丝沿线国家旅游合作的创新体制机制。

（二）展望

（1）本章中对广东与有关海丝沿线国家的旅游业合作研究主要为定性分析，在今后的研究中将进一步对广东加强海丝旅游合作建设成效的测评指标体系构建和旅游经济效益定量评价方面的相关研究，探讨如何建立广东在海丝旅游合作中成效的反馈机制，提高广东旅游价值。

（2）海丝旅游是在"一带一路"大背景下带来的新机遇，广东作为始发港和对外经贸大省，在未来的旅游合作中将体现更大的自身价值。所以，深化对广东的海丝旅游合作研究十分必要。

第七章 广东与"一带一路"沿线国家高等教育国际合作研究

杨 励 陈 琳 刘 琳*

"一带一路"战略的付诸实施，不仅标志着我国国家发展战略和外交战略的新开端，同时也为我国教育的改革与发展，特别是为高等教育的国际合作提供了新机遇。教育和文化合作本是"一带一路"战略的重要组成部分，"一带一路"战略的实施，将会给广东与"一带一路"沿线国家高等教育的国际合作开辟新天地。广东高等教育如何顺应新形势、抓住新机遇，承担好"一带一路"战略所提出的新使命与新要求，是摆在我们面前的重要任务。在此背景下，本章分析了高等教育国际合作的背景及相关理论，探讨了广东与"一带一路"国家高等教育国际合作的现状与不足，借鉴了欧美发达国家、"一带一路"沿线国家开展高等教育国际合作的经验，在此基础上，提出了广东与"一带一路"沿线国家高等教育国际合作的创新路径，试图从管理模式、交流模式、教学模式及保障体系等几个方面为广东高等教育的国际化献计献策。

---

* 杨励：广东外语外贸大学经济贸易学院教授，硕士研究生导师，广东外语外贸大学南国商学院副院长；

陈琳：广东外语外贸大学经济贸易学院讲师；

刘琳：广东外语外贸大学经济贸易学院讲师。

一、高等教育国际合作概述

（一）高等教育国际合作的原因分析

1. 国际因素

高等教育的国际化和国际间的合作古已有之，那时的交流及合作是基于一种朴素的知识普遍性的观念，其最早可以追溯到古希腊时代。当时，跨国的"游教"和"游学"之风盛行，不过这种国际交流只在当时已知的非常狭小的范围内进行。中世纪，人们认为人文学科是一切知识的基础，一切学问在范围上都是全球性的，当时的大学在入学方面并没有国籍方面的限制，能够吸收来自不同地区、民族的学生和学者。这种学生和学者的跨国流动对当时的社会产生了非常重要的影响。由于大多数游学的学者在他们的国家都属于精英分子，并且很多人后来都身居要位，因此他们能够很好地运用和传播所学的知识。而到了 16 世纪上半叶，由于欧洲的基督教改革运动致使各地新教教派大量涌现，情况开始发生了变化。学术界也树起了宗教的藩篱。直到现代欧洲的早期，随着科学技术的兴起、地理大发现、探险、贸易的增长以及传教活动的扩大，各国之间的教育交流也愈加频繁。从 16 世纪到第二次世界大战前，由于殖民主义的扩张，这个时候各国的教育交流主要体现为以宗主国向殖民地国家输出的教育模式。

第二次世界大战以后，尤其是东西方冷战状态结束以来，各国经济迅速发展、商品极大丰富，有力地促进了国际贸易和投资金融的自由化，推动了统一劳动市场的建立、跨国公司的发展和网络经济的崛起，从而导致世界经济全球化的形成。在这样一个全球化的时代，一个国家若想在世界民族之林占有一席之地，其高等学校就必须能够参与到全球性的人才市场和智力资本市场的竞争之中。受教育者对教育的要求，也已经突破了国家的疆域，越来越多的学生认为，要想在未来的就业市场获得成功，具有国际的知识和经验是一个非常必要的条件。因此，高等教育的国际化已成了各国高等教育发展的历史必然和趋势。

近年来，欧美各国都纷纷出台了推进教育快速发展的纲领性文件：欧盟1999年启动"博洛尼亚进程"，通过建立通用学位结构和资格框架，形成欧洲高等教育区，已经影响到包括欧洲及其以外的47个国家和地区。欧盟还在《欧洲2020战略》中将教育指标作为未来十年总体发展战略的核心的内容之一，以期探索出通过"教育—人才—就业—创业"来摆脱经济衰退、重塑社会凝聚力的新路。美国高度重视教育在重塑美国经济中的关键作用。2012年1月，奥巴马在第三次国情咨文中将教育作为除新兴制造业、本国能源和美国价值观外构建美国蓝图的4个核心要素之一。德国2009年的《联合执政协议》首次把教育写入协议标题，凸显了教育的关键地位。日本制定了《第二期教育振兴基本计划（2013—2018年）》，重点关注教育的多样性，社会整体在教育方面的横向协作与联动，面向实现终身学习社会的纵向衔接，中央与地方协作与联动等。同时，一些发达国家把发展教育事业作为摆脱金融危机的重要杠杆，将吸引海外留学生、资助本国学生赴海外留学、推动区域教育一体化作为教育国际化的重要战略举措，力求占领后经济危机时代的制高点。2010年2月，法国通过《国家对外行动法》，改革涉外教育文化结构，将公益性质的"法国教育服务中心"（Campus France）与"外国留学生与国际交流接待管理中心"合并，便于统一管理外国留学生事务，从而增强法国留学市场的吸引力。加拿大各省教育部长2008年发表联合声明，发布了《2020加拿大学习计划》，确立了教育发展的四大支柱和八大目标，成为指导各省和地区教育发展的框架文件。加拿大部长理事会2011年6月正式发布了《加拿大各省和地区国际教育推广行动计划》，旨在提高国际学生数量和在国际教育市场份额，为本国学生创造更多海外学习机会，吸引更多国际学生毕业后永久居留。2011年7月，巴西政府正式启动"科学无国界"项目，宣布将选派至少75000名学生到美国大学学习。日本"临时教育审议会"在对高等教育国际化的有关建议中指出，只有做一个出色的国际人，才能做一个出色的日本人。在国际社会中要想生存下去，除了牢固掌握日本文化外，还应该对各国的文化和传统加深理解。中央教育审议会也指出，国际交流的基础是"培养在国际社会中被信赖和尊敬的日本人，同时还应该增进相互间的团结与发展"。另一方面是在能力上培养具有在国际市场竞争的能力，使学生掌握一些将来在国际社会工作中所必备的知识和技能。

各国高度重视教育国际化，区域国际合作进程加速，学生交流规模不断扩大，改革和教育国际化已经成为世界教育不可阻挡的历史发展趋势，高等教育国际合作已然成为全球化进程加速的时代产物。

2. 国内因素

随着改革开放的深入，我国也逐步加强对高等教育国际化的重视，构建了"教育强国"伟大梦想。1983 年，邓小平同志将"面向现代化，面向世界，面向未来"定为中国教育改革和发展的指导思想和战略方针，教育国际合作成为我国对外开放的重要组成部分。1985 年，我国提出了创建世界一流大学和高水平大学的目标；1993 年，《中国教育改革和发展纲要》对出国留学、来华留学、合作办学以及对外汉语教学提出总体要求，强调高等教育领域是开展教育国际合作的主要阵地。1998 年 8 月出台《中华人民共和国高等教育法》，鼓励支持高等教育事业的国际交流与合作。教育部于 1999 年颁布《面向 21 世纪教育振兴行动计划》，对高等学校的教育交流工作提出专门要求，强调了 21 世纪高等教育在国际合作中的重要地位。2001 年 1 月，教育部颁布了《关于中国政府奖学金的管理规定》，设立中国政府奖学金，资助世界各国学生、学者到中国高等学校进行学习和研究。当年中国加入 WTO，意味着中国更深层次参与全球化。之后，我国陆续发布了《中华人民共和国中外合作办学条例》《2003—2007 年教育振兴行动计划》和《国家中长期教育改革和规划纲要（2010—2020 年）》等诸多重要文件，为我国加强国际交流与合作、引进优质教育资源、提高交流合作水平提供了政策支持。近十几年来的实践证明高等教育国际合作已成为我国教育事业发展的一个有益补充，对于提升我国教育的国际竞争力有着重要的意义。

2013 年 9 月、10 月，习近平主席在访问哈萨克斯坦和印度尼西亚时，分别提出共建"丝绸之路经济带"和"21 世纪海上丝绸之路"的战略构想。从习近平的有关讲话以及《中共中央关于全面深化改革若干重大问题的决定》和《2014 年中央经济工作会议》中关于"一带一路"战略的有关表述看，"一带一路"不涉及政治、安全等领域，其将依赖"丝绸之路"经济、人文、商贸的千年传承，赋予其新的合作意义，并根据每个沿线国家的自然禀赋等因素，实行"一国一策"；"一带一路"将涉及基建、交通的互联互通以及贸易投资的便利化措施等内容，主线是经济合作和人文交流，方式是平等协商、循序渐进。在"一带一路"建设中，文化、旅游、贸易、金融、交通、基建将首先获益。

2015 年 3 月 8 日，我国政府正式发布了《推动共建丝绸之路经济带和 21 世纪海上丝绸之路的愿景与行动》。随后，在 2015 年 6 月，广东在全国率先发布《广东省参与建设"一带一路"的实施方案》，成为全国首个上报实施方案、完成与国家"一带一路"战略规划衔接并印发实施方案的省份。

"一带一路"战略的实施，不仅标志着我国国家发展战略和外交战略新的开端，同时也为我国教育的改革与发展，特别是教育的对外开放提出了新的挑战，并提供了新的机遇。当前，我国已成为世界最大的留学输出国和亚洲重要留学目的地国，"一带一路"战略的施行，正为推动区域教育大开放、大交流、大融合提供了良好契机。教育和人文合作是"一带一路"战略的重要组成部分，同时"一带一路"战略也给广东与"一带一路"沿线国家的教育合作开辟了新天地。新形势下广东教育如何顺应新形势、抓住机遇，承担好"一带一路"建设提出的新使命与新要求是摆在我们面前的重要任务。

（二）高等教育国际合作的理论分析

1. 高等教育国际合作的基本理论

（1）教育经济学理论

教育经济学以教育在经济增长和教育在社会经济发展中的地位和作用，以及教育支出的宏观和微观经济效果作为研究对象。教育经济学是一门社会科学，它根据设定的前提，运用数量分析方法，对数据资料进行计算、分析，检验有关教育与经济之间的关系和预测这一关系的变动趋势。

20 世纪 20 年代，教育经济学以独立学科的形式最早出现在苏联，它创建的标志是苏联著名经济学家、科学院院士斯特鲁米林 1924 年发表的《国民教育的经济意义》一文，这是世界上第一篇教育经济学论文。在该文中，斯特鲁米林第一次计量了苏联教育投资对国民收入的贡献和收益率。他提出教育与劳动生产率的提高有关系，学历与劳动生产率成正比，与年龄相比教育程度对劳动生产率的作用比较持久，办教育比搞建设的收益更大等观点。

20世纪60年代初，美国经济学会会长舒尔茨发表了题为《人力资本投资》的就职演说，被认为是教育经济学的独立宣言。舒尔茨提出人力资本是推动国家经济增长和经济发展的重要因素，人力资本的收益比物力资本带来的收益还要大。经济要发展就要重视人力资本的投资，又因为人力资本投资的重要源泉是教育，所以也要重视教育投资。

1962年英国经济学家韦锥出版了《教育经济学》一书，标志着教育经济学的产生。次年，国际经济学学会召开年会，主题为"教育经济学的问题"，会后会议发言被汇集成册出版，这部论文集的出版，使社会上公认了教育经济学的存在，为以后教育经济学在世界范围内的发展奠定了基础。

中国教育经济学的研究开始于20世纪70年代，中国教育经济学的研究者们对教育在中国社会经济发展中的作用进行了广泛的探讨。目前得出的较为一致的看法是：教育和经济增长之间存在着如下的关系，即一方面，经济增长本身要求教育部门输送大批有一定技术文化水平的劳动者；另一方面，教育事业的发展始终是同该国的国力相适应的，经济越发达，越有可能提供较多的教育费用，促进教育的发展。教育和社会经济发展之间存在着如下的关系，即单靠发展生产力，是不可能建成高度物质文明和精神文明相结合的社会主义社会的。教育是培养人、造就人的事业，它既促进物质文明的发展，又促进精神文明的发展。在社会主义条件下，教育的发达与否，教育质量的高低，直接和间接地影响着社会的物质文明建设和精神文明建设，并影响到二者相结合的程度。

（2）战略管理理论

目前，战略一词已在管理领域得到了广泛的应用，高等学校的管理也不例外。20世纪90年代，由于高校管理理念的兴起，战略管理就已经开始应用于西方发达国家的教育领域。

学术界关于企业战略管理的含义存在两种不同的理解：一种称为狭义的战略管理；一种称为广义的战略管理。狭义的战略管理认为，企业战略管理是对企业战略的制定、实施、控制和修正进行的管理，其主要代表是美国学者斯坦纳。斯坦纳在其 1982 年出版的《管理政策与战略》一书中指出，企业战略管理是确立企业使命，根据企业外部环境和内部经营要素设定企业组织目标，保证目标的正确落实并使企业使命最终得以实现的一个动态过程。广义的战略管理则认为，企业战略管理是运用战略对整个企业进行管理，其主要代表是美国企业家兼学者的安索夫。安索夫在其 1976 年出版的《从战略计划走向战略管理》一书中最先提出了战略管理一词，安索夫认为，企业战略管理是将企业日常业务决策同长期计划决策相结合而形成的一系列经营管理行为。在战略管理发展的过程中，众多的战略辅助分析方法也得到了开发和应用，包括 SWOT 分析法、SAW（Strategic Analysis Worksheet）战略分析工作表、BCG 矩阵模式等。

在战略分析过程中，安索夫创造了 SWOT 分析法。安索夫认为：一个组织要获得成功，组织应分析其面临的机会（Opportunity）、威胁（Threat），审视自己的优势（Strength）、劣势（Weak）。SWOT 分析法应为高等学校所采用，高等学校在对学校外部环境分析、学校内部条件分析、学校外部环境与内部条件的综合分析基础上，对宏观的经济发展与教育趋势、中观的区域经济和社会形势、微观的学校条件进行分析，制定战略规划。而这个过程实质上是高等学校寻求成长和发展机会并且识别威胁的过程。

美国著名的波士顿咨询集团公司设计创作了 BCG 矩阵模式，其目的是检测组织战略业务单位在市场中的地位（战略业务单位即组织服务于社会的项目，例如学校的专业），此模式可用于高等学校的专业建设。美国学者萨维森于 20 世纪 90 年代提出的 SAW（Strategic Analysis Worksheet）战略分析工作表在美国学校战略管理实践中取得了成功，同样值得我国高等学校借鉴。

（3）教育产业的市场化

西方国家从 20 世纪 80 年代开始的"高等教育市场化"改革，是新公共管理改革的一个组成部分，旨在改善政府治理方式，通过引入市场机制配置资源、调整结构，提高高等教育的活力、质量和效率。它在实践中主要有三个方面：一是减少国家、政府对高等教育经费投资的比例，增加非政府（市场、个人或家庭）对高等教育的投资。二是强化高等教育与私有经济部门的联系，加强大学与工商界的联系。三是加强私立或民办高等教育的角色和作用。高等教育市场化并非纯粹市场化，围绕这一变革，事实上出现了两个逻辑。一方面，国家运用市场的理念和做法来运营高等教育，通过引入市场机制以增强高等教育的竞争性和选择性，使其提供的服务更适应市场的需要。另一方面，要想使大学能够灵活地在市场环境中发展，就必须减少对大学的控制，使大学成为市场的主体。因而，这一过程必须增强大学的自主性，使大学既不为行政驱使，也不致简单地蜕化为"市场的奴仆"。

在中国，"教育产业化"是近年来使用频率很高、但缺乏共识的模糊概念。比较学术化的表达，"教育产业化"是指在教育领域实行的被称为"单纯财政视角的教育改革"，即在教育经费严重不足的背景下，为弥补经费短缺，围绕着学校创收、经营、转制、收费、产权等问题，以增长和效率为主要追求的教育改革。"教育产业化"的合理性，是在教育属于"第三产业"的概念下，强调其产业属性的一面。20世纪90年代以来，我国主要的教育政策，提倡多种渠道筹集教育经费，大学高收费，学校广办公司开展多种经营创收活动，公办学校转制、"名校办民校"、公办高校举办"二级学院""独立学院"，以及用房地产开发的模式兴建"大学城"等等，大致是循着这一思路。

"教育产业化"是纯粹的"中国概念"，与西方国家的"教育市场化"改革貌似而神异，问题、动机、政策取向、操作过程有很大的不同。与中国将择校与高收费、学校改制、产权改革相联系不同，西方国家的放权和择校改革既不涉及高收费、创收和营利，也不涉及产权问题，主要是管理权的改革。我国出现"教育产业化"虽然有多年了，但政府治理模式的转变还没有开始，政府对教育管理的弊端如高度行政化、垄断资源和对学校的直接微观控制等现象并没有改变。本应更大程度市场化的高等教育，仍处于主要由政府包办的状态；以世界一流大学为目标的研究型大学仍需处处"跑部钱进"；本应作为教育产业的主体而大力发展的民办教育，仍然步履维艰，份额很小。要改变这种现状需要推动一场真正的教育改革——以体制改革为中心的教育改革。

2. 高等教育国际化与国际合作的概念界定

（1）高等教育国际化

从国际范围来看，高等教育国际化已经成为了高等教育系统的一个重要维度。早在1980年，美国卡内基高等教育政策研究理事会就出版了《扩展高等教育的国际维度》一书，该理事会主席、美国前加州大学总校校长、著名的高等教育专家克拉克·克尔在此书的序言中曾呼吁：我们需要一种超越学院观念的新的高等教育观念，即高等教育的国际化。欧洲经济合作与发展组织（OECD）也在1993年11月与1995年11月先后召开的两次高等教育国际化会议中认为：高等教育的国际化已从边缘逐渐变成了高等学校管理、规划、培养目标和课程的一个中心因素。

联合国教科文组织（UNESCO）所属的国际大学联合会也对高等教育国际化给出了如下定义："高等教育国际化是把跨国界和跨文化的观点和氛围与在学校的教学、科研和社会服务等主要功能相结合的过程，这是一个包罗万象的变化过程，既有学校内部的变化，又有学校外部的变化；既有自下而上的，又有自上而下的，还有学校自身的政策导向变化。"

（2）高等教育国际合作

高等教育国际合作是现代教育的重要发展趋势之一，高等教育国际合作现象由来已久。中外许多专家、学者对高等教育国际合作教育发生、发展的历史都有过研究和论述。古代教育国际性活动是教育国际合作的萌芽阶段，它伴随着高等教育活动的发展而发展，到今天已由早期的高等教育国际性活动发展成为当代高等教育国际合作。在我国，对于"国际合作"的定义，主要出自于1995年和2003年出台的两部法律、法规中的定义。即：原国家教委1995年制定的《中外合作办学暂行规定》第二条指出，国际合作是指"外国法人组织、个人及有关国际组织同中国具有法人资格的教育机构及其他社会组织，在中国境内以招收中国公民为主要对象的教育机构（以下简称'合作办学机构'）实施教育、教学的活动"。2003年3月1日中华人民共和国国务院颁布的《中华人民共和国中外合作办学条例》（以下简称《暂行规定》）第一章第二条指出，国际合作教育是指"外国教育机构同中国教育机构（以下简称'国际合作教育者'）在中国境内合作举办以中国公民为主要招生对象的教育机构（以下简称'国际合作教育机构'）的活动"。

高等教育国际合作是指高等教育实体在境内、外采取适当的途径和形式，吸收具有不同国籍或文化背景的高等教育者或高等受教育者参加的高等教育或科学研究活动，以及与此相关联的高等教育思想观念和高等教育管理活动内容的总称。简单地讲，高等教育国际合作是一种跨国、跨文化培养人的高等教育实践活动，是全球一体化的重要组成部分。

高等教育国际合作的目的是通过高等教育提高受教育者的知识水平、能力、国际视野、文化等，提高个人素质，从而达到科教兴国，提高整个国家的经济实力，这种国际合作不是为了国际合作而国际合作，只有在具体地为国家经济建设服务的过程中，才能实现真正意义上的国际合作。

3. 高等教育国际合作的具体内涵

我国高等教育的国际合作在近二十多年来得到了较大的发展，高等教育的国际间研究、交流、借鉴、合作已成为促进我国高等教育事业发展的一个重要推动力。在现代社会里，哪一个国家、哪一个民族积极参与高等教育国际合作，并在高等教育国际合作教育中占据领先地位，就是占领了人才培养的领先地位，对其民族教育和科学研究都会产生深远的影响。

高等教育国际合作的内容十分丰富，包括教育观念的国际化、教育制度与管理模式的国际化、教育内容（专业与课程设置）的国际化、教学与研究的国际化、人员（教师与学生）的国际交往等。总的来说，高等教育国际化的要素包括人员要素、财务要素、信息要素和结构要素。人员要素的国际化指的是各类教育主体在国际范围内的流动。其中，学生、教师和学者的国际交流是其主要组成部分。财务要素的国际化主要包括教育经费的来源和分配的国际化，以及教学与科研设施的国际化。信息要素的国际化包括教育观念、教育目标、课程内容以及教育知识等的国际化。另外，随着教育国际化程度的提高，教育领域的国际规范条例也将增多。结构要素的国际化包括课程学习的学分制度、外国问题研究机构和国际合作与交流机构等。高等教育国际合作的内涵具体包括：

（1）课程的国际化合作

为了实现高等教育国际化合作的目标，在课程中增加国际化的内容至关重要。国际化的课程是一种为国内外学生设计的课程，在内容上趋向国际化，旨在培养学生能在国际化和多元文化的社会工作环境下生存的能力。从实用的角度来说，课程的国际化合作有两大好处：一是给那些没有去国外留学的学生提供接受国际化教育的机会；二是能够提高课程对外国留学生的吸引力，他们的参与对本国学生和教学过程都有益处。课程的国际化，不仅要开设许多关于其他国家和国际问题的课程，而且所有课程都应该体现国际观点。

课程的国际化合作基本上有以下几种方式：一是开设专门的国际教育课程；二是开设注重国际主题的新课程。如有些大学创设国际关系、国际经济、国际贸易等新系科，或是增设信息科学、比较文化学等有国际化内容的课程；三是在已有课程中增加一些国际方面的内容。如在教材上或采用国外教材，或在自编教材中大量吸收国外同类教材中的内容，或指定相当数量的国外教材和有关论著作为教学参考书目。在内容上紧密关注国际上本学科的最新动向，及时让学生了解最新研究成果；四是推进国际普遍关注的重大课题的研究。如环境科学、航天科学、能源科学、宇宙科学、生命科学等等；五是注重地区研究。地区研究不仅对于加强和促进学术发展必不可少，而且对于国家利益也至关重要；六是建立校际联系，把到国外参观学习与课程联系起来。例如为学生提供机会出国学习一定的时间，为学生提供了较好的国际交流实践的机会，有利于开阔学生的视野，增长学生的国际知识。

（2）人员的国际交流合作

人员的国际交流是高等教育国际化合作中最活跃的方面，其中包括学生的国际交流和教师的国际交流两个部分。

第一，学生的国际交流。学生的国际交流，是高等教育国际合作的一个重要组成部分。它不仅有助于各国学生之间的相互学习，而且有利于扩展课程内容的国际广度，开展跨文化的研究与讨论，招聘更多的具有国际经验的专家。

和其他国家相比，美国的高等教育系统在资金的投入量、学校的类型和层次的多样性、大部分学校的高质量、比较开放的入学传统以及英语作为世界性语言等方面的优势都是其他许多国家所难以比拟的。所以长期以来美国一直是世界上接受外国留学生最多的国家。大批留学生到美国留学，除了对美国的高等教育系统注入新鲜血液外，还在整体上符合美国社会各种现实和长远的重大利益需要。如给美国带来巨大的经济利益，有助于美国高等学校学术发展和杰出的国际中心的建设，有助于美国与留学生派遣国未来政治及其他关系的发展，同时还有助于为美国培养和吸引大批英才。

现代的科技文化交流是一种双向交流。许多国家都已意识到，要培养出国际型人才，增进民族间的相互理解，就必须派学生到相关国家去了解该国的历史、文化、风土人情，去参与该国的生活，才能够真正深入地理解对方。因此，在吸引外国留学生到本国留学的同时，这些国家也加大了选派学生出国留学的力度。如日本高等教育国际化的一个重要方面就是创造条件让学生到海外留学。日本很多大学与国外的高等学校签订了双边或多边协议，给学生提供出国学习的机会，据统计，最近有近500所高校签订了1600项此类协议，这种合作方式极大地推进了国际化项目的发展和实施，促进了日本高等教育向国际化方向发展。

第二，教师的国际交流。教师的国际交流是高等教育国际合作的一个核心部分。具有国际知识和经验的教师可以直接推动教学、科研向着国际化的方向发展。因此近年来许多国家的高校都采取多种形式增加教师出国访问进修的数量，同时还面向世界招聘教师和学者。如新加坡国立大学分别在纽约和伦敦设立教师招聘办事处，派专人到欧美、日本、大洋洲等地名牌大学物色人才，高薪聘请著名学者专家来校任教。日本也在修改有关法律和政策以增加外籍教师，吸引高水平的专家。而美国更是以其强大的政治影响、雄厚的经济实力、先进的教学科研条件和优厚的工作生活待遇吸引了大批国外优秀的专家学者。除了聘请高水平的教师来校任教外，不少学校还邀请国际知名学者、专家进行短期访问和讲学，或聘请著名学者作为名誉教授或客座教授。这样一方面使教师队伍趋于国际化，另一方面也使教育思想观念、课程和教学向着国际化的方向发展。

（3）国际学术交流与合作研究

大力开展国际学术交流与合作研究，是高等教育国际合作的一个重要内容。国际学术交流无论对学生的发展还是对学者的研究都有着极为重要的意义。联合国教科文组织1995年提交的《关于高等教育的变革与发展的政策性文件》中指出："国际合作是世界学术界的共同目标，而且还是确保高等教育机构的工作性质和效果所不可缺少的条件。高等教育已在知识的发展、转让和分享方面发挥了主要作用，因而学术上的国际合作应为全面开发人类的潜力作出贡献。"目前国际学术交流与合作研究主要有以下几种方式：一是通过有关国际组织进行国际合作研究。如通过联合国教科文组织、国际学术联合会议（ICSU）等机构设立的有关项目进行共同研究。二是进行校际合作研究。高校之间建立合作关系，通过教师互聘、资源共享、学分互认和科研项目合作等方式，实现资源优化整合、达到一定的办学目的。三是进行研究人员的交流。即各国邀请国外学者来访问、讲学或派本国学者出国留学、访问等等。四是通过国际会议进行学术交流。各国都制定了一些制度，支持、推动学者积极参加国内外组织的各种学术活动。五是开展学术信息交流。如资助研究成果的发表，推动高等学校通过国际互联网交流数据和研究成果等等。

（4）教育资源的国际共享

现代交通和通信技术突飞猛进的发展，缩短了时空的距离，使各国间人员、物资、信息的交流极为便利，这就给一些教育资源的国际共享与合作提供了条件。从信息资源的角度来说，现代信息传播的便捷，尤其是"信息高速公路"的世界联网，使得信息资源能够实现一定程度的国际共享。国际互联网，虚拟大学、电子图书馆等设施把全世界各个角落的学生、学者和研究人员联系起来，使他们坐在家中就能够掌握最前沿的科技知识，了解最新的学术动态，与地球另一端的有关人员进行探讨。

上述几个方面体现了高等教育国际化和国际合作的基本内涵。除此之外，也有其他方面，如强有力的组织领导，明确与切实的战略规划，持之以恒的努力，适当的经费保证以及外部环境的有力支持和科研方面的国际合作，等等。高等教育国际化包含的内容都需要通过各种各样的活动进行具体的实施，也就是说高等教育国际化的过程也是围绕着这些内容来安排活动，采取措施并实施的。因此，这些内容就构成了高等教育国际化和国际合作的实施策略的主要部分。

二、广东与"一带一路"沿线国家
高等教育国际合作现状分析

（一）广东与"一带一路"沿线国家高等教育国际合作的比较优势

1. 区位优势

从地理上看，广东省一直是"一带一路"的重要节点和出发点，作为华南地区的政治、文化和经济中心，它面向亚太，地处东亚—东南亚—大洋洲沿海经济走廊的中心位置。广东省高校可以凭借这一有利的地理位置，围绕"一带一路"战略，在文化、贸易、金融、交通、基建、旅游等领域，做好专业共建；通过与沿线国家开展高等教育合作，了解其政治、文化、宗教以及社情民意，更好地服务"一带一路"战略；培养"一带一路"需要的国际化人才，继而服务区域经济的发展；为广东省承接"一带一路"战略，提供及时的理论指导和决策参考。广东高校还可以借助区位优势，开办有针对性的高端联合培养项目，重点与"一带一路"沿线国家有影响力的政府官员、企业、智库等开展科教领域的合作与交流，增强沿线国家精英阶层对"一带一路"战略的认同感，帮助他们加深了解中国国情和中国问题，使其成为能够胜任在政治、经济、社会、文化等诸领域与中国合作的复合型近华、爱华人才。

在兼顾广东高等教育国际合作的发展时代背景和各个高校的具体情况前提下，广东高等教育既要取他山之石，也要发扬其广东地域特色，借助毗邻海丝国家的区位优势，使其成为新时期下广东省高等教育体制改革和对外合作的突破口，进一步扩大高等教育的开放程度，采取"走出去"和"引进来"的策略，双管齐下整合广东高等教育的优势资源，集中力量扶持一批具有比较优势的专业和学科的高速、稳步发展，巩固广东高等教育的前沿优势和沿边开放的辐射优势。

2. 文化优势

历史上，由于广东远离中原，受中国文化传统的影响较小，加之广东人特有的冒险精神，在行动上极少受传统文化中条条框框的束缚，使得广东人与受传统文化影响较深的、更为保守的、信奉中庸之道的中原地区人群形成了鲜明对比，也使得广东与含"一带一路"沿线国家在内的海外国家一直保持着稳定的经贸往来。在这个过程中文化的交流不可或缺，而对于交流的双方而言，这是一个相互学习和融合的过程。这一过程结果必然导致广东对于外来的文化吸收包容程度远远高于其他地区。勇于接受新奇事物的广东人在中西方影响下形成了广东省独特的文化，其赋予了广东人较强的开放意识，也使得广东省更易于对外来的文化教育交流和合作产生认同感，双方也更易于达成合作的意向。同时，这一双向的文化交流过程还促进了岭南文化在海外的传播。广东省是中国进行海上贸易和移民出洋最早、最多的省份。据不完全统计，广东省现有 3000 多万海外侨胞，其中有 60% 左右的侨胞定居在"一带一路"沿线国家。他们讲粤语、品粤菜、听粤剧。哪里有侨胞，哪里就有岭南文化，文化上的共通性和认同感，为广东省在沿线国家开展高等教育合作奠定了广泛的文化基础。

3. 经济优势

广东省经济发展和对高等教育的投入相对于"一带一路"沿线国家具有一定的比较优势。一方面，广东省人民生活水平的提高为对外开展高等教育的国际合作提供了良好的物质基础和发展契机。根据发达国家以往的经验，当人均 GDP 超过 3000 美元后，对高等教育的需求会凸显。作为国内生产总值第一的广东省，其人均 GDP 在 1 万美元以上，珠三角城市人均 GDP 则在 1.5 万美元上下，因此，广东省已经具备了大力发展高等教育合作的大众物质基础。随着收入的提高，人们要求接受更高层次的、国际化的高等教育的思想日益增强，广东省庞大的教育消费群体对"一带一路"沿线国家的优质高等教育资源表现出极大的兴趣，新加坡、印度、马来西亚等国已成为广大粤籍留学生的目标国。另一方面，伴随着广东经济的腾飞，广东省加大了对高等教育的经费投入，同时广东省高等教育体制改革也为高等教育产业吸引了大批的民间资本，从而使广东高等教育迎来了一个高速发展阶段。广东高等教育水平的提高以及广东省与"一带一路"国家在经济领域不断加深的交流和合作，为广东高等教育向"一带一路"沿线高等教育相对薄弱的国家输出高等教育资源提供了良好的合作契机。同时，广东的消费水平相对低于传统教育强国如欧美国家，较低的学费和生活费用也吸引大批"一带一路"沿线国家留学生来粤留学。

4. 巨大的创新需求市场

广东经济社会正经历着由工业经济时代走向知识经济时代的重大历史转折期。广东省要将自身所具备的制造业优势转化为发展新经济的动力，就需要源源不断地为传统制造业融入创新要素。在制造业发达、创新需求旺盛的深圳、佛山、中山等珠三角地区，广东省现有的高等教育资源远远满足不了产业转型升级的智力支撑需求，而"一带一路"国家拥有众多优质的高等教育资源，如俄罗斯的计算机和信息专业、自动控制专业在世界上享有盛誉；以色列则以生命科学、计算机科学和数学领域闻名于世界科技界。与之合作无疑将推动广东国际科技创新中心的建立，有助于广东省搭建世界一流水平的产学研协同创新平台，从而为珠三角乃至整个广东企业的产业转型升级与培育提供技术支撑与服务，加快珠三角强大的生产制造能力转型落地的速度。

5. 政府的支持

高等教育国际合作和交流的发展离不开地方政府的支持。广东省政府和各级政府近几年来，不遗余力地积极创造条件，加大力度鼓励广东高校全面布局，引进与广东省经济建设休戚相关的学科专业的合作项目或机构，并鼓励广东省特色高校专业"走出去"，与"一带一路"沿线国家的同行合作办学，成立一批中外合作办学品牌项目。省政府已明确提出到 2020 年，广东将重点引进 3—5 所国外知名大学落户到珠三角各主要城市，建立其高等教育机构；鼓励广东各高校拓展与国（境）外高水平大学交流与合作的广度和深度；积极推动出国交流学分互认项目、交换生项目和联合培养项目细则的制定和实施，实现优势互补、互利双赢的效果，以进一步提升广东国际化办学的层次和水平。

在地方政府的支持下，卡内基梅隆大学联手中山大学、顺德区政府三方共建产学研协同创新平台——国际联合研究院，围绕国内外重大创新项目成立研究团队。中山市专门成立高水平大学建设领导小组，并与广东外语外贸大学、考文垂大学达成了初步合作意向，计划借助考文垂大学最突出的汽车工程和汽车设计专业，促进地方产业转型升级。

（二）广东与"一带一路"沿线国家高等教育国际合作现状

1. "一带一路"沿线国家的界定及其高等教育水平发展概况

由中国倡导的"一带一路"战略描绘了一幅贯穿亚欧非大陆、一头连活跃东亚经济圈、一头接发达欧洲经济圈、涵盖中间广大腹地的"路线图"。自倡议提出起，它激发了沿线国家合作发展的意愿，已经得到了国际社会的广泛关注和积极响应，已经有100多个国家和国际组织参与其中，中国与60多个沿线国家签署了共建"一带一路"合作协议。作为一个开放的合作框架，可以预见，未来将会有越来越多的国家参与到"一带一路"的建设中来。本章仅就已经达成合作意向的国家作为研究对象。

表7-1　已与中国签署共建"一带一路"合作协议的国家

区域	主要国家
东南亚（10国）	新加坡、马来西亚、印度尼西亚、缅甸、泰国、老挝、柬埔寨、越南、文莱和菲律宾
西亚（18国）	伊朗、伊拉克、土耳其、格鲁吉亚、叙利亚、亚美尼亚、约旦、黎巴嫩、以色列、巴勒斯坦、沙特阿拉伯、也门、阿曼、阿联酋、卡塔尔、科威特、巴林和阿塞拜疆
南亚（7国）	印度、巴基斯坦、孟加拉国、斯里兰卡、马尔代夫、尼泊尔和不丹
中亚（7国）	哈萨克斯坦、乌兹别克斯坦、阿富汗、土库曼斯坦、蒙古国、塔吉克斯坦和吉尔吉斯斯坦
中东欧（20国）	波兰、立陶宛、爱沙尼亚、拉脱维亚、捷克、斯洛伐克、匈牙利、斯洛文尼亚、克罗地亚、波黑、黑山、塞尔维亚、阿尔巴尼亚、罗马尼亚、俄罗斯、乌克兰、白俄罗斯、保加利亚、马其顿和摩尔多瓦
南欧（1国）	希腊
非洲（2国）	肯尼亚和埃及

纵观已与中国达成"一带一路"合作协议的国家，不难发现这些国家的高等教育发展的水平不一。本章以高等教育毛入学率这个指标来划分"一带一路"沿线国家的高等教育水平。高等教育毛入学率可以反映一个国家高等教育的普及程度。根据高等教育发展三阶理论，高等教育毛入学率在15%以

下为精英教育阶段，15%—50%为大众化教育阶段，50%以上为普及化教育阶段。

根据联合国教科文组织官方公布资料，按照高等教育毛入学率的高低可以将"一带一路"沿线国家的高等教育水平分为三类。

第一类为高等教育毛入学率小于15%的国家，即其高等教育的普及程度处于精英教育阶段，共有11个，分别是：阿富汗、肯尼亚、土库曼斯坦、乌兹别克斯坦、巴基斯坦、也门、不丹、马尔代夫、孟加拉国、缅甸和卡塔尔。根据其毛入学率低的原因又可以将第一类国家分为两种，其一是以肯尼亚和阿富汗为代表的国家，经济落后是阻碍其高等教育发展的主要原因；其二，是以卡塔尔为代表的高收入国家，其高等教育毛入学率低的原因是由于作为资源型国家，对高技术人才的需求量很少，从而限制了其高等教育的发展。

第二类为高等教育毛入学率在15%—50%之间的国家，共有28个，分别是：柬埔寨、伊拉克、尼泊尔、老挝、斯里兰卡、阿塞拜疆、波黑、塔吉克斯坦、越南、印度、文莱、阿曼、科威特、叙利亚、印度尼西亚、埃及、格鲁吉亚、菲律宾、阿联酋、马来西亚、马其顿、巴林、摩尔多瓦、巴勒斯坦、亚美尼亚、约旦、吉尔吉斯斯坦和黎巴嫩。这一类别的国家主要是发展中的经济体，其高等教育毛入学率与世界平均水平接近，经济发展总体水平高于第一类国家，政府对高等教育的发展也较为重视。其中一些原苏联的国家依靠苏联时期政府的大量投入实现了高等教育的规模扩张，在苏联解体后大力发展了私立的高等教育，借助民间资本推动高等教育的快速增长。

第三类国家的高等教育毛入学率在50%以上，共有26个，分别是泰国、罗马尼亚、斯洛伐克、哈萨克斯坦、黑山、塞尔维亚、匈牙利、沙特阿拉伯、伊朗、阿尔巴尼亚、克罗地亚、蒙古国、捷克、拉脱维亚、保加利亚、以色列、立陶宛、波兰、俄罗斯、爱沙尼亚、乌克兰、土耳其、斯洛文尼亚、新加坡、白俄罗斯和希腊。这一类别的国家主要是高收入的发达国家和新兴经济体国家，其高等教育毛入学率远远超过世界平均水平。除新加坡、沙特阿拉伯、泰国等几个亚洲国家外，这一类别国家大部分属于欧洲国家，这与它们的经济高速发展和政府长期以来对高等教育的重视是密不可分的，经济的快速发展催生对高素质的劳动力的需求，使得各国政府舍得对高等教育加大投入力度。

英国文化协会在2012年的《关于全球高等教育未来发展报告趋势》中指出："未来全球高等教育的发展将受经济发展、人口增长、世界贸易增多等因素驱动而呈现持续增长的趋势"。在全球经济一体化和教育国际化的背景下，可以预见未来，"一带一路"沿线国家的高等教育将得到进一步的发展。部分属于第二类别的国家，如印度、伊朗、马来西亚和土耳其等，将逐步进入高等教育普及化阶段，这是因为随着其经济的发展，其劳动力市场对于高素质和高技能的知识型人才的需求将不断增加，跨国的教育交流和合作以及信息技术的发展和互联网教育技术的应用，将进一步推动这些国家高等教育的发展。而部分高等教育已经处在普及化阶段的南欧和东欧国家将面临人口老龄化和低生育率等问题，其高等教育资源可能出现某种程度上的过剩，未来高等教育的发展将呈现缓慢增长甚至负增长。但预计这些国家将会通过扩大海外的招生计划等方式，弥补本国高等教育人数的短缺，并加大对高等教育经费的投入以缓解地方高校的经营压力。而受限于经济发展水平、宗教信仰以及社会动荡等因素制约，少数的低收入国家如阿富汗、肯尼亚的高等教育状况在未来一段时间内很难发生根本性的转变。

2. 广东省与"一带一路"国家开展高等教育合作状况

改革开放后，广东省高校与其他各地院校一同进入了全面快速发展时期。国家层面提出了"教育要面向现代化，面向世界，面向未来"的发展方向。高校办学自主权得到强化，各高校与国际学术界的校际交流合作日益增加，面对巨大的需求市场，广东高校立足自身实际，纷纷成立了处理国际交流与合作事物的专门机构，统筹管理高校国际交流与合作，并相应制定出国际合作与交流的工作规划，开展全方位、多层次、宽领域的教育国际交流与合作。这客观上，也推动了广东省高校与"一带一路"沿线国家在高等教育领域的合作。

中外合作办学在各个高校落地开花，成为了对外宣传广东省、广东经济与广东文化的重要途径之一。高等教育的国际合作引进了海外的优秀教育资源，助力广东部分薄弱学科的建设，填补了省内的学科空白，推动了高等教育课程体系的国际化，增强了广东高校大学生的国际竞争力，很大程度上实现了高校师资和学生的国际化。据不完全统计，目前广东高校有超过200个

"中外合作办学"项目和机构，其在读学生 3 万余人。广东出国留学生在全国位居前列，留学目的地不乏"一带一路"沿线国家的高校。同时，来粤留学生的规模稳步扩大，来自"一带一路"沿线国家的留学生数不断增加。仅2014 年，俄罗斯、泰国、印度尼西亚、印度、巴基斯坦和哈萨克斯坦 6 个"一带一路"的沿线国家就位列来粤留学生生源地排名的前 10 位。

中外高等教育办学合作有多种方式，按合作地点的不同可分为境内的高等教育合作和境外的高等教育合作。

（1）境内广东省与"一带一路"沿线国家的高等教育合作

境内广东省与"一带一路"沿线国家的高等教育合作可分为学历教育中外合作（含中外合作办学机构和项目）和非学历教育中外合作。根据教育部相关规定，国内中外合作办学本科及本科以上层次的须由教育部审核批复才可办学与招生，即学历教育中外合作办学，其依据《中外合作办学条例》及其实施办法，必须由所在地的省级人民政府或教育行政部门提出意见后，报教育部批准。教育部在中外合作办学方面审批手续十分严格，包括合作协议、教学责任方、学生管理、教学管理等方面的评估和复核。本科以下层次的中外合作办学机构和项目由省教育厅进行审核批复。

截至 2016 年 9 月，在教育部网站上公布的广东省与"一带一路"沿线国家合作办学项目有 3 项，分别是广东工业大学与印度韦洛尔理工大学合作举办动画专业本科教育项目、北京大学与新加坡国立大学合作举办西方经济学专业硕士研究生教育项目和北京大学与新加坡国立大学合作举办企业管理专业（金融工程）硕士研究生教育项目，其占广东省整个中外合作办学项目的10%。其中本科层次合作项目 1 项，硕士及以上层次办学 2 项。在与"一带一路"沿线国家教育合作项目数量上，广东不但落后于北京、上海、江苏和浙江等省市，而且还落后于黑龙江等省份，合作国家结构和专业结构还有进一步优化的空间。

从与"一带一路"国家合作的省内高校分布来看，这些高校主要集中在广州、深圳、珠海等珠三角发展较快的城市。这主要是由于这些城市发展较早，经济文化水平高，地理位置优越，与国外的经济文化交流比较频繁，与其他城市相比，更具中外合作交流的机会和实力。从专业分布来看，现有的合作领域主要集中在工商管理、外国语言类、信息技术类和经济类专业，专业发展布局较为不平衡，理工专业的中外合作项目相对较少，对于国内及省内急需的高尖端专业鲜有合作。

表7-2　根据原《中外合作办学暂行规定》依法批准设立和举办，

现经复核通过的中外合作办学机构和项目

中外合作办学项目	1. 中山大学与美国明尼苏达大学合作举办高级管理人员工商管理硕士学位教育项目
	2. 中山大学与法国里昂第三大学合作举办国际贸易硕士学位教育项目
	3. 广州大学与法国昂热大学、尼斯大学合作举办旅游管理专业本科教育项目
	4. 广东外语外贸大学与英国利兹大学合作举办英语教学硕士学位教育项目
	5. 华南师范大学与澳大利亚南昆士兰大学合作举办商学学士学位教育项目
	6. 广州大学与澳大利亚詹姆斯·库克大学合作举办国际会计商学硕士学位教育项目
	7. 广东技术师范学院与英国哈德斯菲尔德大学合作举办教育管理与发展学士学位教育项目
内地与港澳台地区合作办学项目	1. 清华大学与香港中文大学合作举办工商管理硕士（金融与财务方向）学位教育项目
	2. 清华大学与香港中文大学合作举办高级管理人员物流与供应链管理理学硕士学位教育项目

表7-3　依据《中外合作办学条例》及其实施办法批准设立

和举办的中外合作办学机构和中外合作办学项目

（含内地与港澳台地区合作办学机构和内地与港澳台地区合作办学项目）

中外合作办学机构	1. 中山大学中法核工程与技术学院
	2. 中山大学—卡内基梅隆大学联合工程学院
	3. 暨南大学伯明翰大学联合学院
内地与港澳台地区合作办学机构	1. 北京师范大学—香港浸会大学联合国际学院
	2. 香港中文大学（深圳）
中外合作办学项目	1. 中山大学与法国格勒诺布尔管理学院合作举办工商管理博士学位教育项目
	2. 南方医科大学与葡萄牙里斯本工商管理大学合作举办公共卫生政策与管理博士学位教育项目
	3. 广东工业大学与印度韦洛尔理工大学合作举办动画专业本科教育项目
	4. 华南农业大学与爱尔兰都柏林大学合作举办生物科学专业本科教育项目

	5. 广东外语外贸大学与英国雷丁大学合作举办英语教育硕士学位教育项目
	6. 华南师范大学增城学院与美国贝尔维尤大学合作举办物流管理专业本科教育项目
	7. 华南理工大学广州学院与美国乔治亚州托马斯大学合作举办宝石及材料工艺学（珠宝鉴定与营销）专业本科教育项目
	8. 天津大学与美国佐治亚理工学院合作举办电子与计算机工程硕士学位教育项目
	9. 北京师范大学珠海分校与加拿大圣玛丽大学合作举办金融学专业本科教育项目
	10. 北京大学与新加坡国立大学合作举办西方经济学专业硕士研究生教育项目
	11. 华南师范大学与英国阿伯丁大学合作举办金融学专业本科教育项目
	12. 北京师范大学珠海分校与德国品牌学院—汉堡传播与管理应用科学大学合作举办视觉传达设计专业本科教育项目
	13. 北京大学与新加坡国立大学合作举办企业管理专业（金融工程）硕士研究生教育项目
	14. 北京理工大学珠海学院与美国布莱恩特大学合作举办会计学专业本科教育项目
	15. 清华大学与美国约翰霍普金斯大学合作举办公共卫生博士学位教育项目
	16. 广东外语外贸大学与葡萄牙科英布拉大学合作举办葡萄牙语语言文学硕士学位教育项目
内地与港澳台地区合作办学项目	1. 北京大学与香港大学合作举办经济学和金融学硕士研究生教育项目
	2. 北京大学与香港中文大学合作举办金融学专业硕士研究生教育项目
	3. 北京大学与香港科技大学合作举办工商管理硕士学位教育项目

与学历教育的中外合作项目发展相比，广东非学历教育中外合作办学发展较快，与"一带一路"沿线国家的合作项目在数量上明显高于学历教育。由于后者不需要经过全国统一高等院校入学考试，实行独立招生，只需经省级人民政府或相应教育行政部门审批后，报国家相关教育行政部门备案即可。办学方式相对灵活，管理成本低。在非学历教育中外合作办学中，预科项目比重最大，其合作模式较为松散。以外语的听说读写培训为主，以基础专业课教授为辅。广东各高校普遍通过开设国际学院，在与含"一带一路"沿线

国家在内国外大学共建合作项目，以"1＋3""2＋2"等培养模式满足不同层次学生海外留学的需求。其中，广东外语外贸大学、华南农业大学、广东工业大学、广东金融学院等高校的国际学院已初具规模。其国内学习时间为1—2 年，国外学习时间为2—4 年，学业结束后获得相应专业的副学士或学士学位。在这一领域的合作中，"一带一路"的地方特色和区域优势并未得到充分的发挥，目前设立的各类衔接课程班大多与欧美高校合作。

随着国内外教育合作的深化，我国境内还出现了全新的中外合作办学类型，即由我国高校与国外大学联合创办、独立办学的国际化大学。截至2016 年，已获得教育部正式发文批准筹设的具有法人资格的中外合作办学机构共有 9 所，其中 4 所在广东。广东在建的 4 个项目中有 2 个是与"一带一路"沿线国家高校的合作项目，分别是：广东以色列理工学院（2013 年）和深圳北理莫斯科大学（2015 年）。

落户深圳东部大学城（龙岗）的国际化大学——深圳北理莫斯科大学于2015 年获得教育部正式发文批准筹设。它由深圳市政府牵头，北京理工大学和莫斯科大学合作，是国内第一所引进俄罗斯优质教育资源的合作大学，学校计划采用汉语、俄语、英语三种语言进行教学，学生毕业可以拿到莫斯科大学和深圳北理莫斯科大学颁发的两个文凭。

由汕头大学和以色列理工学院共同创办的广东以色列理工学院在 2013 年开始正式筹备，计划于 2017 年招生。它将自己定位为一所具有国际公认高水平教育、科研和创新能力的研究型大学。学院计划设置工学院、理学院和生命科学学院三个学院，开设化学工程、材料工程、环境工程、机械工程、化学、数学、物理、生物技术和食品工程、生物、生物化学工程共十个专业。根据协议，办学初期，六成左右的教师将来自以色列理工学院，剩余的教职将在全球范围内公开招聘。据规划，至 2025 年，广东以色列理工学院（筹）在校生人数将达到五千余人，其中本科生占80％，研究生占20％。按照学院的招生计划，90％学生来自中国大陆，10％为国际生（含中国港澳台地区学生）。在大陆生源中，广东的学生将会占到六至七成。

这两所高水平大学的建立在一定程度上提升了广东与"一带一路"沿线国家高等教育合作的深度和水平，标志着广东在与"一带一路"沿线国家高等教育合作领域走在了其他地区的前面。

3. 广东境外与"一带一路"沿线国家高等教育合作

在境外与"一带一路"沿线国家的高等教育合作领域中,国际影响力最大、合作院校分布最广的是由教育部直属单位国家汉办(国家汉语国际推广领导小组办公室)创立的孔子学院项目,孔子学院作为我国教育"走出去"的重要典范,已经成为我国对外文化教育交流的重要平台。截至 2015 年,全球 134 个国家(地区)共建立 500 所孔子学院和 1000 个孔子课堂。作为全国高校的一部分,广东高校为海外孔子学院输送了各类专业型人才,如孔子学院中方院长、汉语教师和志愿者,奔赴"一带一路"沿线国家与海外合作方开展汉语教学,推广中国传统文化。广东外语外贸大学依托其语言优势与俄罗斯乌拉尔联邦大学创办了省内第一所省属高校与"一带一路"沿线国家高校合办的孔子学院。中山大学、华南师范大学、暨南大学和广州大学也分别在"一带一路"沿线国家建有各自的海外孔子学院及孔子课堂。值得关注的是,在"一带一路"战略提出后,越来越多的沿线国家对我国孔子学院发出了办学邀请。这说明我国高等教育发展模式和发展成就在海外具有一定的市场。

除了孔子学院以外,苏州大学在 2011 年还首次在"一带一路"沿线国家(老挝)建立了海外分校,成为我国第一个"走出去",在"一带一路"沿线国家建校的国内大学。次年,厦门大学与马来西亚签订建设协议,成立了厦门大学马来西亚吉隆坡分校。但遗憾的是,广东省高校在这一高等教育合作领域还处于空白。从已有的在"一带一路"国家开展高等教育合作项目来看,目前对外开设的专业主要涉及我国传统文化、特色专业以及工商管理专业,如汉语、中医药及中医针灸、传统武术、学前及特殊教育、航海技术和烹饪等专业。

三、广东与"一带一路"沿线国家高等教育国际合作的不足及国外高等教育国际合作的经验和启示

（一）广东与"一带一路"沿线国家高等教育国际合作的不足

1. 缺乏对"一带一路"沿线国家开展高等教育合作的全局战略部署

鉴于广东省提出要构建广东高校的高等教育竞争优势，增强广东省在"一带一路"沿线国家的教育和文化的影响力，因此，广东高校纷纷将自己大学的发展以在"一带一路"沿线国家的影响力为参照。其办学构想和理念，缺乏实事求是的治学态度，再加上广东省以往对"一带一路"沿线国家的高等教育领域的研究很少，尤其是对"一带一路"沿线国家高校的办学政策、办学特色、优势专业以及教育需求未能进行完全的摸底，这些都影响到了广东省对于优质高等教育资源的引进和输出，使得高层次的高等教育合作发展受限。总体来说，广东省开展与"一带一路"沿线国家的高等教育合作时间短，经验有限，还缺乏一省层面的统一战略部署和规划。

2. 重规模、轻结构

"一带一路"是新常态下中国经济的重要战略，也是现阶段广东开放型经济转型的重要平台，在这一背景下，部分省内高校为契合政策，存在着"为了合作而谈合作"的现象，导致对外合作水平不高，覆盖面不广，合作浅尝辄止，缺乏与"一带一路"沿线国家全方位、宽领域、高水平的交流与合作。具体表现在以下几个方面：其一，来自"一带一路"沿线国家的留学生，学习时间短，专业集中，语言学习为主，学历教育的学生数量少；其二，合作办学形式比较单一，人才培养模式缺乏创新，一些高校虽然对外签订了合作协议，但付诸实践的较少，合作形式主要以教师海外游学、交流学生以及联合办学为主；其三，在人才培养内容方面，还存在着对多年国内对本土学科及专业取得的经验和成果轻易丢弃，忽视本土的学科优势，对国外办学模式盲目照抄的现象，其结果只会导致广东高等教育原有优势的丧失和办学质量

的下降。

3. 广东省境内合作项目重申报、轻建设

教育部为了防止高等学校盲目扩大国际合作办学规模或者与国外缺乏资质的办学机构进行低效率、无意义的合作，出台了一系列的管理办法。对本科及以上中外合作办学项目实行严格的申报和审批程序。结果造成了包括广东省在内的高校对待"审批"环节极为重视，而一旦项目申报成功，政府教育主管部门缺乏后续对办学机构项目有效的监控手段，导致了中外合作项目重申报、轻建设，短时间项目可以凭借其中外合作办学的光环吸引一批又一批学生参与，但长期由于忽视项目实体内部学科和专业结构的设置和优化，会使得一些看似热门的专业慢慢地衰落。中外合作办学项目审批难度大，所以高校在申报项目的初期，都会与合作院校不遗余力地深入沟通和交流，以期获得成功审批；而在项目运行环节，对人才培养和学科发展的现实问题关注程度便有所下降。

与境外高校合作的目的在于学习国外先进的教学思想、理念和人才培养模式的具体内容，即人才培养方案和人才培养过程，具体包括人才培养目标、培养要求、培养途径、课程体系、培养制度、培养手段、评价反馈等主要环节。目前中外合作办学领域中存在着：轻培养质量的不良倾向。例如，有的广东高校为达到教育部规定的"四个三分之一"的要求，即在国内教育机构实施的教育、教学活动中需要引进的国外课程和专业核心课程，要分别占中外合作办学项目全部课程和专业核心课程的三分之一以上；国外合作教育机构教师担负的专业核心课程的门数和教学时数要占中外合作办学项目全部专业核心课程门数和教学时数的三分之一以上。于是乎，纷纷从合作方大批引进课程、原版教材，聘请外籍教师到国内授课，以期达到教育部要求。盲目引进的课程有时无法真正让学生理解并掌握本应该掌握的知识和技能。

4. 跨国质量评估和资格认证机制缺失

从发达国家对外开展高等教育的经验来看，跨国质量评估和资格认证是高等教育国际合作的重要前提，也是高等教育合作的一个本质要求。我国的跨国高等教育质量评估和资格认证工作起步晚，成果不显著。目前仅集中在少数几个国家，这对发展与"一带一路"沿线国家的长期高等教育合作十分不利。从长远健康发展的角度，国家有必要建立一个独立高等教育境外质量保障机构，来负责境外高等教育的外部质量控制，定期对境外办学水平和教育质量开展评估，同时加强与"一带一路"沿线国家的学位认证组织合作，积极推动对境外办学学历学位的认证工作，进一步提升我国境外办学的学位质量和国际声誉。

（二）国外高等教育国际合作的经验和启示

高等教育国际化和国际合作在世界发达国家已经取得了较大的成功，对这些国家高等教育进行国际合作的经验的吸取有利于我国高等院校进行借鉴，在这一部分，笔者主要以美国、欧洲等教育强国和"一带一路"沿线上有代表性的东南亚国家（泰国、马来西亚）为研究对象，对高等教育国际合作与交流进行考察，以期得到广东与"一带一路"沿线国家和地区在高等教育合作方面的有益启示。

1. 美国高等教育国际化和国际合作的经验

美国是一个极力倡导高等教育国际化的国家，不管是在教育国际合作还是在人员交流方面都位于世界前列，在这方面积累了很多经验，主要有：

（1）以政策法规的方式规范和固化高等教育国际化

美国政府十分重视高等教育的国际合作与交流，用法规和政策的形式将其要求固化和规范起来，成为国家意志，从而保持了国际化原则的延续性和稳定性。美国 1948 年出台了《美国新闻与教育交流法》，1958 年出台了《国防教育法》，1966 年又通过了《国际教育法》。美国在其《国防教育法》中作出了如下明确规定：加强普通公立学校的外语教学。每年拨款 800 万美元改进外语教学，建立语言实验室和语言区域中心，设置语言奖学金，用各种手段促进外语教学。这也充分表明了美国政府支持开展国际教育和推动高等教育国际化的意愿，它主张学全国性计划，也有高校间的交流计划。这些都使得美国高等教育教师的国际流动日渐增多。美国 20 世纪 90 年代以来每年都要接受数千名外国学者的访问，威斯康星大学一年要聘用 600 名外籍教师。高校设立各种基金项目对教师的国际交流活动予以资助，并且美国积极在海外创办分校，探索与他国合作办学的道路。

（2）重视外语教学

国际交流需要语言的沟通，学习外语是增强国际交往能力的重要手段。近年来，面对 21 世纪国际化人才的需要和本国低质量的外语教育，美国政府认识到了外语教育对位居世界第一的经济、军事大国的重要性，在 1996 年制定、公布并出版了国家级课程标准《21 世纪外语学习标准》，目的是使各阶段的外语教学衔接起来，做到承上启下、环环相扣。2004 年 4 月，执美国高等教育牛耳的哈佛大学公布了对本校学士课程的一份全面评估，最主要的有两条，其中之一就是将国际经验加入学习过程，期望哈佛学生在校期间能持续修读一门外语，并至少在国外学习、研究或工作一学期。

（3）积极开展国际教育交流与合作

美国十分重视开展跨国教育援助以及合作项目，主要表现在学者之间关于世界范围内的学术知识、科研课题、项目开发等超越国界、跨越学科的交流和联系。教师的交流在美国表现出多样化、多渠道的态势，既有政府自主的计划，也有民间自主的加快课程国际化进程。从院校层次讲，就是开设与国际相关和与国际接轨的专业和课程，如开设外语、世界经济、国际金融、国际贸易、国际经济法、国际政治、世界文化等新专业。20 世纪 80 年代后期，美国高校大量开设国际关系、异质文化比较等课程。20 世纪 90 年代以后，美国高校国际化课程的数量和比重不仅增加迅速，而且成为实施课程内容和结构改革、提高院校教学质量、实现国际型人才培养目标的主要手段。很多大学增设了涉外专业，以国际政治、经济、金融、贸易、外交方面的专业增设最多。在国际性课程开发中，美国大学还加大了外语教育的力度，以使学生掌握国际交流、国际对话、国际谈判、国际研究的工具。这些国际性专业和课程的开设，增加了对国际学生的吸引力，既使得作为整体的大学能拥有源源不断的生源，又使得作为个体的大学与大学之间充满竞争，这充分体现了国际市场机制对教学内容改革的促进作用。

（4）大力发展留学教育

美国是向外国留学生提供最多经费资助并同时因招收外国留学生而获得最高经济回报的国家。美国利用其庞大的高质量的高等教育系统和名目繁多的奖学金项目，努力营造吸引外国留学生的大环境，以使其始终保持世界上吸收外国留学生最多的国家的地位。相当一部分高层次的优秀留学生毕业后即进入美国的科研机构和高等院校。数量众多的外国留学生进入美国大学，绝不是表面上的"锦上添花"。除了可以为学校带来一大笔数量可观的学费收入和创造很多与外国合作的机会外，更重要的是它在学校建立了一种异质性、语言混杂、文化多元、种族多样的人文和学术生态环境。在这个环境中，师生对未知世界的探索以一种最容易和最经常的方式发生，因而使大批高质量、极具创新能力的一流人才在这里得到熏陶、培养、提高，最终脱颖而出。

2. 欧洲国家高等教育国际合作的经验

欧洲是高等教育的发源地，在欧盟的主导下，其高等教育国际合作很早就开始了。欧洲建立了高等教育区，构建了一套行之有效的合作机制，不仅实现了区域内教育资源的共享，而且加深了各国之间的交流与合作，促进了彼此之间的发展，实现了整个区域的互惠共赢，还在理论与实践上丰富和发展了国际高等教育合作的内涵。具体表现为：

（1）合作理念和定位明确

欧盟高等教育合作的理念极具前瞻性。第二次世界大战后，欧洲各国开始探索建立欧洲经济共同体，并逐步过渡到政治共同体。在此过程中，高等教育发挥了重要作用，不仅培养了经济发展所需要的人才，而且提高了人们对欧洲的认同。这种认同是欧盟发展壮大所必需的社会和政治基础。欧盟的高等教育合作还着眼于提高整体实力，如2000年3月召开的里斯本首脑会议提出，到2010年，要把欧盟的教育培训体系建设成全世界质量教育的样板，使其成为世界各国留学生和研究人员深造的首选目的地。欧盟高等教育合作的目的还在于使整体公民受益。如《欧盟教育和培训2020计划》提出：保证所有公民的个性充分发展以及社会和专业目标实现；保持可持续性经济繁荣，提高就业能力，同时促进民主价值观和社会聚合，培养积极的公民，开展不同文化间的对话。

（2）合作机构和平台健全

欧盟在其发展过程中建立的相关机构，为建立高等教育区发挥了重要的基础作用。欧盟主要机构有欧洲理事会（欧盟首脑会议）和欧盟理事会（部长理事会)。两者是欧盟的主要决策机构,欧洲理事会负责确定大政方针,每半年举行一次例会,必要时召开特别首脑会议;欧盟理事会负责日常决策,拥有绝大部分欧盟立法权。此外,还有欧洲议会和欧盟委员会,欧洲议会是监督、咨询机构,拥有部分立法权;欧盟委员会是常设执行机构,负责实施欧共体条约及理事会作出的决定,向理事会和欧洲议会提出报告和立法动议,处理欧盟日常事务,代表欧盟对外联系并负责经贸方面的谈判。欧洲法院、欧洲审计院、经社委员会和地区委员会以及欧洲中央银行等欧盟机构,也从不同角度对高等教育合作起到了推动作用。

(3)合作法律和制度完善

欧盟经过几十年发展,在各个领域制定了相应的法律法规,为欧盟的一体化建设提供了法制保障,也为建立高等教育区提供了法律依据。比如,《建立欧共体条约》(整理版)第三编"共同体政策",其第六章第三节"教育、职业培训与青年"中的第 149 条款(原第 126 条款)和第 150 条款(原第 127 条款)对教育政策的性质、目标和原则进行了界定,保证了合作进程顺利进行。在决策层面,有政府首脑会议、部长联合会议等,建立了年度会晤机制、教育合作磋商机制,定期研究教育合作中的重大决策问题。微观层面,建立了比较统一的高等教育制度,如欧洲学分转换和积累系统(ECTS)、高等教育资格框架(FQ – EHEA)、文凭附录工具和质量保障体系等。这些教育制度的建立,奠定了欧洲各国高等教育合作的基础。

(4)合作规划和计划周详

欧盟各国国情不同、教育制度不同,政策协调难度非常大,事前规划就显得特别重要。先后制定和签署了《博洛尼亚宣言》和《里斯本战略》等战略规划,以及《联合学习计划》《伊拉斯谟计划》《苏格拉底计划》《2007—2013 年终身学习整体行动计划》和《欧盟教育和培训 2020 计划》等行动计划。在各个战略规划中,对高等教育合作起重要作用的是《博洛尼亚宣言》。该宣言是一个相当庞大的改革计划,涉及高等教育学制改革、课程改革、质量保证和学历文凭认证等关键问题,目的是在 2010 年之前建立欧洲高等教育区:一是建立以本科教育和研究生教育两个层次为主的高等教育体系及较易理解和可比的学位体系;二是采用与欧洲学分转换系统相容的学分制,学分终身有效，本科教育至少 3 年；三是促进流动，要克服障碍，使自由流动得以有效实现，并推进高等学校在教学和研究方面的跨国交流合作；四是建立高等教育质量保证的欧洲框架，各国制订和采用可比、相容的质量准则和评估方法；五是促进所有欧洲国家高等教育的欧洲取向，特别是在课程、校际合作、师生流动的方案及在学习、训练与研究方面的整合型计划。欧盟以建立高等教育区的方式来开展区域教育合作，对世界上其他国家和地区产生了示范作用。这种合作方式在世界范围内逐渐形成潮流。

（5）合作模式和方式多元

欧洲各国开展高等教育合作的模式和具体方式丰富多彩。按 WTO 对服务贸易提供方式的分类，欧洲高等教育合作模式主要有商业存在、境外消费、跨境交付和自然人流动四种，具体合作方式又丰富多彩。商业存在是最流行的合作方式。在此种方式下，一国的教育机构到另外一国的教育机构联合举办大学或项目，通过在当地开展教学活动，输出教育资源。境外消费方式。最明显的就是欧洲各国高校相互招生，区内学生可以自由选择求学地点和学校。而且，在欧盟制定的多个行动计划中，均包含提供配套资金，促进境外消费的措施。以德、法两国为例，德国的远程教育法要求对远程教育提供的课程进行审查。而法国则对远程教育机构特别是私人机构进行严格评估，鼓励全社会充分利用互联网资源发展教育事业，并建立了数字化大学，提高校园、家庭和青少年的上网率，进行教师培训，帮助其掌握信息技术等。自然人流动。人员的国际流动也是欧洲高等教育合作的重要任务。苏格拉底计划和莱昂纳多计划都有相当一部分资金用在帮助教育者和学习者互访互学上。

（6）大力开拓留学生生源市场

受经济利益的驱动，欧洲各国政府通过各种途径促进本国高等教育服务的出口，以缓解本国教育经费紧张的状况，突出表现在国家通过制定有关政策，鼓励本国的高等教育机构而向国际社会，争取国际生源，获得直接的经济收入。以英国为例，通过收取国外留学生的学费来获得直接的经济利益，是英国大学将高等教育市场上国内拓展到国际的主要动力，以吸引留学生为主的高等教育出口成为英国高等教育国际化的一个重要标志。目前英国已经成为了接受中国留学生的主要国家之一，总数在美国之后。大力开拓国外生源市场的举措，有效缓解了英国政府对教育投入不足的矛盾，从客观上也有效地推动了学生对世界各国政治、经济、科学、文化、民族以及风土人情的了解。

3. 东南亚国家高等教育国际合作的实践和经验

亚洲是世界跨境高等教育市场化最发达的地区，其跨境高等教育的质和量都得到了长足的发展。与欧洲、美国、加拿大等国家公立高等教育机构在高等教育规模扩张中发挥主要作用不同，亚洲随着高等教育大众化、普及化的发展，私立大学和高等教育机构接收了大部分学生。大部分亚洲国家一方面保持向欧美输送留学生的基本框架，另一方面在亚洲区域内相互交换留学生的数量也显著增加。下面以泰国和马来西亚为代表的东南亚国家为例，了解"一带一路"沿线国家的高等教育合作的实践和经验。

东南亚地区的高等教育的有如下的区域特征：

第一，多样性。在东南亚地区，除了各国经济发展的差距，高等教育的发展程度也有很大差异。各国内部高等教育机构间也有显著的多样性，既有以建设世界一流大学为目标的顶尖大学，也有面向大众、提供专门职业教育的大学和高等教育机构。新加坡和中国香港等受到英国教育制度影响较强的国家和地区，其高等教育体系是建立在大学和职业技术学院二元制度的基础上，大学的数量较少，相对质量比较均衡。现在随着大学数量的增加，正在向多样化的方向发展。

第二，民族、宗教、资本和历史等方面关系复杂。在东南亚地区，绝大多数国家是民族和国境不一致、多民族多种语言的国家，宗教信仰也是多样的，有的与民族分布有一定关系，有的跨越国境地域更广，可能形成超越地理关系的宗教网络。资本的关系也很复杂，殖民地与宗主国的关系、冷战时国际政治经济的介入、多次发生的地区纷争等，均对教育制度的形成产生很大影响。东南亚高等教育及其国际合作并不是单纯的市场关系，公立部门和私立部门伴随着民族、宗教、资本等关系多样化进行高等教育国际合作。

（1）泰国高等教育国际化实践

全球化、信息技术的进步以及全球贸易一体化的影响，使泰国认识到高质量的人力资源对社会发展的重要性，不断促使泰国高等教育部门更加积极地改革教育国际化和区域化发展策略，为此泰国制订了国民经济和社会发展五年计划，将教育活动与国家发展的经济、社会和文化目标相结合。泰国高等教育委员会则制订了高等教育发展的长期计划，其中高等教育的国际化、区域化为核心目标之一。为实现发展高等教育国际化的目标，泰国主要的实践活动有以下几个方面：

第一，高等教育改革及政策支持。为改变泰国大学高等教育体制高度集中的状况，泰国政府于 1999 年 7 月国会通过的教育法，以法律形式保证学校作为独立的法人地位，并按市场机制进行运作。"大学部今后的功能主要是拨款及通过监督委员进行质量监督和协调，而其他权力都交给大学自己。"改变了原来政府主导地位，对大学的自主发展有很大的作用，为大学发展高等教育国际化提供政策支持。为确保高等教育国际化质量及体现国际化特点，高等教育委员会在高等教育发展的长期计划中提出六项指标来确保高等教育机构所申请项目反映国际化教育需求。包括项目质量的有效管理、具有国际标准的课程结构、高水平和多样化的教师、国际性和文化多样性的学生团体、国际性学术环境、国际性标准的设施和服务等六个方面来评价高等教育国际化项目。通过提高高等教育质量，加强高等教育的国际竞争，保障高等教育国际化的水平。

第二，扩大留学生规模。留学生规模是衡量高等教育国际化的重要指标之一，泰国在扩大留学生规模方面作出很多探索。其中最主要的一个方面是利用地缘优势确立大湄公河次区域，湄公河流域的 6 个国家和地区，包括柬埔寨、越南、老挝、缅甸、泰国和我国云南省，吸引周边国家（地区）留学生。另外，泰国还开办亚太地区教育展、设立留学服务办公室、签证服务及奖学金政策等吸引国际学生到泰国学习。同时，泰国政府还鼓励本国学生出国学习，如教育部的学生交换计划，主要项目有泰国奖学金，大学事务部的"国际合作与交换计划"等。全国教育委员会办公室的教育和奖学金计划，如"泰国—法国高等教育合作计划"，澳大利亚发展奖学金计划（ADS）等。根据国民服务委员会的统计数据显示，截至 2014 年 12 月，有 16000 多人通过政府派出到国外学习，其中有 7000 多人为政府奖学金，3500 多人为短期培训，2000 多人为公务员培训，2000 多人获得其他奖学金，这些人大多派到美国、加拿大、日本等发达国家学习。

第三，增强教师国际交流。为加强高等教育国际化水平，学习先进的国外教学和管理知识，泰国积极开展高校教师和管理人员的国际交流，政府拿出专项拨款支持教师国外交流项目。在 1997 年尽管金融危机爆发，大学部仍能从政府财政预算中争取到 20 亿铢，设立私立高校教师进修专项基金。泰国的留学归国人员比例较高，大约有 90% 的留学生选择回国服务，现在泰国大学特别是著名的私立大学的师资以留学归国人员为主。同时，泰国还吸引大批外籍教师前来任教，很多学校外籍教师达到一半以上，泰国最著名的私立国际学校易三仓大学，外籍教师高达 76% 以上。

第四，推动课程国际化。为吸引留学生和提高本国高等教育国际化水平，泰国大力发展国际学校和国际教育项目，多采用英语教学，并提供与国际知名大学接轨的国际课程，泰国的公立和私立大学共设有 356 门国际课程，全部使用英语教学，24 所大学里的 70 个学科有 122 个本科生课程，21 所大学里的 112 个学科有 176 个硕士学位课程，12 所大学里的 32 个学科有 58 个博士学位课程。这些课程采用学分制，外国留学生只需达到各大学的招生要求便可以自愿选择课程入学。

泰国高校的某些国际课程在国际上享有盛誉，如国立朱拉隆功大学，它的会计学院在世界上就十分有名，又如国立玛希隆大学护理学院，每年 1/3 的毕业生被欧美的大医院预定，1/3 到国外继续深造。在著名的国际学校易三仓大学，除少量语言课程外，全部课程均为国际课程，以英语授课，学分受到欧美等发达国家的大学认可，可以转学分、转学等。泰国高等学校所使用的大部分教材都是直接从国外引进的，虽然很多采用泰语教学，但是对学生的英语水平要求很高，同时也是培养学生具有国际化视野的重要举措之一。

第五，合作办学。合作办学是随着高等教育国际化发展起来的一种新形式，对后发国家而言，在节省外汇的同时可以享受到优质教育资源，同时也成为吸引国外留学生的一项政策，成为第三方国家学生前往发达国家留学的跳板。泰国有 32 所高等院校与英、美、澳、加、日等知名院校有合作协议，以英语授课，课程国际化。尤其值得一提的是这些高等院校与英、美、澳、加、日等国知名学府的双联课程，比美国大学的学分转移课程更进一步，这些院校是一个很紧密的结合体，共同招生、联合办学。符合入学资格的学生，收到录取通知书后在泰国的大学注册，教材全部采用国外合作大学的教材，并采用两地学习制度，毕业后可获两校的联合文凭，符合条件者可选择到国外大学继续深造。同时，许多国家的大学还在泰国设立分校，美国的特洛伊州立大学在曼谷开设了 MBA 课程的教学点，学生只需要缴费并获得签证就可以到美国学习。泰国其他的外国大学还包括泰国—德国工程研究生院、13 所澳大利亚学校和 9 所英国学校。

（2）马来西亚高等教育的国际化实践

在 20 世纪 90 年代，马来西亚制定了国家的长期发展规划——"马来西亚展望 2020 年"，计划经过 20 年的努力，使马来西亚成为了一个较成熟的工业化国家。在教育方面，提出要成为区域优质教育中心的目标，努力使马来西亚由留学生的主要母国变成留学生的地主国，输出马来西亚的高等教育。其高等教育国际化实践主要有以下几个方面：

第一，允许设立国外分校及合作办学。为了实现区域教育中心目标，输出马来西亚的高等教育，马来西亚在 20 世纪 90 年代制定相关法律，允许外国大学在马来西亚办分校。国外分校的设立不仅提供了众多教育机会，为马来西亚节省了大量外汇，同时受到某些高校提供外国名牌大学的文凭和学位的影响，吸引了一批留学生到马来西亚学习，2013 年亚太地区马来西亚外国学生数达到 78900 人，仅次于澳大利亚和日本。在政府的鼓励下，马来西亚的私立大学与国内外知名大学建立合作关系，马来西亚规模较大的私立学院如英迪学院、双威学院、伯乐学院等，都与美国、英国、澳大利亚等国的多所大学合作开办各种双联课程、学分转移课程、外部学位课程、外国考试机构课程等。

第二，广泛实施国际化课程。

A. 双联课程

双联课程是指国内院校与外国大学签署正式合约后，学生先在国内院校学习一段时间，合格的学生再转移到国外合作学校完成获取外方学位或文凭所需的课程，根据学生在本国和外国学习的年限主要形式有"1＋2""2＋1"和"2＋2"等，还有一种"3＋0"模式，即在国内学习三年直接获得国外学位。马来西亚主要将英国、澳大利亚、新西兰、加拿大等国大学的部分课程转移到私立院校完成，学生毕业后获得外国大学颁发的受国际公认的学历文凭和学位证书。这类课程的教学计划、教学大纲、测试、教学标准都是由外方制定。开设双联课程，这样既可以满足学生获取外国大学学位的要求，又可以为学生节省巨额的开支，为国家节约外汇，同时吸引周边地区留学生前往学习。

B. 学分转移课程

学分转移课程是指通过学分积累获取国外学位的课程，通过学分转移课程，学生可以在国内积累学分，然后可以将这些学分转移到与国内院校有合作关系的某所国外大学，获得相应大学的学位。同时国内的私立院校可以与多所大学签订转移协议。马来西亚的私立高等院校最初是与美国签订协议，现在开始扩展到澳大利亚、新西兰等国家。由于这种学分转移形式非常灵活，而且给予留学的学生很多不同的选择，受到意愿到欧美留学的学生的欢迎。

C. 远程教育课程

学生直接向外国大学注册，由马来西亚的私立院校提供辅导课程，大多数时间学生是进行自学。远程教育通常是由马来西亚私立院校与国内外大学之间达成的一种正式的教学计划。这种课程形式最常见于获取硕士学位的课程，目前已有许多马来西亚私立院校开始了学士学位的远程教育课程，并颁发外国大学的学位。澳大利亚的埃迪斯科文大学与立达学院，澳洲国立南昆士兰大学与精英学院也早已达成了协议，开设远程教育课程。

第三，制定留学政策吸引国外留学生。为了大力吸引外国留学生，马来西亚政府不断调整留学政策，提高马来西亚在一些国家和地区的竞争力，扩大外国留学生人数。主要采取措施包括降低入学门槛；放宽签证条件；允许留学生打工；提供奖学金；私立学校英语教学等几个方面。马来西亚的这些举措对扩大留学生教育十分有效，特别是对马来西亚周边国家的学生来讲，一方面可以节省很多花费，另一方面可以避开直接去欧美大学申请困难的限制。

第四，成立专门留学服务机构、扩大对外宣传。为了扩大马来西亚高等教育的知名度，马来西亚政府主要采取了在外国办教育展、成立招生机构和教育促进中心三个方面的措施。马来西亚专门成立了一个包括国内各私立院校、教育部、移民厅、地方政府、人力资源部及对外贸易促进局等在内的教育咨询委员会，以协调私立院校在招收海外学生时面临的困难，增强他们在国际、区域留学生市场的竞争力。除了政府为外国留学生服务所设立的专门机构外，很多私立院校也都设立了国际学生办事处为学生提供各种服务。

四、广东与"一带一路"沿线国家高等教育国际合作创新与发展路径

随着全球化趋势的新发展，每个国家的高等教育都会融入国际化体系之中，并发挥重要作用。高等教育作为现代社会的轴心机构，理应紧抓时代契机，围绕当前我国的"一带一路"战略"文化、旅游、贸易、金融、交通、基建"六大方面的重点建设内容，切实担负起引领社会风向，服务区域经济社会发展的历史使命。国家层面对国内不同地区，根据其地理位置，赋予其在"一带一路"战略中的不同使命和任务。广东属于沿海发达省份，建设重点放在"21世纪海上丝绸之路"上。如今，建设海上丝绸之路的共同愿景奠定了扩大教育国际化的良好政治环境，贸易的繁荣和经济合作的深入，将催生国际化人才的巨大市场，为教育国际化创造良好的经济环境。在此战略背景下，广东省只有站在全球化的高度，立足本土，用全球化思维和国际化眼光反思高等教育系统，在管理模式、交流模式、教学模式和保障运行机制上进行不断的创新，才能把握机遇、创造未来。

（一）创新管理模式

1. 加强政府的统筹规划，构建新形势下高等教育国际合作的新格局

作为地方政府，调控机制的指定要掌握控制因地制宜的原则。国家教育主管部门作为宏观决策者，主要负责对外合作教育大方针政策，结构比例和各级各类人才培养规格的制定，以保证在多样性发展的同时总体方向上的正确性和结构的合理性。而地方政府作为中观决策层，则要根据国家的总体计

划，结合地方发展需要制定本地区对外教育合作的发展计划，在保证国家计划实施的前提下，促进区域内高等教育对外合作的发展。在现阶段，针对"一带一路"等加强服务导向，从人才培养、科研合作、文化交流全方位支撑"一带一路"建设，积极构建沿线各国构建"一带一路"教育共同体。着眼教育水平发展的差异，与教育强国、周边国家、发展中国家侧重不同的合作重点，与高水平国家的合作交流以引进优质资源为重点，与发展中国家则以"将教育走出去"为重点，推进务实双赢的合作。高等教育对外合作是双向并进的发展模式，这不仅意味着广东高校要立足广东，积极面向世界，吸收引进他国优秀教育成果，也要求广东省高校积极"走出去"，将广东的、中华民族的知识和文化传播到世界。"引进"与"输出"是高等教育对外合作两个并行的发展方向。

2. 鼓励高校建立自主办学机制，在坚持既定教育方针和政策的指导下，深化高校内部管理体制改革，完善校长负责制

鼓励高校建立自我发展机制，使高等教育对外合作模式多样化，把竞争机制和利益机制适当地引入教育系统内部，在对外合作中形成对外合作教育质量、社会效益和对外合作项目效益的关系链。建立起政府适当干预的人才市场，通过市场引导高校对外合作，引导合作模式的多样化，将人才需求市场作为对外合作项目培养人才供给和与社会人才需求的纽带。这样，高校为了更好的生存和发展空间，必然会不断地调整对外高校合作模式的目标、结构和功能。推动高等教育对外合作健康、稳步的发展。

3. 针对"一带一路"沿线国家高等教育发展水平的差异，广东省应有重点、有区别地选择高等教育合作对象国

与较发达国家的高等教育的合作，可以借鉴他们与欧美国家联合办学的方式，在东南亚国家中选择一些国际化程度和国际知名度较高、美誉度较好，并对其国内的政治、经济又有较大影响力的高校，与之达成国际合作办学协议。

推进广东高等教育国际化发展，既要主动融入高等教育国际化的潮流，又要保持广东的特色；既要着眼于广东高等教育国际化宏观发展背景，又要具体分析各个地区和高校不同的具体情况。广东有毗邻港澳的天然优势，其可以成为新时期广东高等教育体制创新的突破口之一。通过进一步扩大教育

开放程度，在继续加强与港澳教育合作与交流的基础上，争取与更多国外高水平大学建立合作关系，建立具有港澳国际化特色的教育体系和具有示范作用的国际化试验区，进而提高广东省高等教育的整体水平，打造中国"南方教育高地"。

（二）创新交流模式

1. 深化中外合作办学模式，引进优质教育资源

加强国际交流与合作，引进优质教育资源，是目前高等教育国际化的必然要求，能较快促进学校、地区甚至一个国家的国际化水平。按照相关规定，外国机构在中国办学只能以合作的形式进行，通常分为中外合作办学机构和中外合作办学项目。根据本地教育水平和需求，引进国外高水平大学在本地设置独立或非独立的合作办学机构，促使本地高校与国外高水平大学开展合作办学项目，可以取人之长、补己之短，借以促进高等教育教学的改革与发展，提高学术水平和教学质量，培养具有国际视野和国际化意识的高素质国际化人才。

因此，对于地方政府来说，应积极创造条件，加大引进与广东经济建设密切相关的急需学科专业的合作项目或机构来培养国际化人才，并鼓励广东省特色高校走出国门与外国同行合作办学，打造一批中外合作办学品牌项目。目前，政府已明确提出到2020年，广东将重点引进3—5所国外知名大学到广州、深圳、珠海等城市合作举办高等教育机构，建成1—2所国内一流、国际先进的高水平大学。对于各高校来说，要在更大范围、更深层次上加强与国（境）外高水平大学的交流与合作，积极推动出国交流、交换生项目、学分互认项目、国家奖学金项目和联合培养项目，通过借鉴国际上先进的教育理念、管理经验、培养模式等，实现优势互补、互利双赢的效果，以进一步提升国际化办学的层次和水平。

2. 促进国际间的师生交流

加强学生的国际交流。学生国际化是教育国际化的重要内容。目前，广东出国留学生数已位居全国前列，但在外国留学生数上与北京、上海、江苏等地仍有差距。一方面，要通过完善公派留学和自费留学政策，积极鼓励学生出国留学，充分利用外国教育资源培养人才。另一方面，要制订相应的政

策，改善办学条件，吸引外国学生到广东留学，让他们了解中国和广东，促进文化交流。特别要重视通过在读留学生、外籍教师与学者、教育展、互联网、海外校友会等途径，加大宣传力度，扩大留学生规模和促进生源多样化。

3. 加强教师的国际交流

教师是国际化的主要推动者。教师的国际化能使本土学生感受到不同文化背景，接受不同的知识传授方法和理解视角，拓宽学生的国际视野。高校可采取"走出去"和"引进来"的途径培养国际化师资队伍，在有计划地派遣骨干教师出国进修、开展教学与科学研究、攻读学位、参与国际活动的同时，还可通过积极引进或吸引国外大学的师资来校讲学或长短期兼职，开展学术文化交流，促进国际高校师资的交流与合作。

4. 加强与国际相关组织的交流

许多国际组织在高等教育国际化的进程中也扮演着重要的角色，如联合国教科文组织、国际教育局（IBE）、经济合作与发展组织、东南亚教育部长组织（SEAMEO）、国际劳工组织（ILO）等。因此，广东省在进一步扩大与政府间的合作的同时，还需更加密切与这些国际组织的关系，积极参与相关活动，及时了解高等教育国际化的信息、动态、趋势，寻求更广泛层面的合作对象，提出和协商解决高等教育国际交流中的难题。

（三）创新教学模式

改革落后的教学观念、教学模式和教学内容，调整和优化学科专业结构，对教师进行国际视野和国际交往能力的培养。着眼于国际市场的人才需求变化趋势，适应经济全球化对我国人才需求结构的要求，培养国际型人才。

1. 发挥广东特色，服务广东经济

《国家中长期教育改革和发展规划纲要（2010—2020）》中明确指出：要扩大教育对外开放，加强国际交流与合作；借鉴先进的教育理念和教育经验，促进我国教育改革发展，要引进优质教育资源，吸引境外知名学校、教育和科研机构以及企业，合作设立教育教学、实训、研究机构和项目。

在人才培养内容方面，如对多年国内对本土学科及专业取得的经验和成果轻易丢弃，忽视本土的学科优势，对国外办学模式盲目照抄，最后，只会导致原有优势的丧失和办学质量的下降。因此，准确定位，强化特色。在学习合作院校先进理念的同时，还应指导各高校在海外合作中，各安其位，不要片面的追求经济效益，集中于热门专业，各高校应该准确定位，教育主管机构统筹规划，结合高校自身的特色，选择自己对外合作的专业，以满足广东省经济建设对不同层次，不同领域人才的需求。对于研究型大学，应该致力于培养高端人才，发展以研究生对外教育合作为主，本科生国际交流为辅的人才培养模式，对于教学科研型大学，在兼顾学术性的同时注重应用型人才的培养，研究生和本科生对外合作项目教育共同发展，侧重于本科生的海外合作交流活动。

在学科建设方面，应以广东省产业结构调整为指导，以社会需求为导向，重新进行对外合作的学科专业的布点，强化现有国家级、省部级重点学科建设的同时，遴选新的重点示范学科，加强对外交流合作，以推动广东省高校整体学科专业建设水平。

2. 与时俱进，拓展虚拟教育发展空间

2012 年，教育发达国家开始了 MOOC 浪潮，标志着世界范围内的网络教育发展新时代的到来。这一教育模式诞生于美国。当时美国几所顶尖大学陆续与课程提供商合作，设立网络学习平台，为学生免费在网上提供课程，课程主要涉及本科教育，并设有一套自主学习和管理系统。由于网络课程的高质量和低学习费用，网络教育在西方蔚然成风。在我国，远程教育在技术上已经十分成熟，但主要的应用对象集中在中小学教育及成人继续教育领域。虚拟教育机构是以为特定目标人群提供教育服务的虚拟组织，具有实体教育机构的教育服务性以及市场经营性。美国琼斯国际大学获得美国国家教育资格委员会的正式资格认证成为全球第一所完全通过互联网授课可以获得认可的大学，它也是美国第一所全虚拟大学，其借助先进的信息技术手段，通过互联网和助学系统帮助学生获得课程资料和查阅世界各国图书馆里的资源，同时以营利取得经济效益为办学目标。它的出现创造出一个全新的教育时代。我国的清华大学、北京大学、复旦大学等知名高校也先后宣布合作共建网络课程，一些高校也开始试水收费的海外远程教育，但在广东省，海外网络教育还尚未有先例。但可以预见虚拟教育技术的应用将会对高等教育对外合作产生深远的影响，因此，广东高校应该抓住契机，积极与国外教育机构合作开发在线远程教育模式，开发电子学习课程，积极推进网络虚拟形式的高等教育国际合作。

（四）创新保障体系

高等教育要走向国际化，必须有相应的配套管理制度、运行机制作保障。

1. 管理机制保障

政府作为机制的制定者，应该利用市场机制，推动高等教育对外合作产业的有序发展。明确政府与大学之间权利义务的界限，列明政府"权力清单"，下放高校的办学自主权，让政府的职能还位于提供完备的制度支持和规范的市场环境，实现高校"法无禁止即可为"，教育主管部门"法无授权不可管"。在确保政府对教育投入的前提下，拓宽教育筹资渠道，鼓励多元主体进入该领域；发挥市场作用，健全高等教育对外合作项目的评估机制，利用市场，优胜劣汰，处理好教育行政部门与高校之间的关系，保持独立性，确保评估的权威性和科学性。

在信息平台建设方面，要参考国外的成功经验，并从广东省实际情况出发，建议将信息平台进行细化，由国家教育行政部门、省级教育行政部门共同建设，支持中外合作办学机构、项目的运行；同时，作为中外合作办学的第一线，相关机构和项目及时将面临的问题及意见向信息平台反馈，三方双向共同管理，盘活信息库，拓宽信息反馈的渠道，使反馈的数据更加快捷、更加真实，为中外合作办学方、学生、家长、用人单位提供实时、有效的信息，对政策的制定起到正确的指导作用。

2. 人事管理保障

人事保障分为授课教师的管理和管理人员的管理两方面。师资队伍是高等教育合作保障的基础。一方面，要对引进的国外教师的资质考察。慎重考虑合作院校教师的学术背景、研究背景是否与项目期望相匹配，是否有在合作办学机构或项目授课的经验，是否有跨文化教学的能力，是否适合来华长期授课。部分高校曾面临国外授课教师在来华半学期后，由于个人原因突然提出回国，给教学活动的开展带来很大的压力，或者所聘外方教师在授课时，直接将自己在国外的方式"生搬硬套"到中国的课堂，使中国学生无法消化吸收而"水土不服"，甚至坚持自己的教学方式，不愿做改变。另一方面，注重中外教师的交流与合作，以及国内教师，特别是优秀青年教师的培训，提升本校教师的国际视野和学术能力，尽快建立一支属于自己强有力年轻的师资队伍。最后，不论是对国外教师还是国内教师，都要开展教学督导和学生评教工作，实时了解学生的反馈，不断作出改进。

虽然行政管理人员和学生没有直接的教学关系，但是对于合作办学的运行而言，起着沟通、协调的桥梁作用。管理人员应分工明确，相互沟通，确保中外合作办学项目顺利运行。

3. 办学质量保障

科学有效的外部质量评估系统是整个质量保障体系的关键，一套科学的中外合作办学外部评估系统应主要包括四部分内容：经过认可的独立第三方教育评估机构；公开的、被广泛认同的评估标准（指标体系）；有效的专业化评估操作程序；为社会关注的、开放的评估结果公告制度。从重视自上而下、一次性、强制性、评优性的政府评估，到提倡自下而上、过程性、螺旋性、基准性的社会认证；从中外合作办学机构和项目评估，到建立符合国际规范、具有中国内涵的认证评估标准，以便评估认证考试机构和认证评估机构的资质。具体说来，在评估机构上，应加强与国外高等教育质量监管部门的合作，要求国外教育质量监管部门建立在我国的合作教育机构的质量监管制度，包括开展对其教育机构的质量评估；在评估标准上，要根据我国教育服务贸易的实际情况及分析，同时参照国际跨国教育评估（认证）的现状，制定我国合作办学教育质量评估准则，这既是教育质量得以保障的关键，也是政府实行宏观调控的有力措施。

此外，构建高等教育合作办学质量保障机制，需要坚持面向学生的未来发展空间；重在学生创新能力的培养和学生国际化竞争能力的培养；通过国际化教学氛围与环境的构造，国际化教学内容引进与融合的实施，以及国际化升学与就业渠道的建立等措施来实现。借助于引进国外优质教育资源的途径，让学生在国内就能接受国际化教育，以此促进国内高校教育的国际化，推动高校学科专业建设，提升学校的办学实力和水平。

第八章　与时俱进　抱团发展　合作共赢
——"走出去"的实践与体会

侯建雄[*]

对外经贸合作是我国改革开放后确立的一项基本国策。这一国策实施三十多年来，取得了丰硕的成果。整个改革开放过程包括"引进来"和"走出去"两个方面。"引进来"主要是引进外资、技术、管理理念和经验，"走出去"主要包括对外贸易、对外工程承包、对外投资以及对外输出技术和服务。积极融入经济全球化的过程，全面参与国际经济合作和竞争，在中国经济发展腾飞过程中起到了举足轻重的作用。

对外经贸合作从初期的以吸引外资为主，到 2000 年后鼓励企业"走出去"，再到"一带一路"发展战略的实施，标志着我国对外经贸合作正不断地迈上新台阶、开创新局面。尤其是 2013 年 9 月和 10 月，习近平主席在出访哈萨克斯坦和印尼期间提出"一带一路"国际合作倡议后，从政府到企业、从国企到民企都迸发出前所未有的"走出去"的积极性，形成了一股空前的"走出去"热潮。

---

* 侯建雄：广东世能电力设备集团有限公司董事长，广东省融资租赁协会法人代表及执行会长，广东省对外经济合作企业协会副会长，广东国际商会副会长，广东非洲投资贸易联盟副主席。

侯建雄先生大学毕业后在广东省委机关从事秘书工作，并在基层担任过领导职务；1992 年下海到省属企业广东天贸集团参与天河城广场的建设和经营；2000 年离开国企创立世能公司。他是中国经济高速发展过程的参与者和见证人。

一、"走出去"的新形势

以"一带一路"构想为最新形式的"走出去"战略,一经提出便为世界所瞩目,引起巨大的反响,因其符合彼此利益和需求而深受沿线国家和人民的欢迎。对中国而言,更是具有深刻的历史和现实意义。

(一)"一带一路"建设是中国崛起的必由之路

"一带一路"是中国提出的全方位国际合作倡议,以"共商、共建、共享"为原则,以政策沟通、道路联通、贸易畅通、货币流通、民心相通为主要内容,覆盖欧亚非沿线 65 个国家,44 亿人口。"一带一路"规划是我国最重要的中长期战略,是建设人类命运共同体新思维的伟大实践,意义重大。政治上,这是中国可持续发展的必由之路,是弘扬和谐包容、合作共赢的中国理念的有效途径,是展现中国大国自信的场所,是建立政治互信的大平台。经济上,这是中国经济可持续发展的必由之路,大量的过剩产能和资金必须走出国门寻求国际产能合作,为中国产业升级提供空间,为中国经济可持续发展提供支撑。与此同时,通过合作促进相关国家的发展,实现合作共赢。文化上,则可通过广泛的人文交流促进彼此间的相互理解、相互尊重,实现民心相通,在国际合作中提升我国的软实力。可见,"走出去"和"一带一路"对中国的发展至关重要,是实现中华民族伟大复兴中国梦的历史选择。这个规划的推行将对中国社会发展产生极其深远的影响,功在当代,利在千秋,惠及世界。

"一带一路"合作发展战略将是我国未来相当长一段时期内的重大政策红利,初期大规模基础设施建设,紧接着资源能源开发利用,随后全方位贸易服务往来,带来多产业链、多行业的投资机会。具体来看,"丝绸之路经济带"同时具备能源和地缘安全意义,并可有效地调整中国产能过剩的格局,沿线国家的基础设施普遍十分落后,各种设施建设需求巨大,能在很大程度上缓解国内基建等各产业产能过剩的局面。"21 世纪海上丝绸之路"则是中国连接世界的新型贸易之路，有利于中国的外交与文化经济贸易开展。

（二）参与"一带一路"建设已成为从政府到民间的共识和行动

当前，"一带一路"已成为中国内政与外交、政府与市场、政策与学术的热点议题。大至全球治理格局，小到企业投资经营布局，都越来越多地受到"一带一路"影响。"一带一路"建设初期主要由政府进行宏观规划、政策沟通和平台搭建，但在具体执行和落实时，尤其是在以项目为主要载体的推进落实阶段，企业则是最重要的主体。

伴随 2015 年以来推进"一带一路"建设工作领导小组的成立和运作，以及《推动共建丝绸之路经济带和 21 世纪海上丝绸之路的愿景与行动》的发布，关于"一带一路"建设的顶层设计已经非常明确。按照以点带面、循序渐进的推进思路，以"五通"为主要内容，聚焦重点方向、重点国家、重点领域和重点项目，尤其是以互联互通和产能合作为主线，从国内到国外、从中央到地方、从政府到企业和民间，"一带一路"建设有序开展，形成了统一的认识和有计划的行动。

（三）"走出去"已形成不可逆转之势

十几年前，中国的企业，一般都是"不走出去"的。因为国内机会很多，发展空间很大，先要占领国内市场，把中国的市场搞好了，才考虑"走出去"。如今形势已反转过来，企业都要往外走。因为中国的市场已经逐渐饱和，只有到海外，才能寻求更广阔的市场空间。现阶段，经济全球化是不可逆转的，支持推动企业"走出去"和参与"一带一路"建设，已成为政府和企业的自觉行动。实际上，"走出去"尤其是"一带一路"，对中国而言，是别无选择的历史步伐，对相关国家而言，则是享受中国发展红利，振兴本国经济，改善本国民生的最有效的途径。因此，"一带一路"作为中外双方实现合作共赢，共同发展，打造利益共同体、命运共同体、责任共同体的新思维、新模式，不仅得到国内一致的支持，同时也得到沿线国家的一致拥护，已形成一个世界性的共识。当前，在中央和地方各级政府的大力推动下，在企业的积极参与下，"走出去"已形成不可逆转之势。

二、"走出去"的机遇与风险

（一）机遇

众所周知，广大的亚洲、非洲和拉丁美洲国家，都还处于比较落后的阶段。不论是"一带一路"沿线国家还是非洲国家，基本上都是发展中国家或者是最不发达国家（在联合国最新公布的全球 44 个最不发达国家中，非洲占了 31 个）。落后就要发展，发展就有机会。所以，广大亚、非、拉落后的国家就为中国企业"走出去"提供了机会，为开展产能合作提供了条件。

近年来，中国人正潮水般地涌向国外经商做生意。毫不夸张地说，在世界上任何一个角落、只要有生意，几乎都有我们同胞的身影和足迹。在飞往"一带一路"沿线国家的航班上，中国人占了相当大的比重，或去考察，或去营商。在这些人中，有政府组织的考察团，更多的则是民间自发"走出去"的人员。

在千军万马"走出去"的今天，好的项目总会很快有人干的，今天不动手，明天就被别人干了，当你还在犹豫观望之时，机会往往就溜走了。

（二）风险

常言道，机遇与风险并存，困难与希望同在。的确，在非洲和拉美地区，在"一带一路"沿线国家，伴随着各种机遇存在的，是各种各样或明或暗的风险。作为"走出去"的企业，最为关心的问题是风险。风险管控不好，再赚钱的项目也只能是水中月镜中花。我们面对的风险主要包括政治风险、经济风险、社会风险和其他一些风险。

1. 政治风险

政治风险是一种最危险、最无奈的风险。不管是国企还是民企，往往都无能为力。政治风险主要表现在以下几个方面：

政党的争斗与政权的轮替。政党政治是目前绝大多数国家的现状，政党争斗及政权轮替，常常使企业受到冲击，而外国企业往往成为替罪羊。因为外资的进入必然依附于执政党或主要官员，一旦发生政党恶斗和政权轮替，外国企业自然首当其冲，而中国企业则经常是受害者。这方面的例子不胜枚举。

大国博弈。大国之间为争夺全球利益，彼此间上演着一出出争斗大戏。近年来，美、日等国出于自身的战略利益考量，试图通过各种手段，破坏、延缓中国的崛起，为中国企业"走出去"添堵，为中国的"一带一路"建设设置障碍。比如亚投行，他们不仅不参加，还不让他们的盟友、伙伴参加。毕竟，国家利益高于一切，英国、澳大利亚等国最终还是加入了亚投行。另外，还有一些明显的例子，如南北苏丹的分立。由于中国在苏丹的石油项目投入了巨资，结果美国插手了，利用南北苏丹宗教、种族等矛盾，将产油的南苏丹从苏丹分离出去，使中国的巨额投资陷于巨大的风险之中。再如缅甸密松水电站停建事件。由于大国在缅甸的政治角逐，导致缅甸政府勒令项目停工，致使中国公司蒙受巨大损失。在这一事件中，缅甸政府、克钦地方政府、缅甸民运、缅甸民众等众多形形色色的各方，都在不知不觉中变成了大国博弈的棋子。

与此同时，通过投资等经济手段在"一带一路"沿线、非洲等地与中国争夺市场的例子也屡见不鲜，其中日本与中国的争夺已呈白热化。比如，在印尼、泰国、马来西亚及印度等国，中日两国为高铁项目争得不可开交；为了抗衡中国与非洲的经贸合作与政治合作，日本安倍政府效仿中非合作论坛的方式，于2013年6月邀请了51个非洲国家领导人到横滨举行了东京非洲发展国际会议，并于2016年9月在肯尼亚首都内罗毕再一次举行东京非洲发展国际会议，宣布对非提供300亿美元援助，以对冲2015年12月中国在南非时举行的约翰内斯堡峰会的成果；为了抢占缅甸市场，日本在仰光建设了大规模的工业园区，目前已具有相当的规模。同样，俄罗斯也宣布启动"欧亚联盟战略"，其目的不言而喻。由于历史原因，非洲尤其是原英国殖民地国家的经济命脉目前还基本上是控制在印度企业手中，中国企业进入非洲还将受到印度企业的强有力的挑战。至于美国特朗普政权上台后，很多不确定因素和风险仍将继续存在。可以预料，大国之间为了各自利益，将在"一带一路"

沿线国家及非洲、拉美等地持续地与中国展开激烈的竞争，由此而产生的政治风险将此起彼伏。对此，"走出去"的中国企业必须有足够的思想准备。

政策多变。政策不稳定是落后国家常见的问题，这给外国投资带来很大的风险。如津巴布韦2015年3月宣布所有外资企业必须改为合资企业，并由政府控股，使众多外国公司深受影响。

动乱与恐怖袭击。在当今世界，恐怖袭击与动乱几乎无处不在。美国、英国、法国、德国等欧美发达国家如此，其他发展中国家也是一样。近年来，在"一带一路"沿线国家及非洲大陆，像印尼、越南、巴基斯坦、埃及、利比亚、肯尼亚、尼日利亚、马里、南苏丹、刚果（金）等国，接二连三发生动乱及恐怖袭击，致使外国企业损失惨重，中国企业同样深受其害。

2. 经济风险

经济风险包括当地的经济状况、政策因素及来自内外的竞争，等等。具体表现在以下几个方面：

当地经济基础薄弱，设施不完善。在"一带一路"沿线国家及非洲大陆，往往交通、电力、通信等基础设施都非常差，完全没有或极端缺乏制造业。比如电力，几乎所有国家都面临电力供应不足的问题，开三停四或开四停三这种中国在20世纪80年代最为常见的供电模式普遍存在。大部分国家只有不到20%的人口能用上电。世界银行就曾在一份报告中指出，撒哈拉以南非洲地区有48个国家、11亿人口，但是年发电量仅有800亿千瓦。这一地区有2/3的人口彻底用不上电，即使是电网覆盖的人口，也常常面对电力供应中断的情况。在未来，随着人口的进一步增长，如果无法为电力部门引入新的投资，电力缺乏的问题会越来越严重。

由于基础差，所以在当地投资就碰到了许多难题。比如建工业园区，我们国家招商引是筑巢引凤，政府划出一片地，做好"三通一平"或"七通一平"，制定"两免三减"等一系列税收政策，力度很大，优惠很多。而在外国，这些条件往往不存在，首先土地基本上是私人的，政府无法划拨，必须购买。其次是通路通水通电等问题，什么都得靠自己。再次就是税收，一些国家强调他们是市场经济，要公平竞争，一分钱税都不减。至于工作签证问题，他们以保护当地就业为由，往往收取高额的劳务费用，一年的工作签动辄就几千美元，这对外国投资者也是一个不小的负担。

经济大环境影响。在经济全球化的今天，经济活动互相联系，依存度很高，任何的风吹草动都有可能引起蝴蝶效应。因此，在一个国家、一个地区开展经贸尤其是投资活动时，必须高度关注该地的经济结构及其可能面临的风险。近年来，由于全球经济持续低迷，致使油价长期在低位徘徊，造成一些过分依赖石油的产油国社会经济状况急剧恶化，如委内瑞拉，国家濒临崩溃；再如尼日利亚，外汇供应紧张，货币大幅度贬值，出现社会动荡。这种状况，对于在当地投资营商的企业来说，无疑是雪上加霜。

汇率波动与外汇管制。对企业而言，在选择投资目的地的时候，金融风险是一个不得不高度重视的问题。在"一带一路"沿线及其他广大的落后国家，由于经济落后且体量小，抗风险能力很弱，汇率波动和外汇管制所带来的金融风险很大。最为突出的例子，是号称全球"最富裕"的国家津巴布韦，人人都是亿万富豪，一张纸币面值最大的是 100 万亿元，后面的零常常是反复多次都数不清楚。十年前，该国货币汇率是 1 美元兑 50 万津元，10 年后的今天，变成 1 美元兑 250 亿津元了！贬值 5 万倍！已经成为天下奇闻。2016年 11 月 3 日，埃及政府宣布外汇新政，一夜之间埃镑兑美元贬值近 50%，使人猝不及防。这种汇率波动现象，在落后国家几乎每天都在发生，一有风吹草动，就草木皆兵，如果手上拿着当地货币，就有"辛辛苦苦几十年，一夜回到解放前"之虞。对企业来说，汇率波动，不得不防。

与此同时，外汇管制则是套在外资企业头上的紧箍咒。世界上大部分国家为确保金融稳定都实行外汇管制或部分外汇管制，中国也一样。外汇管制不可怕，可怕的是是否有足够的外汇来确保正常的经济活动。尽管都是实行外汇管制，一些国家可以满足进出口贸易的汇兑需求，而一些国家就做不到了。比如在非洲某个与中国关系密切的大国，很多中资企业在当地投资和经商，也赚了钱。但是，不少商家捧着一大堆当地货币愁云满面，不知怎么汇回来，购买当地商品是一种办法，但未必可行，往往是要找黑市兑换，这既有风险也不划算，但也只能如此了。

所以在"走出去"的过程中，汇率波动和外汇管制的风险是很突出的，但大家还未充分关注到这一点。

恶性竞争。这是"走出去"的企业最不愿意面对而又不得不参与其中的问题。竞争是一种常态，恶性竞争则是一种变态了。在境外竞争时，不是比谁的技术优、价钱好，而是看谁价格低、输得起。这里很重要的原因是落后国家采购时还是主要看价格，其他往往不太注重，这就给一些劣质产品提供了生存的空间。可以预见，随着国内大量产能转移出去以及跨境电商的快速发展，在未来的3—5年内，国内的竞争态势必将蔓延到"一带一路"沿线国家和整个非洲大陆。这对国家战略的顶层设计及各级政府的政策导向，都将是一个挑战。

个别华人中介道德缺失。在"走出去"尤其是"一带一路"建设过程中，所在国的华人华侨和先行出去的同胞都看到了其中的商机，都以极大的热情参与其中，往往以中介的方式为后来者提供大量的资讯服务和帮助，这对企业"走出去"并站稳脚跟，非常重要。在国家的大战略下，华人华侨或先行企业与正在"走出去"或准备"走出去"的企业紧密配合、携手合作，共谋发展，共享红利，值得提倡和弘扬。但是，在这当中也传出一些杂音，个别华人与当地人勾结算计同胞，坑蒙拐骗，甚至敲诈勒索。

3. 社会风险

社会风险是在落后国家尤其应当注意的问题，它直接关系到外派人员的人身和生命财产安全。社会风险主要表现在社会治安状况、卫生条件和疾病、宗教情况等方面。

社会治安问题。社会治安不佳是落后国家普遍存在的现象，在印尼、巴布亚新几内亚、越南、菲律宾、南非、尼日利亚、安哥拉、马里甚至俄罗斯等国，经常发生华人华侨被抢劫、被绑架甚至被枪杀的案例，说明这些国家的治安状况不好。安保问题已成为中资企业"走出去"和华人华侨在国外经商办企业的一大问题，因而中资背景的安保公司已不断涌现，甚至不少机构、企业已酝酿组建像美国黑水那样的大型安保公司。当然，并非所有国家的治安状况都不好，即使有问题也不一定是普遍现象，大部分的国家还是相当安定的。衡量一个国家、一个地方的治安状况好坏，最直观的办法就是看路边是否有地摊、看深夜是否还有酒吧或商店开门、看市区的商铺是否开门做生意。

疾病尤其是恶性传染病。恶性传染病是走出国门的一大隐患。比如非洲，疟疾非常凶险，几乎无处不在，必须严格做好防患措施。而前些年在西非暴发的埃博拉疫情，更是使许多企业损失惨重。对此，在"走出去"的过程中应有足够的警惕。

宗教问题。这是一个可大可小的问题。入乡随俗是应该的，但不同宗教信仰的国家有不同的社会问题，所到的国家信奉什么宗教，是否有宗教冲突和教派冲突，是一个值得重视的问题。否则，由于宗教问题所造成的社会动荡将是极具破坏力和影响深远的。

我们在"走出去"、在参与"一带一路"建设的过程中，面临的风险是各种各样的，不一而足。上面所列举的不过是最为普遍、最为常见的罢了。

三、民营企业"走出去"所面临的困难与问题

在"走出去"和"一带一路"建设过程中，民营企业是名副其实的主力军。诚然，所有基础设施互联互通的大项目，都是国企特别是央企的任务，因为这些大企业才有这样的资质、这样的实力、这样的条件。同时还因为这些项目回报期长或者是无法计算成本和回报的国家合作任务，只有央企才能承担。在国企修桥修路修机场码头后，所规划建设的工业园区等就必须有民营企业加入才能建设起来，所谓产能合作往往也就是民营企业的事了。

但是，民企在"走出去"的过程中与国企相比，存在太多的困难和问题。比如资信缺失、人脉不足、资金困难、人才匮乏，等等。而在众多的问题中，资金缺乏和抗风险能力弱是最大的困难。民企融资难融资贵，是一个长期存在的老问题。民企要"走出去"，要到"一带一路"沿线国家发展，这个问题就更突出了，作为国际产能合作的主力军，与国企相比，困难要大得多。即便如此，民企"走出去"的热潮依然势不可挡，在任何一个国家，都有非常成功的案例。但是，光靠自己的自有资金，光靠每年所赚到的钱来扩大发展，是很不够的，那是算术级数的增加，如果能有足够资金的扶持，就可以实现从算术级数到几何级数的飞跃。

与此同时，民企抗风险能力较弱，如果只是单打独斗，当风险发生时就可能血本无归。也许有人认为，政府及金融机构已经为民企的发展、为民企"走出去"制定了很多的扶持政策和倾斜措施，但实际上，由于存在结构性矛盾，这些政策和措施常常是不落地的，在具体执行过程中还有许多人为设置的门槛或障碍。

四、对策与出路

"走出去"的业务，主要包括对外贸易、对外工程承包，对外投资和对外技术服务等方式。在这些业务形式中，对外投资越来越凸显其重要性。国际产能合作、产业园区建设、基础设施建设、海外并购，是对外投资的主要内容。面对在"走出去"和"一带一路"建设过程中存在这样那样的风险和困难，企业尤其是民企应该怎么做才能把路子走得更好？这是已经"走出去"的企业或准备"走出去"的企业都要面临的问题。

综合大量企业的经验教训，笔者认为在开展对外投资时，应关注以下几个问题：

（一）要把选点摆在首位

基于对上述各种风险因素的考虑，在开展"走出去"业务尤其是对外投资业务之前，必须进行详细的考察和论证，最后才确定要进去的"点"。通俗地说，这个"点"包括"着眼点""落脚点"和"切入点"。顾名思义，"着眼点"是你把目光放在哪里，是在东南亚、中亚还是非洲或其他地方，看看哪个地方有"发财的感觉"；"落脚点"就是自己想要进去的国家或城市；"切入点"就是自己想做的业务，是什么行业，从何做起，规模多大，等等。这一切，都必须通过认真详细的考察论证才能得出结论。上述功课做好了，对各种风险有了了解和评估，并有了防范的预案，就能找到适合自己投资的地方和项目，投资把握就大，成功率就高。在选点时必须注意选择恶性竞争冲击小的项目，而且项目投资回报期最好控制在当届总统任期内。

（二）要选择适当的投资方式

对外投资的主要方式不外乎是中资独资或中外合资。这两种方式各有利弊，要根据实际情况作出判断和选择。中资独资（含中国企业抱团）最大的优点是主动性强，思想统一，沟通顺畅，决策高效；主要问题则是任何事情都必须自己出面解决，需要花较长时间熟悉情况，建立各种人脉关系，需付出更多的成本费用。而中外合资的情况正好相反，好处是可以少花时间去了解当地各方面的情况和处理各种复杂的人际关系，将精力集中在经营管理上；弊端则是由于文化背景、经营理念、思维方式、办事习惯等不同，双方的合作需要有一个较长的磨合期，工作效率较低，对生产经营必然造成影响。所以，选择独资还是合资，必须对各方面情况进行深入了解，然后权衡利弊再作出决定。

（三）要有合作平台

既然企业在"走出去"过程中存在种种的风险与困难，就有必要针对这些问题采取行之有效的对策，才能保证我们的步子迈得更扎实，路子走得更顺畅。近年来，社会上流行一种说法：三流企业开工厂，二流企业做服务，一流企业搭平台。这在某种程度上反映了一种客观的现实。搭建平台，也就是寻找一种符合各种实际情况、满足各方面需求、具有较大发展空间的商业运作模式。商业模式很重要，它是项目能否成功的前提。席卷全球的阿里巴巴、独步天下的华为、叱咤风云的万达乃至名噪一时所谓的"莆田系"，无不有一个非常成功的商业模式。搭建合作平台，应该成为"走出去"的一种新的商业模式。这个平台，既可以是企业间合作平台，也可以是产融结合平台，还可以是各种资源整合平台。这个平台，应该体现政府与企业的联通，应该方便国企与民企的合作，必须体现民企与民企之间的抱团，必须增强企业的抗风险能力，必须有效地解决民企资金困难的瓶颈。在这样的平台上，不管是国企还是民企，都能更好地参与其中，尤其是民企，可以在这样的平台上，寻找到自己的结合点并从中受益。

五、企业案例

广东是目前全国第一经济大省，GDP 占全国的 1/10 左右，外贸总额更占全国的 1/4 强。与之相对应，"走出去"的广东企业在全国也是排在前列的。在"走出去"和参与"一带一路"建设的广东企业中，不管是对外贸易、工程承包、技术服务外包还是项目投资，都有许多成功的例子，有非常丰富的经验。当然，也不乏失败的案例和深刻的教训。不管经验还是教训，都是一种财富，必须从中汲取养分，指导下一步的工作。下面，着重介绍一下国内第一批开展产能转移和国际产能合作的广东世能电力设备集团有限公司的做法和模式。

广东世能电力设备集团有限公司（以下简称"世能"）成立于 2000 年 1 月，业务范围涵盖电力设备生产、销售和发电厂的规划设计、投资、建设与运营，对外贸易与工程承包，文化产业，融资租赁服务。主营业务以对外投资、对外贸易和对外工程承包为主，是国内最早开展过剩产能转移业务和国际产能合作的企业之一。业务遍及东南亚、南亚和非洲。从 2016 年起，为在国家"一带一路"战略实施尤其是与非洲的经贸合作中继续占得先机，世能创新思路，推出跨境融资租赁业务，以产融结合的商业模式，搭建车辆、机械设备和生产设备租赁平台，与众多企业抱团发展，以实际行动推动国内供给侧改革，助力更多企业参与"一带一路"建设。十多年来，世能在"走出去"的道路上不断探索，闯出了一条由"走出去"到"走进去"再到"走上去"的路子。

（一）以产能转移为路径"走出去"

世能成立之日，正值国家开始政策关停一批小火电之时，这些发电厂在整个 20 世纪 90 年代都是广东的主力电厂，为广东的改革开放和经济建设作出了巨大贡献。这些电厂的机组尤其是大功率的柴油机组几乎都是从德国、法国和芬兰进口的先进设备，大部分机况都还非常好，如果作为废铁处理掉，将造成极大的浪费。世能认为，这些设备在广大的落后国家一定有需求。于是便抓住契机拓展海外市场。2000年12月，成功地与印尼客户签订了转让珠海前山柴油机发电厂柴油发电机组的合同，成为国内第一个发电厂过剩产能转移到国外的项目。之后的十多年间，世能陆续向亚洲、欧洲、南美洲、非洲的印尼、印度、智利、阿联酋、苏丹、葡萄牙、意大利、土耳其、巴基斯坦、乌干达、孟加拉国等十多个国家出口了30多家电厂100多套大功率柴油发电机组和汽轮发电机组。通过出口贸易，带动了从规划设计、拆机、包装、运输、主机就位、安装、调试乃至运行管理的发电厂工程总承包的全过程业务，成为国内最早向外国转移二手发电机组和转移机组最多的公司，并以此积累了进出口贸易和国外电厂施工、电厂运行管理的丰富经验。通过产能转移，世能成为比较早"走出去"的企业。

（二）以产能合作为依托"走进去"

2010年以来，国家逐步实施了一系列鼓励企业"走出去"的政策。"春江水暖鸭先知"，作为已走出国门多年的企业，世能备受鼓舞，决定采取措施进一步加大"走出去"的步伐，把业务拓展重点放在非洲市场上。首先是以EPC方式总包乌干达TORORO电厂100MW重油发电项目，这是迄今乌干达最大的火力发电厂。在成功完成TORORO电厂的工程承包业务的基础上，世能从2012年起开始了在乌干达的全面投资业务，先后与合作伙伴成立乌干达奥莱恩（ORION）电力设备有限公司、乌干达奥特曼斯（OPTIMUS）电力公司、乌干达尼罗河水泥有限公司等合资公司（其中前两家是中乌两国间的第一、第二家合资公司），开展相关的投资项目。世能在投资乌干达的过程中，始终把开拓当地市场与国内产能升级和转移紧密结合起来，发电厂继续采用国内关停的二手机组设备，而变压器厂等电力设备厂虽然是采用新设备，但原材料、半成品则从国内出口。受制于当地的材料供应短缺，工厂更多是以组装为主。为此，世能在国内接手了濒临破产的变压器厂，作为与国外配套的工厂。这样，既通过在国外设厂占领当地市场，又使国内过剩产能得到恢复和发展，还带动了产品的出口，有效地建起了一条供给侧改革完整的产业链。目前，世能正按这一模式在非洲把相关产业做大做强。

（三）以产融结合为抓手"走上去"

世能在长期的对外尤其是对非的投资经营过程中，深切体会到资金短缺、融资难、融资贵和抵抗风险能力差始终是困扰民企"走出去"的大问题。对广大中小企业而言，没有资金平台的支持，难于"走出去"；而对于已经"走出去"的企业，要立足不难，而立足后光靠自己的资金积累滚动发展，也很难做大做强。因此，面对资金的困局，面对非洲各国变幻莫测的投资风险，面对国内日益高涨的对非投资热潮，作为在非洲耕耘多年的企业，下一步怎么走，是摆在世能面前的重大课题。对此，集团上下进行了反复的讨论、研究，认识到只有根据不断变化的实际情况，用不断创新的思维面对机遇和挑战，才能在"走出去"的过程中立于不败之地。在充分调查研究的基础上，在继续巩固原有业务的同时，世能提出了"搭建平台，抱团发展，互利共赢"的新思路。一是搭建企业合作平台。企业合作平台，主要是在广东对外经济合作企业协会、广东国际商会、广东非洲投资贸易联盟等"走出去"的企业协会的平台上，与会员单位间加强联系和沟通，探讨抱团合作的可能性，与一批包括央企、地方国企和民企在内的企业建立战略合作关系，开展项目合作。二是搭建资金支持平台。世能根据"走出去"的需要，组建了支撑"走出去"业务的融资租赁公司，并在广东省融资租赁协会这个平台上，积极倡导、探索跨境融资租赁业务，为满足供给侧改革需要，开展国际产能合作，为广大民企"走出去"寻找解决资金困难的路子。三是搭建业务拓展平台。在上述两个平台上，开展业务对接合作，利用已经"走出去"的企业和广东在世界各地的商协会等资源，组成合作拓展的合作网络，确保项目的落实。世能认为，与时俱进、抱团发展、合作共赢应该是"走出去"必须坚持的一个方向，必须通过商业模式的创新来适应"走出去"和"一带一路"建设的新形势。世能为搭建这三个平台已进行了一年多的工作并已初见成效。世能希望通过这三个平台的建设，与一大批企业抱团"走出去"，促使企业在积极落实国家"一带一路"规划部署中，不管是在数量上还是质量上都能上档次、上台阶，使自身企业在发展壮大的同时让更多的企业分享"一带一路"建设所带来的红利。

中国企业在"走出去"和"一带一路"建设过程中，各有各的做法和体会，不一而足。企业不同的性质决定了其不同的做法和面临着的不同的困难和问题。但不管是国企还是民企，所面临的风险都是大同小异的，如何防控风险都应该成为"走出去"的重中之重。本章所涉及的问题，更多是笔者的亲身体会，并不具有任何代表性。如果读者能从中受到某些启发，笔者的目的也就达到了。

参考文献

［1］［美］阿特巴赫、马越彻：《亚洲的大学：历史与未来》，邓红风主译，中国海洋大学出版社 2006 年版。

［2］［美］阿特巴赫：《高等教育变革的国际趋势》，姜凯主译，北京大学出版社 2009 年版。

［3］［美］阿特巴赫：《比较高等教育：知识、大学与发展》，人民教育出版社教育室译，人民教育出版社 2001 年版。

［4］白鹭：《"一带一路"战略引导高等教育国际化的路径探讨》，《新西部》2015 年第 8 期。

［5］蔡礼彬、李颖：《山东半岛城市群会展业合作模式研究》，《中国石油大学学报》（社会科学版）2012 年第 1 期。

［6］曹丽、刘治福：《加强中国与东盟旅游产业合作对策研究——基于当前国际背景下旅游合作在区域经济一体化中的重要性视角》，《东南亚纵横》2012 年第 10 期。

［7］曾凡东：《广东海上丝绸之路博物馆的发展研究》，华南理工大学硕士学位论文，2014 年。

［8］曾天山：《开放教育筑基"一带一路"国家战略》，《比较教育研究》2015 年第 6 期。

［9］陈昌贵、谢练高：《走向国际化：中外教育交流与合作研究》，广东教育出版社 2010 年版。

［10］陈德宝、许德友：《广东省跨境电子商务发展战略分析》，《商业经济研究》2016 年第 6 期。

［11］陈龙江：《中国与海上丝绸之路非洲沿线国家的贸易发展态势、问

题与共建思路》，《广东外语外贸大学学报》2014 年第 5 期。

[12] 陈钦：《"一带一路"背景下"海丝旅游"品牌的创建——以福建为例》，《广西民族师范学院学报》2015 年第 6 期。

[13] 陈万灵、何传添：《海上丝绸之路的各方博弈及其经贸定位》，《改革》2014 年第 3 期。

[14] 陈学飞：《美国、德国、法国、日本当代高等教育思想研究》，上海教育出版社 1998 年版。

[15] 成竹：《基于共生理论的滇越国际旅游合作研究》，云南大学博士学位论文，2015 年。

[16] 崔俊涛：《广西与东盟旅游合作研究》，广西大学硕士学位论文，2005 年。

[17] 戴晓霞、莫家豪、谢安邦：《高等教育市场化》，北京大学出版社 2004 年版。

[18] 邓颖颖：《以"新海丝"建设为契机推动琼粤桂深化海洋合作》，《新东方》2015 年第 5 期。

[19] 丁忆、皮特·马亚、蓝星：《中德会展业的市场力量与政府角色——基于自由市场经济与合作市场经济的比较》，《理论与改革》2015 年第 4 期。

[20] 窦现金、卢海弘、马凯：《欧盟教育政策》，高等教育出版社 2011 年版。

[21] 冯爱琴：《海上丝绸之路研究：老树上的新藤》，《中国社会科学报》2014 年 6 月 6 日。

[22] 冯然：《广东外经贸蓝皮书广东对外经济贸易发展研究报告（2014—2015）——中国跨境电子商务的监管现状研究》，广东省经贸研究中心 2014 年版。

[23] 高云艳：《2015 年丝绸之路经济带贸易合作发展报告》，中国经济出版社 2015 年版。

[24] 龚思怡：《高校中外合作办学模式与运行机制的研究》，上海大学出版社 2007 年版。

［25］顾涧清、李钧、魏伟新：《广州推进 21 世纪海上丝绸之路建设战略的目标与对策思考》，《广东开放大学学报》2015 年 4 月 20 日。

［26］顾明远、石中英主编： 《国家中长期教育改革和发展规划纲要（2010—2020 年）解读》，北京师范大学出版社 2010 年版。

［27］郭灿灿、谢洪忠、洪媛媛：《昆明—东盟旅游城市联盟构建研究》，《经营管理者》2014 年第 1 期。

［28］郭慧平、张迪：《中国会展业不诚信行为博弈分析及应对措施》，《北方经贸》2005 年第 3 期。

［29］郭丽君：《全球化下的跨国高等教育：视点、问题与中国的对应》，中国社会科学出版社 2009 年版。

［30］郭丽君：《试析高校跨国高等教育的活动形式及其影响》，《教育科学》2010 年第 1 期。

［31］过聚荣、陈泽炎、席梦莹：《中国会展经济发展报告》，社会科学文献出版社 2011 年版。

［32］何小东：《中国区域旅游合作研究——以中部地区为例》，华东师范大学博士学位论文，2008 年。

［33］侯雅丽：《泉州海丝文化城市品牌建设研究》，华侨大学硕士学位论文，2015 年。

［34］胡泓媛：《广州会展业国际化发展研究》，《环球市场信息导报》2014 年第 33 期。

［35］胡焰初：《国际教育服务贸易法律问题研究》，华中师范大学出版社 2007 年版。

［36］黄爱莲、潘冬南：《基于增长圈理论的广西—东盟旅游业合作》，《特区经济》2007 年第 9 期。

［37］黄美：《中国—东盟合作的广西旅游业整合的路径选择》，《东南亚纵横》2009 年第 10 期。

［38］黄启臣：《广东海上丝绸之路史》，广东经济出版社 2003 年版。

［39］黄启臣：《广东是海上丝绸之路的东方发祥地》，《广东蚕业》2002 年第 1 期。

［40］黄耀东、黄尚坤：《广西融入"海上丝绸之路"旅游合作的优势、问题和建议》，《学术论坛》2015 年第 10 期。

［41］吉振航：《欧洲会展经济发展经验及对我国的借鉴作用》，《特区经济》2012 年第 9 期。

［42］蒋露娟、张河清：《广州会展业国际竞争策略研究》，《经济视角》（下）2010 年第 11 期。

［43］降雪棉：《大湄公河次区域国际会展合作研究》，云南大学硕士学位论文，2015 年。

［44］焦彦、齐善鸿、王鉴忠：《城市旅游定位的战略方法——以天津城市旅游为例》，《旅游学刊》2009 年第 4 期。

［45］金碚：《论经济全球化 3.0 时代——兼论"一带一路"的互通观念》，《中国工业经济》2016 年第 1 期。

［46］晋保平：《广东参与共建 21 世纪海上丝绸之路的优势和作用》，《新经济》2014 年第 31 期。

［47］拉海·法拉：《我国与非洲经贸关系发展研究》，辽宁大学博士学位论文，2014 年。

［48］李聪：《粤泰经贸合作战略与模式研究》，华南理工大学硕士学位论文，2011 年。

［49］李惠武：《海上丝路粤船当先——对外开放赋予广东的历史使命》，《广东经济》2014 年第 5 期。

［50］李均：《广东加强与海上丝绸之路国家互联互通建设的探索与思考》，《探求》2014 年第 4 期。

［51］李钧、顾涧清、魏维新：《广东加强与东盟国家互联互通建设研究》，《新经济》2014 年第 6 期。

［52］李兰月：《中泰两国跨境区域旅游合作研究》，北京交通大学硕士学位论文，2014 年。

［53］李晓莉：《广州会展业发展的优势与目标定位》，《商业经济》2005 年第 1 期。

［54］李尧磊：《关于广东参与 21 世纪海上丝绸之路建设的研究》，《中

国商论》2015 年第 19 期。

［55］李瑶亭：《从会展专业学生就业现状看我国会展教育——试论我国会展专业课程体系建设》，《上海应用技术学院学报》（自然科学版）2009 年第 1 期。

［56］林英华：《中国会展业的发展及其在对外开放中的功能与作用》，《暨南大学》2010 年第 5 期。

［57］刘赐贵：《发展海洋合作伙伴关系，推进 21 世纪海上丝绸之路建设的若干思考》，《国际问题研究》2014 年第 4 期。

［58］刘丹、肖春飞：《"骗展"毒瘤侵蚀中国会展业》，《当代经济》2005 年第 3 期。

［59］刘而思、车伟民、黄镇海：《我国跨境教育的现状与监管体系构建的路径选择》，《教育研究》2010 年第 9 期。

［60］柳思思：《"一带一路"：跨境次区域合作理论研究的新进路》，《南亚研究》2014 年第 2 期。

［61］卢文刚、黄小珍、刘沛：《广东省参与"21 世纪海上丝绸之路"建设的战略选择》，《经济纵横》2015 年第 2 期。

［62］卢彰诚、覃江凤、刘俊斌：《经济调整期浙江会展企业发展模式转型研究——基于电子商务的视角》，《中国经贸导刊》2012 年第 32 期。

［63］陆芸：《近 30 年来中国海上丝绸之路研究述评》，《丝绸之路》2013 年第 2 期。

［64］罗夏钻：《东盟入境旅游档案开发利用研究——以广西为例》，《山西档案》2014 年第 2 期。

［65］罗小龙、沈建法：《基于共同利益关系的长江三角洲城市合作——以长江三角洲城市经济协调会为例》，《经济地理》2008 年第 4 期。

［66］马亚明、张岩：《策略竞争与发展中国家的对外直接投资》，《南开经济研究》2000 年第 4 期。

［67］马亚楠：《境外参展知识产权保护法律问题研究》，《法制与社会》2010 年第 5 期。

［68］南雪芹：《中国"一带一路"国家发展战略探析》，暨南大学硕士

学位论文，2015 年。

［69］潘文波：《会展业国际合作的综合效应：关于外资进入我国会展业的综合研究》，中央编译出版社 2008 年版。

［70］彭亮、高维新：《广东海洋经济发展 SWOT 分析》，《中国渔业经济》2013 年第 5 期。

［71］秦学：《旅游业区域合作的一般模式与原理探讨——兼论粤港澳地区旅游业合作的模式》，《商讯商业经济文荟》2004 年第 5 期。

［72］邱治国、戴伟：《会展业合作模式浅析》，《商场现代化》2006 年第 1 期。

［73］全毅、汪洁、刘婉婷：《21 世纪海上丝绸之路的战略构想与建设方略》，《国际贸易》2014 年第 8 期。

［74］寿怡君：《"一带一路"背景下应对会展业"新常态"的转变路径》，《企业技术开发》2015 年第 14 期。

［75］孙巍：《中国—东盟区域旅游合作研究》，厦门大学硕士学位论文，2008 年。

［76］覃辉银：《建设 21 世纪海上丝绸之路战略下深化广东省—新加坡合作研究》，《东南亚纵横》2015 年第 7 期。

［77］谭秀杰、周茂荣：《21 世纪"海上丝绸之路"贸易潜力及其影响因素——基于随机前沿引力模型的实证研究》，《国际贸易问题》2015 年第 2 期。

［78］唐拥军、杨波：《中国—东盟高等教育国际合作与交流的障碍与对策》，《东南亚纵横》2004 年第 10 期。

［79］田甜、徐峥嵘：《广东省海洋产业布局的现状、问题及对策》，《经济视角》（下）2013 年第 5 期。

［80］王海粟：《浅议会计信息披露模式》，《财政研究》2004 年第 21 期。

［81］王立军：《全球化与地方政府国际行为的兴起——论地方政府国际行为勃兴的背景与动因》，《山西大学学报》（哲学社会科学版）2012 年第 1 期。

［82］王韧、周浩泉、郭凤志：《"哑铃型"国际科技合作模式在广东省的探索和实践》，《国际视窗》2010 年第 6 期。

［83］王士录：《东盟各国科技发展的现状与趋势》，《东南亚》2004 年第 3 期。

［84］王硕：《CAFTA 框架下广东—东盟贸易效应研究》，广东外语外贸大学硕士学位论文，2015 年。

［85］王颖： 《武汉会展经济发展研究》，武汉大学博士学位论文，2011 年。

［86］魏后凯：《现代区域经济学》，经济管理出版社 2011 年版。

［87］吴崇伯：《福建构建 21 世纪海上丝绸之路战略的优势、挑战与对策》，《亚太经济》2014 年第 6 期。

［88］吴向红：《对发展广东海洋文化产业的思考》，《探求》2014 年第 6 期。

［89］吴晓楠：《会展业对城市发展的影响研究——以成都市为例》，《旅游纵览》（下半月）2014 年第 8 期。

［90］吴旭梅：《海上新丝路沿线国家进口需求研究》，广东外语外贸大学硕士学位论文，2015 年。

［91］辛越优、倪好：《国际化人才联通"一带一路"：角色、需求与策略》，《高等教育管理》2016 年第 4 期。

［92］徐小洲：《当代韩国高等教育研究》，浙江大学出版社 2007 年版。

［93］杨雪星：《福建建设 21 世纪海上丝绸之路核心区的对策思考》，《福建金融》2015 年第 6 期。

［94］俞彤：《基于 SPSS 的广东省旅游业与经济发展的实证研究》，《特区经济》2014 年第 7 期。

［95］占豪：《两条丝绸之路的战略考量》，《社会观察》2014 年第 1 期。

［96］张国伟、陈达凯：《开封旅游城市定位分析》，《新闻世界》2010 年第 5 期。

［97］张海燕：《依托行业展览的网络会展研究》，《广州大学》2012 年第 5 期。

［98］张衡、土亚萍、黄海滨：《关于加强广东省国际科技合作基地建设的思考》，《经济师》2008 年第 9 期。

［99］张晶晶：《加快中国会展业国际化发展进程的探讨》，《对外经贸实务》2014 年第 8 期。

［100］张娟：《珠江三角洲会展经济探析》，《暨南大学》2005 年第 5 期。

［101］张秀琴、何天淳：《东亚峰会框架下的高等教育合作》，云南大学出版社 2011 年版。

［102］张义、杨顺勇：《会展导论》，复旦大学出版社 2009 年版。

［103］张越水：《国际合作新框架下越中边境旅游发展研究》，广西师范大学硕士学位论文，2010 年。

［104］赵井满：《我国展览业国际化经营与对策》，对外经济贸易大学硕士学位论文，2007 年。

［105］赵明龙：《建立南宁至新加坡旅游走廊的作用和意义》，《沿海企业与科技》2010 年第 7 期。

［106］赵彦志：《中外合作办学：治理与发展》，东北财经大学出版社 2010 年版。

［107］赵颖：《世界区域经济一体化的发展趋势及其影响》，《榆林学院学报》2010 年第 1 期。

［108］赵壮天、雷小华：《中国与东盟互联互通建设及对南亚合作的启示》，《学术论坛》2013 年第 7 期。

［109］郑刚、马乐：《"一带一路"战略与来华留学生教育：基于 2004—2014 年的数据分析》，《教育与经济》2016 年第 4 期。

［110］钟智全：《新形势下广西与东盟旅游合作路径探析》，《东南亚纵横》2015 年第 3 期。

［111］周满生：《"一带一路"与扩大教育对外开放》，《比较教育研究》2015 年第 6 期。

［112］周义龙：《琼粤"海上丝绸之路"旅游合作与发展策略》，《南方论刊》2015 年第 8 期。

［113］朱鑫龙：《基于服务原理的国际会展营销理论与实践研究》，中国海洋大学硕士学位论文，2013 年。

［114］庄伟光：《广东发展海洋旅游业的思考》，《中国国情国力》2015

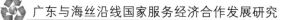
年第 3 期。

［115］国家科技基础条件平台建设战略研究组：《国家科技基础条件平台建设战略研究报告》，科学技术文献出版社 2006 年版。

［116］新经济杂志社课题组：《21 世纪海上丝绸之路与广东海洋经济发展新思路》，广东社科院海洋经济研究中心，2015 年 4 月。

［117］中国—东盟商务理事会中方秘书处：《中国—东盟互联互通》，中国铁道出版社 2011 年版。

［1］Gavan Conlon, Annabel Litchfield, Greg Sadlier, "Estimating the Value to the UK of Education Exports", *Department for Business Innovation and Skills*, Vol. 34, 2011.

［2］Moore, Jerry D. Franz Boas, *From Visions of Culture: an Introduction to Anthropological Theories and Theorists*, Alta Mira Press, 2012.

［3］NAFSA, "Economic Impact of International Students", *Institute of International Education*, Vol. 24, 2014.

［4］OECD, "Education at a Glance 2013", *Center for Educational Research and Innovation*, Vol. 29, 2013.

［5］UK Higher Education International Unit, *International Higher Education in Facts and Figures*, UK Higher Education International Unit, 2013.